SÉRIE DE SERMÕES — C. H. SPURGEON

SERMÕES DE SPURGEON SOBRE A CRUZ DE CRISTO

SÉRIE DE SERMÕES — C. H. SPURGEON

SERMÕES DE SPURGEON
SOBRE A CRUZ DE CRISTO

C. H. SPURGEON

Sermões de Spurgeon sobre a cruz de Cristo
por Charles Haddon Spurgeon
Sermões compilados por Dayse Fontoura
Copyright © 2019 Publicações Pão Diário
Todos os direitos reservados.

Coordenação editorial: Dayse Fontoura
Tradução: João Ricardo Morais
Revisão: Dalila de Assis, Dayse Fontoura, Lozane Winter, Rita Rosário, Thaís Soler
Projeto gráfico: Audrey Novac Ribeiro
Capa e diagramação: Audrey Novac Ribeiro

Dados Internacionais de Catalogação na Publicação (CIP)

Spurgeon, Charles Haddon, 1834–92.
Sermões de Spurgeon sobre a cruz de Cristo, Charles Haddon Spurgeon.
Tradução: João Ricardo Morais — Curitiba/PR, Publicações Pão Diário.
1. Teologia prática   2. Religião prática   3. Vida cristã

Proibida a reprodução total ou parcial sem prévia autorização, por escrito, da editora.
Todos os direitos reservados e protegidos pela Lei 9.610, de 19/02/1998.
Permissão para reprodução: permissao@paodiario.com

Exceto quando indicado o contrário, os trechos bíblicos mencionados são da edição
Revista e Atualizada de João F. de Almeida © 2009 Sociedade Bíblica do Brasil.

Publicações Pão Diário
Caixa Postal 4190,
82501-970 Curitiba/PR, Brasil
publicacoes@paodiario.org
www.publicacoespaodiario.com.br
Telefone: (41) 3257-4028

XN114
ISBN: 978-1-68043-592-4

1.ª edição: 2019 • 2.ª impressão: 2022

Impresso na China

SUMÁRIO

Apresentação..7

1. O homem de dores
   (Isaías 53:3)... 9
2. Getsêmani
   (Lucas 22:44) 31
3. O primeiro brado na cruz
   (Lucas 23:34) 51
4. O mais curto dos sete brados
   (João 19:28).. 71
5. *Lamá Sabactâni*
   (Mateus 27:46) 93
6. As últimas palavras de Cristo na cruz
   (Lucas 23:46; Salmo 31:5; Atos 7:59)........................ 113
7. O vergonhoso sofredor
   (Hebreus 12:2)... 131
8. A entrada de Cristo no Santos dos Santos
   (Hebreus 9:12)... 151
9. Nosso Senhor no vale da humilhação
   (Filipenses 2:8).. 171
10. Morte e vida em Cristo
    (Romanos 6:8-11).. 187

11. A palavra da cruz
   (1 Coríntios 1:17,18) 207
12. Três cruzes
   (Gálatas 6:14) 229
13. O Cordeiro em glória
   (Apocalipse 5:6,7) 251

APRESENTAÇÃO

A cruz era, em seu propósito inicial, um instrumento de morte torturante a escravos que cometiam graves delitos. Hoje ela glamourosamente enfeita camisetas, acessórios de moda, é tema de tatuagens e identifica os templos cristãos. E esse uso popular a tem esvaziado de seu verdadeiro significado: foi nela que "Encontraram-se a graça e a verdade, a justiça e a paz se beijaram" (Salmo 85:10). No sacrifício expiatório de Cristo, a merecida punição pelo pecado, que a justiça do Deus santo exigia, foi totalmente cumprida. Por meio desse sacrifício, há reconciliação com o Pai e livre acesso à Sua presença.

Geralmente, no entanto, essa doutrina central à fé cristã fica relegada a segundo plano por pregadores e preletores que priorizam os temas de suas mensagens de acordo com a preferência de suas audiências. Lembramos de comemorar a morte e ressurreição de Jesus na Páscoa ou em cultos de Santa Ceia, mas compreendemos apenas superficialmente os efeitos desse tão grande ato de amor divino na vida de todo aquele que se rende a Cristo.

Charles H. Spurgeon era um homem da Palavra e ele mesmo definia "Cristo, e este crucificado" como o tema central de sua meditação e pregação. Em suas palavras:

> O que pregaremos a não ser Cristo? Tire esse assunto de mim, e estarei acabado; nesses muitos anos, tenho pregado nada mais do que o Seu precioso nome, e, se essa prática for desonrada, toda a minha riqueza espiritual terá se dissipado — não terei

pão para os famintos, nem água para os sedentos [...] É assim com o meu ministério — com Cristo, e Cristo apenas, fico à vontade. Teologia progressiva? Nenhuma corda de minha alma vibrará ao seu toque! Nova divindade? Evolução? Pensamento moderno? Minha harpa fica silenciosa a esses dedos estranhos; mas a Cristo, e apenas para Ele, ela responde com toda a música de que é capaz.

Na seleção destes, entre tantos sermões do "Príncipe dos pregadores" sobre a cruz de Cristo, consideramos uma abordagem mais ampla não apenas do evento "crucificação", mas do próprio Cristo como o Homem de dores e dos efeitos que essa manifestação da misericórdia e graça divina produzem sobre toda a humanidade e, de forma particular, sobre os salvos. Buscamos sermões sobre textos do Antigo Testamento, dos evangelhos, das epístolas e do Apocalipse.

Que estas palavras proferidas com tanta paixão nos púlpitos ingleses do século 19 sobre um tema no qual convergem todas as Eras lhe sirvam como fonte de inspiração, compreensão do sacrifício expiatório e encorajamento para que desenvolva sua vida espiritual à semelhança de Cristo, Aquele que se entregou por você. E que seja ampliada sua expectativa pela visão do Cordeiro glorificado, no dia em que Ele reunirá para o bem-vindo eterno todos os que se prostraram diante da cruz!

Dos editores

1

O HOMEM DE DORES

*Homem de dores e que sabe
o que é padecer* (Isaías 53:3).

Possivelmente um murmúrio passará pela congregação: "Esse é um assunto abominável e um tema lamentável". Mas, ó amados, isso não é assim, pois, por maiores que tenham sido os sofrimentos de nosso Redentor, eles acabaram e devem ser vistos como triunfo sagrado. Apesar da luta ter sido grande, a vitória foi conquistada; o barco foi severamente açoitado pelas ondas, mas aportou agora no desejado porto. Nosso Salvador não está mais no Getsêmani agonizando, nem na cruz morrendo. A coroa de espinhos foi substituída por muitas coroas de soberania. Os pregos e a lança deram lugar ao cetro. E isso não é tudo, pois, embora o sofrimento tenha findado, os resultados benditos jamais acabam. Podemos nos lembrar do labor, pois a Criança-Homem nasceu neste mundo. A semeadura em lágrimas é seguida por uma colheita de júbilo. A picada no calcanhar da semente da mulher é bem recompensada pela pisadura na cabeça dessa mesma serpente. É aprazível ouvir sobre batalhas travadas quando uma vitória decisiva já deu fim à guerra e estabeleceu a paz. De forma que, o reflexo duplo de que todo o labor de sofrimento foi consumado pelo Redentor, e que, de agora em diante, Ele contempla o sucesso de todas as Suas labutas, regozijar-nos-emos mesmo quando entrarmos em comunhão com Seus sofrimentos.

Que nunca seja esquecido que o tema das dores do Salvador provou ser mais eficaz para o consolo daqueles que sofrem do que qualquer outro tema na abrangência da revelação, ou fora dela. Mesmo as glórias de Cristo não propiciam tal consolo às almas aflitas como os sofrimentos de Cristo. O Senhor é, em todas as atitudes, o consolo de Israel, mas Ele o é muito mais como o homem de dores. Espíritos conturbados não se voltam para Belém, mas para o Calvário; eles preferem o Getsêmani a Nazaré. Os aflitos não olham tanto para o consolo em Cristo quando Ele vir uma segunda vez com todo Seu esplendor, mas para quando Cristo veio pela primeira vez, um Homem cansado e sofredor. A passiflora produz para nós o melhor perfume; a cruz destila sangue, o mais curador dos bálsamos. Nesse caso, semelhantes curam semelhantes, pois não há remédio para a tristeza sob o sol como as dores de Emanuel. Como a vara de Arão tragou todas as outras varas, assim os sofrimentos de Jesus fazem os nossos sofrimentos desaparecerem. Assim você vê que, no solo negro de nosso tema, a luz é semeada para o justo; a luz que surge para aqueles que jazem nas trevas e na região da sombra da morte. Vamos, então, sem relutância, à casa do luto e comungar com "O comandante Sofredor", que, acima de todos os outros, poderia dizer: "Eu sou o homem que experimentou a aflição".

Não nos desviaremos de nosso texto nesta manhã, mas ficaremos tão perto dele até discorrer em cada uma das suas palavras. As palavras nos darão os seguintes pontos — "Um homem"; "Um homem de dores"; "Que sabe o que é padecer".

1. "UM HOMEM". Para os aqui presentes, não há novidade alguma quanto à doutrina da verdadeira humanidade do Senhor Jesus Cristo, mas, embora não haja nada de novo nela, há toda a importância em si; portanto, vamos ouvi-la novamente. Esse é um daqueles sinos de igreja do evangelho que deve ser tocado todos os domingos. Essa é uma das disposições da casa do Senhor, que, como pão e sal, deve ser colocada sobre a mesa em cada refeição espiritual. Esse é o maná que deve cair todos os dias ao redor do arraial. Nunca é demais meditarmos sobre a pessoa abençoada de Cristo como Deus e como homem. Reflitamos que aquele que aqui é chamado de homem foi por certo "verdadeiramente Deus". "Um homem" e "um homem de dores", contudo, ao mesmo tempo, "Deus sobre todos, bendito eternamente". Aquele que foi "desprezado e rejeitado entre os homens" foi amado e adorado pelos anjos. E Ele, de quem os homens esconderam o rosto por desprezo, foi adorado pelos querubins e serafins. Este é o grande mistério da piedade. Deus "manifestou-se na carne". Aquele que era Deus, e estava no princípio com Deus, fez-se carne e habitou entre nós. O Altíssimo rebaixou-se para se tornar o menor; o Maior tomou seu lugar entre os menores. Por mais estranho que possa parecer, e necessitando de toda a nossa fé para que seja compreendido, mesmo assim é verdade que Aquele que se sentou sobre o poço de Sicar e disse: "Dá-me de beber" era o mesmo que cavou os canais do oceano e colocou neles as correntezas. Filho de Maria, tu és também Filho de Jeová! Homem da essência de Sua mãe, tu és também essência divina! Nós te adoramos neste dia em espírito e em verdade!

Lembrando-se de que Jesus Cristo é Deus, agora nos convém recordar que a Sua humanidade não era menos real e substancial. Ela diferiu da nossa própria humanidade por Ele não ser pecador, mas não diferiu em nenhum outro aspecto. É inútil especular sobre uma humanidade celestial, como alguns o fizeram, e, por sua própria tentativa de precisão, enfatizaram um turbilhão de erros. É o suficiente para nós sabermos que o Senhor nasceu de uma mulher, foi envolto em faixas, deitado numa manjedoura e precisava ser amamentado por Sua mãe como qualquer outro bebê. Ele cresceu em estatura como qualquer outro ser humano, e, como homem, sabemos que Ele comeu e bebeu, que teve fome e sede, regozijou-se e entristeceu-se. Seu corpo podia ser tocado e dominado, ferido e podia sangrar. Ele não era um fantasma, mas um homem de carne e osso como nós. Era um homem que precisava dormir, alimentar-se, era sujeito à dor e que, no final, entregou Sua vida à morte. Pode ter havido alguma distinção entre Seu corpo e o nosso, pois nunca foi contaminado pelo pecado; não era capaz de corromper-se. Desse modo, no corpo e na alma, o Senhor Jesus foi 100% homem segundo a natureza de nossa humanidade "em semelhança de carne pecaminosa", e devemos pensar nele sob esse aspecto, pois somos tentados a considerar a humanidade do Senhor como alguma coisa bem diferente da nossa. Estamos aptos a espiritualizá-la e a não pensar nele como realmente osso dos nossos ossos e carne da nossa carne. Tudo isso é semelhante a um grave erro; podemos ter a impressão de que estamos honrando Cristo por tais concepções, mas Ele jamais é honrado por aquilo que não seja verdade. Jesus foi um homem, um homem de verdade, um homem de nossa raça, o Filho do Homem. De fato, Ele era o representante da humanidade, o segundo Adão — "Visto, pois, que os filhos têm participação comum de carne e sangue, destes também ele, igualmente, participou". "Antes, a si mesmo se esvaziou, assumindo a forma de servo, tornando-se em semelhança de homens".

Assim, essa participação condescendente em nossa natureza traz o Senhor Jesus para um relacionamento muito mais próximo conosco. Na medida em que Ele era homem, embora também Deus, Ele era, de acordo com a lei hebraica, nosso *goel* — nosso parente mais próximo. De acordo com a lei, se uma herança tivesse sido perdida, era direito do parente mais próximo resgatá-la. Nosso Senhor Jesus exerceu Seu direito legal ao nos ver vendidos à escravidão e com a nossa herança retirada de nós; Ele veio para redimir tanto o nosso ser como todo o nosso estado de perdição. Foi uma bênção para nós que tivéssemos tal parente. A circunstância mais graciosa na vida de Rute foi colher nos campos de Boaz, pois esse homem se tornou seu parente mais próximo. E nós que já colhemos nos campos da misericórdia louvamos ao Senhor por Seu Filho unigênito ser o nosso parente mais próximo, nosso irmão, nascido para a adversidade. Não seria consistente com a justiça divina que qualquer outro substituto fosse aceito em nosso lugar, exceto esse homem. O homem pecou e deve reparar o dano feito à honra divina. A violação da Lei foi causada pelo homem e por ele deve ser reparada; o homem transgrediu, logo devia ser punido. Não estava no poder de um anjo dizer: "Sofrerei pelo homem", pois os sofrimentos angelicais não teriam efeito algum em relação aos pecados humanos. Mas o Homem, o Homem incomparável, sendo o Representante da humanidade e de direito pelo parentesco autorizado a resgatar, veio, sofreu o que era devido, fez os reparos à justiça ofendida e, assim, nos libertou! Glória ao Seu nome bendito!

E agora, amados, já que o Senhor, assim, viu na humanidade de Cristo idoneidade para se tornar nosso Redentor, estou certo de que muitos aqui, que têm estado sob a escravidão de Satanás, verão nessa mesma natureza humana a atração que os aproximará do Senhor. Pecador, você não tem que vir a um Deus absoluto; você não é obrigado a aproximar-se do fogo consumidor. Você pode muito bem tremer ao aproximar-se dele, a quem você ofendeu tão gravemente. Mas há o Homem comissionado a mediar entre você e Deus, e, se você vier ao Pai, deve vir por meio dele — o homem Cristo Jesus. Deus fora de Cristo é terrível quando fora de Seus lugares santos; sem dúvida, Ele não poupará o culpado, mas olhe para o Filho do Homem! —

Tua mão não manifesta trovões,
Nem terror encontra-se em Tua face,

Nenhum relâmpago leva nossas almas culpadas
Para um inferno mais flamejante!

Ele é um homem com as mãos cheias de bênçãos, olhos marejados de lágrimas de piedade, lábios transbordando amor e um coração cheio de ternura. Você não vê a laceração em Seu lado? Por meio dessa ferida, há um caminho para o coração do Senhor, e aquele que precisa de Sua compaixão pode em breve despertá-la. Ó pecadores, o acesso ao coração do Salvador está aberto, e os penitentes que o buscam jamais serão rejeitados! Por que devem os mais desesperados ter medo de se aproximarem do Salvador? Ele se dignou a assumir o caráter do Cordeiro de Deus — nunca conheci nem mesmo uma criancinha que tivesse medo de um cordeiro. A mais tímida vai se aproximar de um cordeiro, e Jesus usou esse argumento quando disse a todos os cansados e sobrecarregados: "Tomai sobre vós o meu jugo e aprendei de mim, porque sou manso e humilde de coração". Sei que vocês se sentem tristes e atemorizados, mas é preciso tremer na *Sua* presença? Se você for fraco, sua fraqueza sensibilizará a compaixão do Mestre, e a sua incapacidade tristonha será um argumento para Sua infinita misericórdia. Se eu estivesse doente e pudesse escolher onde me deitar, considerando a cura, eu diria: "Coloque-me onde o melhor e mais amável médico sobre a Terra possa me ver. Ponha-me onde um homem com grande habilidade e igual ternura sempre cuidará de mim. Já não gemerei por muito tempo em vão; se ele puder me curar, assim o fará". Pecador, coloque-se, pela fé, debaixo da cruz de Jesus! Eleve seus olhos para Ele e diga: "Bendito Médico, tu, cujas feridas por mim podem me curar, cuja morte por mim pode me vivificar, olha para mim! Tu és homem; sabes o que o homem sofre. Tu és um homem; deixarás Teu semelhante afundar no inferno que clama a ti por ajuda? Tu és homem, e podes salvar, e deixarás um pobre indigno que anseia por Tua misericórdia ser conduzido à miséria sem esperança enquanto ele clama a ti para deixar Teus méritos salvá-lo?".

Ó, culpados, tenham fé que vocês podem alcançar o coração de Jesus. Pecador, venha depressa ao Senhor, sem medo! Ele aguarda para salvar! É Seu ofício receber os pecadores e reconciliá-los com Deus. Seja grato por você não precisar ir a Deus imediatamente e como você está, mas você é convidado a vir a Jesus Cristo e, por meio dele, ir ao Pai! Que o Espírito Santo o leve à piedosa meditação sobre a humildade de nosso Senhor, e, assim, você possa encontrar a porta da vida, o portal da paz, o portão do Céu!

Então, deixe-me acrescentar, antes de eu sair desse assunto, que cada filho de Deus deve também ser consolado pelo fato de que o nosso Redentor é de nossa própria raça. Entendendo que Ele foi feito semelhante aos Seus irmãos, para que pudesse ser um Sumo Sacerdote misericordioso e fiel; e Ele foi tentado em todas as áreas, como nós somos, para que seja capaz de socorrer os que são tentados. A compaixão de Jesus é a coisa mais preciosa depois de Seu sacrifício. Eu estava ao lado da cama de um irmão em Cristo outro dia, e ele comentou: "Sou grato a Deus que nosso Senhor levou as nossas enfermidades". E acrescentou: "É claro que a melhor de todas as coisas foi que Ele levou os nossos pecados, mas, depois disso, eu, como sofredor, sou grato por Ele também ter levado as nossas enfermidades". Pessoalmente, também testemunho que tem sido para mim, em épocas de grande dor, muitíssimo consolador saber que, em cada dor que assola Seu povo, o Senhor Jesus tem um sentimento de compaixão. Não estamos sozinhos, pois alguém como o Filho do Homem caminha na fornalha conosco. As nuvens que flutuam sobre o nosso céu dantes escureceram os Céus para Ele também —

Ele sabe o que significam as tentações,
Pois Ele as sentiu.

Saber que Jesus sofreu a dor retira completamente a amargura do sofrimento. Dizem que os soldados macedônios faziam longas marchas forçadas que pareciam estar além das forças da resistência humana, mas a razão para sua incansável energia estava na presença de Alexandre. Ele estava habituado a andar com eles e suportar a mesma fadiga. Se o próprio rei tivesse sido carregado como um monarca persa em uma liteira de forma confortável e luxuosa, os soldados logo se cansariam. Mas, quando olhavam para seu próprio rei, faminto como eles, tão sedento quanto eles, muitas vezes não bebendo água só para que outro soldado que parecia mais fraco do que ele pudesse bebê-la, eles não podiam nem sonhar em murmurar. Bem, se Alexandre podia, todos os macedônios sentiam que poderiam suportar qualquer fadiga. Hoje, seguramente, podemos suportar a pobreza, a calúnia, o desprezo, ou a dor física — a própria morte — porque Jesus Cristo nosso Senhor a suportou. Por Sua humilhação, será um prazer ser humilhado por Sua causa! Pelo cuspe que escorreu pela face do Senhor, será justo ser zombado por Sua causa! Por Ele ter sido esbofeteado e ter tido Seus olhos vendados, será uma honra ser envergonhado, e, pela cruz, entregar a vida por tal causa e por tão precioso Mestre, tonar-se-á o próprio viver! Que o homem de dores apareça a nós e nos capacite a suportar nossas dores alegremente. Se houver consolo em qualquer lugar, certamente ele deve ser encontrado na agradável presença do Crucificado — "Um *homem* deve ser o esconderijo contra o vento, o refúgio contra a tempestade".

2. Devemos prosseguir para nos determos algum tempo sobre as próximas palavras: "HOMEM DE DORES". A expressão é muito enfática. Não é "homem triste", mas, "homem de dores", como se Ele fosse feito de dores, e elas fossem elementos constitutivos de Seu ser. Alguns são homens de prazeres, outros homens de riquezas, mas Ele era "homem de dores". Ele e dores podiam ter trocado de nomes. Quem olhava para Ele, via a dor e quem vê a dor deve olhar para Ele. "Considerai e vede", diz Ele, "se há dor igual à minha, a que veio sobre mim".

Nosso Senhor é chamado de o homem de dores por *peculiaridade*, pois esse foi Seu sinal particular e marca especial. Podemos muito bem chamá-lo de "homem de santidade", pois não havia culpa alguma nele; ou "homem de obras", pois Ele fez a obra de Seu Pai determinadamente; ou "homem de eloquência", pois homem algum falou como Ele. Poderíamos muito apropriadamente chamá-lo como nas palavras de nosso hino "homem de amor", pois nunca houve maior amor do que aquele que ardeu no coração do Senhor. Ainda assim, evidentes como todas essas, e tantas outras excelências foram, entretanto, se tivéssemos olhado para Cristo e perguntado depois o que era a peculiaridade mais notável nele, deveríamos ter dito que eram Suas dores. As várias partes do Seu caráter eram tão singularmente harmoniosas que nenhuma qualidade predominou de forma a tornar-se uma característica principal. Em Seu retrato moral, os olhos são perfeitos, assim como a boca; seu semblante é como canteiros de bálsamo, mas os lábios como lírios, gotejando mirra de aroma doce. Em Pedro, vê-se o entusiasmo exagerado às vezes tornando-se presunção, e em João, o amor por seu Senhor clamaria por fogo do Céu sobre seus inimigos. Deficiências e exageros existem em todos os lugares, exceto em Jesus. Ele é o homem perfeito, um homem íntegro e o Santo de Israel. Mas havia uma peculiaridade, e ela residia no fato de que "o seu aspecto estava mui desfigurado, mais do que o de outro qualquer, e a sua aparência, mais do que a dos outros filhos dos homens" devido aos sofrimentos excessivos que continuamente traspassaram Seu espírito. As lágrimas eram Seu brasão, e a cruz Seu escudo. Ele era o Guerreiro em armadura negra, e não, como agora, o Cavaleiro sobre o cavalo branco. Ele era o Senhor do sofrimento, o Príncipe da dor, o Imperador da angústia, um "homem de dores e que sabe o que é padecer". —

*Ó Rei do sofrimento! (Um título estranho, porém verdadeiro,
Devido somente a ti dentre todos os reis),
Ó Rei de chagas!
Como hei de chorar por ti,
Que em toda a dor me impede?*

O título "homem de dores" não foi dado ao nosso Senhor por *excelência*? Ele não estava apenas aflito, mas preeminente entre os aflitos. Todos os homens têm um fardo a carregar, mas o de Jesus foi o mais pesado de todos. Quem há na humanidade que esteja livre de dores? Pesquise por todo o mundo, e espinhos e cardos serão encontrados em toda parte, e eles ferem todos os nascidos de mulher. Nos lugares mais elevados da Terra há dor, pois a viúva real chora por seu senhor. Mais abaixo, na cabana, onde imaginamos que nada além de satisfação possa reinar, mil lágrimas amargas são derramadas por causa da extrema pobreza e opressão cruéis. Nos climas mais ensolarados a serpente rasteja entre as flores; nas regiões mais férteis o veneno floresce bem como ervas boas. Em todos os lugares, "Homens devem trabalhar e mulheres devem prantear". Há dor no mar e tristeza na terra. Mas, nesta humanidade, o "primogênito dentre muitos irmãos" tem mais do que uma porção dobrada, Sua taça é a mais amarga; Seu batismo é mais profundo do que o do restante da família. Os sofredores comuns devem se render, pois ninguém pode se comparar a Ele em sofrimento. Carpideiras comuns podem se contentar em rasgar suas vestes, mas o Cristo é rasgado em Sua aflição; elas bebem pequenos goles da taça do sofrimento, mas Ele a bebe inteira. Aquele que foi o Filho mais obediente sofreu mais o golpe da vara quando foi ferido por Deus e oprimido! Nenhum outro dos que foram espancados transpiraram grandes gotas de sangue, ou, na mesma amargura de angústia, clamaram: "Deus meu, Deus meu, por que me desamparaste?".

As razões para essa dor superior podem ser encontradas no fato de que não havia pecado associado ao Seu sofrimento. O pecado merece o sofrimento, mas também cega o fio da dor, tornando a alma rígida e insensível. Jesus não nasceu em pecado como nós nascemos; não estremecemos com a condenação do pecador como Jesus estremeceria. A natureza dele era perfeita porque ela não conhecia pecado; o pecado não estava em sua essência em meio à dor, mas era como um pássaro do continente conduzido ao mar pelo vento forte. Para o ladrão, a cadeia é a sua casa, e a comida da prisão é a carne a que ele está acostumado. Mas, para um homem inocente, o cárcere é a miséria, e tudo nele é estranho e inexplicável. A natureza pura de nosso Senhor era peculiarmente sensível a qualquer contato com o pecado. Nós, infelizmente, por causa da queda, perdemos muito desse sentimento. Na proporção em que somos santificados, o pecado torna-se a fonte de nossa desventura. Pelo fato de Jesus ser perfeito, todos os pecados doeram nele muito mais do que doeriam em qualquer um de nós. Não tenho dúvida de que haja muitas pessoas no mundo que poderiam viver alegremente nos antros do vício — poderiam ouvir blasfêmia sem se horrorizar, ver a luxúria sem se enojarem e olhar para o roubo ou assassinato sem aversão. Mas, para muitos de nós, uma hora de familiaridade com tais abominações seria a mais severa punição. Uma frase onde o nome de Jesus é blasfemado torna-se uma tortura para nós do tipo mais requintado. A simples menção dos atos vergonhosos do vício nos toma de horror. Viver com os perversos já seria um inferno suficiente para os justos. A oração de Davi está repleta de agonia quando ele clama: "Não colhas a minha alma com a dos pecadores, nem a minha vida com a dos homens sanguinários". Mas que dor a visão do pecado deve ter causado a Jesus, por Ele ser perfeito! Nossas mãos tornam-se ásperas com o trabalho e nosso coração com o pecado — mas nosso Senhor foi, por assim dizer, semelhante a um homem cuja carne era toda como uma ferida que provoca tremores; Ele era delicadamente sensível a todo o toque do pecado. Passamos por espinhos e abrolhos do pecado porque estamos revestidos com a indiferença, mas imagine um homem nu, obrigado a atravessar uma floresta de espinhos — assim era o Salvador quanto à Sua sensibilidade moral. Ele enxergava o pecado onde não podemos vê-lo e sentia a sua crueldade como não podemos senti-la. Havia, portanto, mais para entristecê-lo, e Ele era mais capaz de ser entristecido.

Lado a lado com Sua dolorosa sensibilidade ao mal do pecado estava Sua graciosa ternura em relação aos sofrimentos dos outros. Se pudéssemos conhecer e adentrar todas as tristezas desta congregação, é provável que seríamos, de todos os homens, os mais miseráveis. Nesta manhã, há mágoas nesta casa que, se pudessem encontrar uma língua, encheriam nosso coração de agonia. Ouvimos falar de pobreza aqui, vemos enfermidades lá, observamos luto e aflição. Notamos o fato de que os homens estão passando para a sepultura e (ah, aflição muito mais amarga) descendo ao inferno. Mas, de uma forma ou de outra, ou essas coisas se tornam tão comuns que não nos sensibilizam, ou então endurecemos gradualmente. O Salvador sempre agiu com compaixão pelas tristezas dos outros, pois Seu amor sempre foi abundante. As dores de todos os homens foram Suas dores. Seu coração era tão grande que foi inevitável para Jesus se tornar "um homem de dores".

Recordamos que, além disso, nosso Salvador tinha uma relação peculiar com o pecado. Ele não ficava apenas aflito por vê-lo e triste por perceber seus efeitos sobre as pessoas, mas o pecado realmente foi colocado sobre Ele, e Jesus foi contado com os transgressores. E, portanto, Ele foi convocado a suportar os terríveis golpes da justiça divina e sofreu agonias desconhecidas e imensuráveis. Sua divindade deu-lhe forças para sofrer, onde a mera humanidade havia falhado. A ira cujo poder nenhum homem conhece veio sobre Ele — "ao Senhor agradou moê-lo, fazendo-o enfermar". Contemple o homem e assombre-se na busca vã por dor semelhante.

O título "homem de dores", também foi dado ao nosso Senhor para indicar *a constância* de Suas aflições. Ele mudou Seu local de habitação, mas sempre se alojou com a dor. O sofrimento teceu Suas faixas e Sua mortalha. Nascido em um estábulo, a dor o recebeu, e somente na cruz, no Seu último suspiro, a dor partiu com Ele. Seus discípulos poderiam abandoná-lo, mas Sua dor não o deixaria. Jesus estava frequentemente sozinho, desacompanhado, mas nunca sem a companhia da dor. Desde o momento de Seu batismo no Jordão ao tempo de Seu batismo nas dores da morte, Ele sempre vestiu o manto sombrio e foi "um homem de dores".

Ele também foi "um homem de dores" por causa da *variedade* de Seus sofrimentos. Ele foi um homem não apenas de dor, mas de "dores". Ele conheceu todos os sofrimentos do corpo e da alma. As dores do homem que luta ativamente para obedecer; as dores do homem que se senta calado e passivamente resiste; Ele conheceu as dores dos altivos, pois era o Rei de Israel. Conheceu as dores dos pobres, pois Ele "não tinha onde reclinar a cabeça". Dores familiares e dores pessoais, dores emocionais e dores espirituais, dores de todos os tipos e graus vieram sobre Ele. A aflição esvaziou sua aljava, tornando Seu coração o alvo para todos os problemas concebíveis. Vamos pensar por um ou dois minutos sobre alguns desses sofrimentos.

Nosso Senhor foi "um homem de dores" quanto à Sua pobreza. Ó, vocês que estão em necessidade, a sua carência não é tão abjeta quanto a dele — Ele não tinha onde reclinar Sua cabeça, mas você tem pelo menos algum telhado modesto para abrigá-lo. Ninguém lhe nega um copo de água, mas Jesus sentou-se no poço em Samaria e disse: "Tenho sede". Lemos mais de uma vez que Ele teve fome. Sua labuta era tão grande que estava constantemente cansado, e lemos sobre uma ocasião em que os discípulos o levaram, "assim como estava", para o barco — Jesus estava muito fraco para entrar sozinho no barco, mas eles o levaram do jeito que estava e o deitaram perto do leme para dormir. Mas o Senhor não tinha muito tempo para descanso, pois os discípulos o acordaram, dizendo: "Mestre, não te importa que pereçamos?". Sua vida foi árdua, sem nenhum conforto terreno para torná-la suportável.

Lembre-se, você que lamenta ao redor da sepultura aberta ou chora em memória de túmulos recém-utilizados: nosso Salvador conheceu a dor no coração causada pelo luto. Jesus chorou diante do sepulcro de Lázaro.

Talvez as mais amargas de Suas dores fossem as que estavam relacionadas com a Sua graciosa obra. Jesus veio como o Messias enviado por Deus para uma missão de amor, e os homens rejeitaram Suas declarações. Quando o Senhor foi para a Sua própria cidade, onde fora criado, e se apresentou, eles desejaram lançá-lo de cabeça do topo da colina. É difícil abraçar uma missão de amor altruísta e se deparar com uma ingratidão como essa. Tampouco pararam com a fria rejeição; passaram, então, ao escárnio e à ridicularização. Não houve nenhum nome de desprezo que eles não usassem para se referir a Jesus. Não, não era meramente desprezo, mas passaram a mentiras, calúnia e blasfêmia. Disseram que Ele era um beberrão — ouçam isso, vocês anjos, e se surpreendam! Sim, eles chamaram o bendito Príncipe da Vida de bebedor de vinho! Eles disseram que Jesus estava unido a Belzebu, e tinha um demônio, e que era louco, mas Cristo veio para destruir as obras do diabo! Eles o acusaram de todos os crimes que a maldade deles pudesse sugerir. Não havia uma só palavra que Ele dissesse que não fosse distorcida; uma doutrina que eles não tivessem deturpado. O Senhor não podia falar, pois eles logo encontravam algo em Suas palavras contra Ele. E o tempo todo Jesus nada fazia além de buscar benefícios para eles em todos os sentidos. Quando Ele foi severo contra seus males, foi por misericórdia de suas almas. Se Ele condenou seus pecados foi porque os pecados deles os destruiriam. Mas o zelo de Jesus contra o pecado foi sempre temperado com Seu amor pela alma das pessoas. Já houve homem tão cheio de boa vontade para com os outros que tenha recebido tal tratamento vergonhoso daqueles a quem desejava servir?

À medida que Cristo prosseguia em Sua vida, Suas dores se multiplicavam. Ele pregava e, quando o coração dos homens estava enrijecido e eles não criam no que Jesus dizia, Ele ficava "condoído com a dureza do seu coração". O Senhor continuava fazendo o bem e, por causa de Suas boas obras, eles pegaram pedras a fim de apedrejá-lo. Infelizmente, apedrejavam Seu coração quando não podiam lhe ferir o corpo. Jesus lhes implorava e melancolicamente declarava Seu amor, mas recebia em troca um ódio implacável e cruel. O amor desprezado sofre dores de uma tristeza peculiar — muitos morreram de coração partido pela ingratidão. Tal amor, como o amor de Jesus, não poderia, por causa daqueles a quem amava, suportar ser menosprezado. Ele enfraquecia-se dentro de si porque os homens não conheciam a misericórdia que lhes era estendida e rejeitaram a Salvação que lhes fora oferecida. A tristeza do Senhor não era porque os homens o feriram, mas porque eles se destruíam. Isso era o que abria as comportas da Sua alma e fazia Seus olhos encherem-se de lágrimas — "Jerusalém, Jerusalém! Quantas vezes quis eu reunir os teus filhos, como a galinha ajunta os seus pintinhos debaixo das asas, e vós não o quisestes!". O lamento não é por causa de Sua própria humilhação, mas pela rejeição suicida de Sua graça. Essas foram algumas das dores que Ele suportou.

Mas, certamente, Jesus encontrou algum consolo nos poucos companheiros que Ele havia reunido em torno de si. Ele encontrou, mas, apesar de tudo, deve ter usufruído a tristeza como o consolo na companhia deles. Eram aprendizes sem brilho, aprendiam lentamente; esqueceram o que realmente aprenderam; do que eles se lembravam, não praticavam, e o que praticavam num momento contradiziam em outro. Eles eram consoladores medíocres para o homem de dores. Sua vida era solitária; isto é, mesmo quando Jesus estava com Seus seguidores, estava só. Ele lhes disse certa vez: "não pudeste vigiar uma hora comigo", mas, na verdade, Ele poderia ter lhes dito o mesmo todas as horas de suas vidas, pois, mesmo que eles sentissem o máximo de compaixão pelo Senhor, não poderiam sentir Suas dores. Um pai em uma casa com muitas criancinhas ao seu redor não poderia contar a seus bebês seus sofrimentos; se ele o fizesse, eles não o compreenderiam. O que eles sabem de suas ansiosas transações comerciais, ou suas severas perdas? Coitadinhos, seu pai não espera que sejam capazes de compadecer-se dele; ele os vê brincando no chão, e se alegra pelo fato de seus brinquedos confortá-los, e que a pequena tagarelice deles não será interrompida por seus grandes sofrimentos. O Salvador, por causa da própria dignidade de Sua natureza, deve sofrer sozinho. Cristo na encosta da montanha me parece ser um símbolo sugestivo de Sua vida terrena. Sua nobre alma viveu em vasta solidão, sublime e terrível, e lá, em meio a uma meia-noite de angústia, o Seu espírito comungou com o Pai, pois ninguém era capaz de acompanhá-lo nos vales escuros e ravinas sombrias da Sua experiência única. De todas as guerras de Sua vida, Ele poderia ter dito em algum sentido: "dos povos nenhum homem se achava comigo" e, no final, isso se tornou literalmente verdadeiro, pois todos o abandonaram — um o negou, o outro o traiu, portanto, Ele pisou o lagar sozinho.

Nas últimas dores culminantes de Sua vida, vieram sobre Ele as imposições penais de Deus — a punição do nosso pecado sobreveio a Ele. Jesus foi preso no jardim do Getsêmani por oficiais de Deus antes que os oficiais dos judeus tivessem se aproximado do Salvador. Ele se ajoelhou e lutou até que suor de sangue fluísse por todos os Seus poros e Sua alma estivesse "profundamente triste até à morte". Você leu a história dos infortúnios de Seu Mestre e sabe como Ele foi levado rapidamente de tribunal a tribunal e tratado com desdém e crueldade antes de cada julgamento. Quando o levaram a Herodes e Pilatos e quase o assassinaram com açoites, apresentaram-no e disseram: "Ecce Homo" — "Eis o homem". A maldade deles não estava satisfeita; precisavam ir além e pregá-lo em Sua cruz, assim zombaram dele enquanto a febre secava Sua boca levando-o a sentir que Seu corpo se dissolvia em pó. Ele brada "Tenho sede" e é ridicularizado quando lhe oferecem vinagre. Você conhece o restante da história, mas eu gostaria que lembrasse bem que o flagelo mais intenso e as dores mais severas estavam todos em Seu interior — enquanto a mão de Deus o feria e o cetro de ferro da justiça o despedaçava, por assim dizer, de forma torturante.

Ele foi apropriadamente chamado "homem de dores"! Sinto como se não tivesse palavras, como se minha língua estivesse travada enquanto tento falar sobre esse assunto. Não consigo encontrar boas palavras dignas do meu tema, embora saiba que enfeites de linguagem degradariam as agonias de meu Senhor em vez de adorná-las. Permitamos que a cruz permaneça sublime na sua simplicidade! Ela não precisa de adorno. Se eu tivesse coroas das melhores flores para pendurar ao redor dela, ficaria feliz em colocá-las nessa cruz, e se, em vez de guirlandas de flores, cada flor pudesse ser uma pedra preciosa de valor inestimável, consideraria que a cruz merece todas essas coisas. Mas, como não tenho nada disso, regozijo-me que a cruz, por si só, em sua pura simplicidade, não precise de nada advindo de um discurso humano. Voltem-se para seu Salvador sangrando, ó meus ouvintes. Continuem com o olhar fixo nele e encontrem no "homem de dores" seu Senhor e seu Deus.

3. E agora o último ponto é: Ele "SABE O QUE É PADECER". Jesus tinha um *íntimo* conhecimento da dor. Ele não apenas conhecia o que a dor representava para os outros, mas ela o tocava em Seu próprio ser. Temos lido sobre a dor. Temos nos compadecido com a dor; temos às vezes sentido dor — mas Jesus a sentiu mais intensamente do que qualquer pessoa no mais profundo de Sua alma. Ele, muito mais do que todos nós, estava familiarizado com essa história deprimente. Ele conhecia o segredo do coração que se recusa a ser consolado. Ele tinha se sentado à mesa da tristeza, comido do pão preto do luto e molhado Seu bocado no vinagre dela. Ao lado das águas de Sara, Ele habitou e conheceu bem o poço amargo. Ele e a tristeza eram amigos do peito.

Era um conhecimento *contínuo*. Jesus não parou na casa da tristeza, às vezes, para afogar as mágoas. Ele também não bebericou, ocasionalmente, do absinto e do fel, mas a taça de madeira de cássia estava sempre em Sua mão, cinzas estavam sempre mescladas com Seu pão. O Senhor não apenas jejuou por 40 dias no deserto; o mundo sempre foi um deserto para Ele, e Sua vida foi uma longa Quaresma. Não digo que Ele não era, afinal, um homem feliz, pois, no fundo de Sua alma, a benevolência sempre lhe forneceu uma fonte viva de contentamento. Havia uma alegria na qual adentraremos um dia: a "alegria de nosso Senhor", a "alegria que lhe estava proposta" pela qual "suportou a cruz, não fazendo caso da ignomínia". Mas isso de modo algum nega o fato de que Seu conhecimento da dor era contínuo e íntimo muito além do que qualquer pessoa que já vivenciou. Foi, aliás, um conhecimento *crescente* do sofrimento, pois cada passo o levou mais fundo aos tons sombrios da tristeza. Como há um progresso no ensino e na vida de Cristo, há também nos sofrimentos de Cristo. A tempestade tornou-se mais e mais escura. Seu sol amanheceu em uma nuvem, mas se pôs em horrores reunidos de amontoados de escuridão, até que, em um momento, as nuvens foram subitamente rasgadas em pedaços e com uma alta voz proclamou: "Está consumado", uma manhã gloriosa surgiu onde todos esperavam uma noite eterna.

Lembre-se, mais uma vez, de que essa familiaridade que Cristo tinha com a dor foi algo que Ele vivenciou *voluntariamente* por nossa causa. Ele jamais precisaria ter conhecido qualquer tipo de dor e, a qualquer momento, poderia ter dito "adeus" a ela. Ele poderia ter retornado em um instante à realeza do Céu e à felicidade do mundo superior, ou, mesmo tardando aqui, poderia ter vivido sublimemente indiferente aos sofrimentos da humanidade. Mas não o fez: Ele permaneceu até o fim, por causa do Seu amor por nós — vivenciou a dor.

Agora, então, o que devo dizer para concluir, senão isto: vamos admirar o amor superlativo de Jesus. Ó amor, amor, amor, o que fizeste? O que não fizeste! És onipotente no sofrimento. Poucos de nós podem suportar a dor; talvez possam menos ainda suportar a deturpação, a calúnia e a ingratidão. Elas são como vespas horríveis cuja picada arde como fogo; homens têm sido levados à loucura por escândalos cruéis que foram destilados de línguas venenosas. Cristo, ao longo da vida, suportou esses e outros sofrimentos. Vamos amá-lo à medida que pensamos no quanto Ele deve ter nos amado. Vocês tentarão, esta tarde, antes de vir à mesa da comunhão, encharcar suas almas com o amor de Cristo? Mergulhá-las no amor do Senhor durante toda tarde até que, como uma esponja, vocês absorvam em si mesmos o amor de Jesus? Então, venham esta noite, por assim dizer, e permitam que o amor flua novamente para Ele enquanto vocês se sentam à mesa do Senhor e participam dos elementos da Sua morte e do Seu amor. Admirem o poder do Seu amor e então orem para que tenham um amor tão poderoso como esse. Às vezes nos perguntamos por que a Igreja do Senhor cresce tão lentamente, mas não me surpreendo quando me lembro da escassa consagração a Cristo presente em Sua Igreja. Jesus foi "homem de dores e que sabe o que é padecer", mas muitos dos Seus discípulos que professam lhe pertencer completamente, estão vivendo para si mesmos. Há homens ricos que se autodenominam santos, e são considerados assim, cujos tesouros são guardados para si e para suas famílias. Há homens capacitados que creem que são comprados com o sangue de Cristo, mas suas habilidades são investidas em outras coisas, e nada é aplicado ao Senhor. Vamos deixar as coisas mais claras — o que estamos fazendo aqui? Você está lecionando na escola, não está? Você está fazendo isso de todo seu coração para Jesus? Pregando nas ruas? Sim, mas você coloca sua alma nisso por Ele? Talvez você tenha que confessar que não está fazendo nada — não permita que este dia termine até que tenha começado a fazer alguma coisa para o seu Senhor. Estamos sempre falando sobre a Igreja estar fazendo isso e aquilo — o que é a Igreja? Creio que muito é dito, tanto bem quanto mal, sobre esse conceito. O fato é que somos indivíduos. A Igreja é apenas o ajuntamento de pessoas, e se qualquer bem deve ser feito, deve ser realizado por pessoas. E se todas as pessoas estiverem ociosas, não será feito o trabalho da Igreja. Pode haver a aparência dele, mas não há verdadeiro trabalho realizado. Irmãos e irmãs, o que estão fazendo por Jesus? Conjuro-os pelas marcas dos cravos em Suas mãos, a menos que vocês sejam mentirosos diante dele: trabalhem por Ele! Conjuro-os por Seus pés feridos — recorram a Ele! Conjuro-os pela cicatriz em Seu lado — deem-lhe seus corações! Conjuro-os por aquela cabeça sagrada, uma vez perfurada por espinhos — rendam-lhe seus pensamentos! Conjuro-os pelos ombros que suportaram os açoites — entreguem todas as suas forças ao Seu serviço! Conjuro-os por Ele mesmo a se darem a si mesmos a Ele. Conjuro-os por aquela mão esquerda, que tem estado sob sua cabeça, e aquela direita, que os tem abraçado, pelas gazelas e cervos do campo, pelos canteiros de bálsamo e banquetes de amor, rendam-se — seu coração, sua alma, sua força — a Ele! Vivam para Seu serviço e morram em Seu serviço! Continuem trabalhando enquanto viverem, não abandonem seus arreios! Durante a sua vida, que este seja o seu lema: "Tudo por Jesus, tudo por Jesus; tudo pelo homem de dores, tudo pelo homem de dores!". Ó vocês que o amam e lutam por Ele, estão convocados à linha de frente. Apressem-se para o conflito, rogo-lhes, e logo estarão em casa com o "homem de dores". Tornem isso o seu grito de guerra hoje! Não se esgueirem para trás como covardes! Não fujam para casa como amantes do conforto! Mas apressem-se para ir à batalha pelo "homem de dores" como homens bons e verdadeiros. Pela cruz que o suportou e pela pesada cruz que Ele carregou; pela agonia de Sua morte e pela agonia de Sua vida, eu conclamo: "Vão em frente pelo homem de dores!". Escrevam em seus próprios corpos esta palavra: "Pelo homem de dores", onde vocês levam as marcas do Senhor Jesus! Marquem, se não em sua carne, então em sua alma, pois, a partir de agora, vocês são servos do homem de dores! Escrevam isto em sua riqueza, vinculem esta inscrição a todas as suas posses: "Isto pertence ao homem de dores". Deem seus filhos ao "homem de dores" como homens de antigamente consagravam seus filhos ao patriotismo para batalhar contra os inimigos de seu país. Ofereçam cada hora ao "homem de dores"! Aprendam, até mesmo, a comer, beber e dormir para o "homem de dores", fazendo tudo em Seu nome. Vivam para Ele e estejam prontos a morrer por Ele, e que o Senhor os aceite por amor do "homem de dores". Amém!

Este sermão foi pregado no Metropolitan Tabernacle, em Newington, na manhã de 2 de março de 1873.

2

GETSÊMANI

*E, estando em agonia, orava mais intensamente.
E aconteceu que o seu suor se tornou como gotas
de sangue caindo sobre a terra* (Lucas 22:44).

oucos tiveram comunhão com a aflição no *Getsêmani*. A maioria dos discípulos não estava lá. Não estavam suficientemente na vanguarda da graça divina para que fossem admitidos a contemplar os mistérios da "agonia". Ocupados com os preparativos para a Páscoa em suas próprias casas, estes representam os muitos que vivem da letra e, no entanto, são meros bebês em fase de amamentação quanto ao espírito do evangelho. Os muros que cercam o *Getsêmani* adequadamente representam aquela debilidade na graça que efetivamente priva os crentes comuns de contemplarem as mais profundas maravilhas da comunhão. Aos doze, não, aos onze, foi-lhes dado o privilégio de entrar ao jardim e apreciar esta grande visão. Desses onze, oito foram deixados a distância; eles tinham comunhão, mas não daquele tipo ao qual são admitidos

os grandemente amados. Apenas três, altamente favorecidos, que haviam estado com Ele no monte da Transfiguração e testemunhado o milagre vivificador na casa de Jairo — apenas esses três poderiam se aproximar do véu de Sua misteriosa agonia — no entanto, nem eles poderiam adentrar esse véu; a distância de um arremesso de pedra deveria ser mantida entre eles e o Salvador. Cristo deveria pisar o lagar sozinho, e não deveria haver homem algum em Sua companhia. Pedro e os dois filhos de Zebedeu representam aqueles santos eminentes, provados e ensinados pela graça que podem ser descritos como "pais". Estes, por já haverem enfrentado as grandes águas, podem, até certo ponto, medir as imensas ondas do Atlântico da paixão de seu Redentor; por estarem tanto tempo a sós com Ele, podem ler Seu coração muito melhor do que aqueles que o veem somente em meio à multidão. A alguns espíritos escolhidos é dado — pelo bem de outros e para fortalecê-los para um tremendo conflito futuro em especial — entrar no círculo íntimo e ouvir os clamores do Sumo Sacerdote sofredor! Eles estão em comunhão com seu Senhor em Seus sofrimentos e aceitam a necessidade de Sua morte. Ainda assim, eu diria que, até mesmo esses eleitos entre os eleitos — esses escolhidos e particularmente favorecidos entre os cortesãos do rei —, nem mesmo eles podem penetrar a angústia do Salvador, de forma a entender todas as Sua agonias. "Teus incógnitos sofrimentos" é a admirável expressão da liturgia grega — pois há uma câmara íntima em Seu pesar, preservada do conhecimento e da associação humana. Não é aqui que, mais do que nunca, Cristo foi nosso "dom inefável"? Não estava Watts correto quando cantava —

E todas as alegrias encobertas que Ele concede,
Foram compradas com agonias incognoscíveis?

Visto que não seria possível a qualquer crente, por mais provado que fosse, conhecer, por si mesmo, tudo o que nosso Senhor suportou no lugar da prensa da oliva, onde Ele foi esmagado, por cima e por baixo, sob a pedra de moagem do sofrimento mental e da hostilidade infernal, está claramente muito além da capacidade desse pregador o descrever para vocês. O próprio Jesus deve lhes dar acesso ao mistério do *Getsêmani*, pois, quanto a mim, posso somente convidá-los a entrar no jardim, propondo-lhes que tirem seus calçados, porque o lugar onde pisamos é terra santa! Não sou Pedro, ou Tiago, ou João, contudo sou alguém que gostaria de, como eles, beber do cálice do Mestre e ser batizado em Seu batismo. Até o momento, avancei somente a distância daqueles oito; no entanto, lá tenho ouvido os profundos gemidos do homem de dores. Alguns de vocês, meus veneráveis amigos, podem ter aprendido muito mais do que eu, contudo não se recusarão a ouvir novamente o rugir das muitas águas que buscam afogar o amor do Grande Esposo de nossa alma!

Vários pontos exigirão nossa breve consideração. Vem, Espírito Santo, sopra a luz de Deus em nossos pensamentos e vida em nossas palavras.

1. Venham e contemplemos a INEXPRIMÍVEL ANGÚSTIA DO SALVADOR.

As emoções daquela pesarosa noite são expressas em várias passagens das Escrituras. João descreve Cristo dizendo quatro dias antes de Sua paixão: "Agora, está angustiada a minha alma". À medida que Ele percebia as nuvens se acumulando, mal sabia para onde se voltar e clamou: "O que direi eu?". Mateus registrou sobre Ele: "começou a entristecer-se e a angustiar-se". Goodwin, argumentando sobre a palavra *ademonein*, traduzida como "angustiar-se", observa que havia uma perturbação nas agonias do Salvador, pois a raiz dessa palavra significa "separado das pessoas — homens em perturbação, estando separados da humanidade". Que concepção é essa, meus irmãos e irmãs, que nosso bendito Senhor deveria ser levado ao limite da confusão pela intensidade de Suas angústias! Mateus apresenta o próprio Salvador dizendo: "A minha alma está *profundamente triste até à morte*". Aqui, a palavra *perilupos* significa envolvido, cercado, sobrecarregado com o pesar. "Ele estava mergulhado até a cabeça em tristeza e não possuía um lugar por onde pudesse respirar" é a forte expressão usada por Goodwin. O pecado não deixa brechas para que o consolo entre e, portanto, Aquele que carregou os pecados devia ficar totalmente imerso em angústia. Clark afirma que Ele começou a sentir-se "tomado de pavor" e de angústia. Neste caso, *thambeisthai*, com o prefixo *ek*, demonstra extremo assombro como o de Moisés quando se sentiu "aterrado e trêmulo". Ó, bendito Salvador, como podemos suportar pensar em ti como um homem estupefato e aterrorizado? E foi assim que estiveste quando os terrores de Deus se lançaram em conjunto contra ti! Lucas usa a linguagem forte de meu texto: "estando em agonia". Essas expressões, cada qual digna de ser tema de um sermão, são suficientes para mostrar que o pesar do Salvador foi de caráter extraordinário — assim justificando a exclamação do profeta: "Considerai e vede se há dor igual a minha, que veio sobre mim". Cristo está diante de nós incomparável em sofrimento. Ninguém é tão molestado pelos poderes do mal quanto Ele foi — como se os poderes do inferno tivessem comandado às suas legiões: "Não batalhem contra o pequeno ou o grande, mas somente contra o próprio Rei!".

Se professássemos compreender todas as fontes da agonia de nosso Senhor, a sabedoria nos repreenderia com a pergunta: "Acaso, *entraste* nos mananciais do mar ou percorreste o abismo mais profundo?". Não podemos ir além de enxergar as causas reveladas do pesar. Este, em parte, sobreveio do horror de Sua alma quando *compreendeu plenamente o significado do pecado*. Irmãos e irmãs, quando vocês inicialmente se convenceram de seu pecado e o viram como extremamente maligno, embora sua percepção da pecaminosidade fosse débil comparada com sua verdadeira feiura, no entanto o terror tomou conta de vocês! Lembram-se daquelas noites sem dormir? Como disse o salmista: "envelheceram os meus ossos pelos meus constantes gemidos todo o dia. Porque a tua mão pesava dia e noite sobre mim, o meu vigor se tornou em sequidão de estio". Alguns de nós podemos nos lembrar de quando nossas almas escolheram o estrangulamento à vida — quando, se as sombras da morte pudessem nos encobrir da ira divina, ficaríamos mais do que felizes em repousar na sepultura para que não precisássemos fazer nosso leito no inferno. Nosso bendito Senhor viu o pecado em sua escuridão natural; Ele possuía a percepção mais clara de seu ataque traiçoeiro contra Seu Deus, seu ódio mortal para com o próprio Salvador e sua influência destrutiva sobre a humanidade. Certamente o terror se apossou dele, pois a visão do pecado deve ser muito mais repugnante do que a visão do inferno, visto que este é produto daquele!

Outra fonte de pesar encontrava-se no fato de que Cristo *agora assumia mais plenamente Sua função oficial referente ao pecado*. Ele agora era *feito pecado*. Ouçam a palavra! "Aquele que não conheceu pecado, ele *o fez pecado* por nós; para que, nele, fôssemos feitos justiça de Deus". Naquela noite cumpriram-se as palavras de Isaías: "Mas o Senhor fez cair sobre ele a iniquidade de nós todos". Agora Ele é aquele que levou nossos pecados, o substituto aceito pela justiça divina para que carregasse toda a ira de Deus, de forma que *nós* não precisássemos sofrê-la. Naquele momento, o Céu olhou para Ele como estando no lugar do pecador e o tratou da maneira que o pecador merecia ser tratado! Ó caros amigos, o que deve ter sentido o imaculado Cordeiro de Deus quando se encontrou no lugar do culpado, quando não poderia repudiar esse lugar, pois o aceitara voluntariamente para que pudesse salvar os escolhidos? Como Sua natureza perfeita deve ter sido abalada com associação tão próxima à iniquidade!

Cremos que, naquele momento, *nosso Senhor teve um vislumbre claro de toda a vergonha e sofrimento de Sua crucificação*. A agonia era apenas a primeira gota da tremenda tempestade que seria descarregada sobre Sua cabeça. Ele anteviu a veloz aproximação do traidor, Judas, o cerco dos oficiais, o falso julgamento diante do Sinédrio, e Pilatos, e Herodes. Previu o escárnio e os golpes, a coroa de espinhos, a desonra, as cusparadas; tudo isso lhe sobreveio à mente, e, como, em via de regra, a antecipação da provação é mais dolorosa do que a provação em si, podemos compreender como Aquele que não proferiu qualquer palavra em meio ao conflito não pôde se deter de profundo pranto e lágrimas na perspectiva desse conflito! Amados amigos, se vocês imaginarem, com os olhos de sua mente, os terríveis incidentes de Sua morte — a caçada pelas ruas de Jerusalém, o ser pregado à cruz, a tensão, a sede e, acima de tudo, o abandono por parte de Deus —, não lhes surpreenderá que Ele tenha ficado angustiado e tomado de pavor.

Mas, possivelmente uma raiz ainda mais frutífera de amargor era que *naquele momento o Seu Pai começou a afastar Sua presença do Filho*. A sombra de um grande eclipse iniciou a sua descida sobre o Seu espírito quando Ele se ajoelhou naquela madrugada fria entre as oliveiras do *Getsêmani*. Os perceptíveis consolos que haviam animado Seu espírito foram-lhe retirados; aquela bendita aplicação das promessas que Cristo Jesus necessitava, como homem, foram removidas; tudo aquilo que entendemos pelo termo "consolações divinas" foi escondido de Seus olhos! Foi deixado sozinho em Sua fraqueza para contender por Seu livramento das mãos humanas! O Pai pôs-se de lado como se fosse um espectador indiferente, ou melhor, como se fosse um adversário — Ele o feriu "com ferida de inimigo e com castigo de cruel".

No entanto, em nosso julgamento, o calor mais agudo do sofrimento do Salvador naquele jardim encontra-se nas *tentações satânicas*. Aquela hora, mais do que qualquer outra em Sua vida, mais ainda do que o conflito dos 40 dias no deserto, foi *a Sua hora de tentação*. "Esta, porém, é a vossa hora e o poder das trevas". Aqui poderíamos dizer enfaticamente: "Aí vem o príncipe do mundo". Essa foi Sua última luta corpo a corpo com as hostes do inferno e nesse momento Ele teve que suar grandes gotas de sangue antes que a vitória pudesse ser conquistada.

Vimos de relance as fontes do grande oceano que irrompeu quando as torrentes de pesar inundaram a alma do Redentor. Irmãos e irmãs, ainda mais uma lição antes que passemos da contemplação: "Porque não temos sumo sacerdote que não possa compadecer-se das nossas fraquezas; antes, foi ele tentado em todas as coisas, à nossa semelhança, mas sem pecado. Acheguemo-nos, portanto, confiadamente, junto ao trono da graça, a fim de recebermos misericórdia e acharmos graça para socorro em ocasião oportuna". Ponderemos: não há sofrimento que seja desconhecido para Ele! Nós corremos com os homens — Ele competiu com os cavalos; nós atravessamos com dificuldade as águas rasas do sofrimento, que nos chegam até apenas aos tornozelos — Ele teve de lutar contra as correntes do Jordão. Ele jamais falhará em socorrer Seu povo quando estiverem em tentação. Como foi dito há muito tempo: "Em toda a angústia deles, foi ele angustiado, e o Anjo da sua presença os salvou".

2. Agora nos voltamos para contemplar A TENTAÇÃO DE NOSSO SENHOR.

No início do Seu ministério, a serpente começou a mordiscar o calcanhar do prometido Libertador. E agora, à medida que se aproximava a hora em que a Semente da mulher pisaria a cabeça da serpente, aquele antigo dragão fez uma tentativa desesperada sobre seu grande destruidor. Não nos é possível erguer o véu onde a revelação permitiu que este permanecesse caído, mas podemos formar uma débil ideia das sugestões com as quais Satanás tentou nosso Senhor. Entretanto, permitam-nos observar que, a título de precaução, antes que tentemos pintar este quadro, o que quer que Satanás possa ter sugerido a nosso Senhor, Sua natureza perfeita jamais se submeteu a isso, em qualquer grau, de forma a levá-lo a pecar! As tentações eram, sem dúvida, de caráter mais vil, porém não imprimiram mancha ou ruga sobre Ele, que permaneceu o mais belo entre 10 mil. O príncipe deste mundo veio, mas não encontrou nada em Cristo; ele incitou as chamas, mas as faíscas não caíram, como seria no nosso caso, sobre nenhum material inflamável ressecado. Precipitaram-se sobre o mar e extinguiram-se de vez. Satanás atirou suas flechas pontiagudas, todavia elas não poderiam sequer ferir a carne de Cristo; atingiram o escudo de Sua natureza perfeitamente íntegra e caíram com suas pontas quebradas, para embaraço do adversário.

Entretanto, quais vocês acreditam que foram essas tentações? Impressiona-me, baseado em algumas dicas fornecidas, que fossem como se segue: inicialmente, havia *a tentação de deixar o trabalho não concluído*. Podemos inferir isso da oração: "Se queres, passa de mim este cálice". "Filho de Deus", disse-lhe Satanás, "é isso mesmo? Foste verdadeiramente chamado para carregar o pecado do homem? Deus disse: 'A um herói concedi o poder de socorrer', e tu és este, o escolhido de Deus, para carregares todo esse fardo? Vê Tua fraqueza! Mesmo agora, suaste grandes gotas de sangue! Certamente não és aquele a quem o Pai ordenou que fosse poderoso para salvar — ou, se és, o que ganharás com isso? Que benefício isso te trará? Já possuis glória suficiente! Vês como são degenerados aqueles por quem estás para te oferecer em sacrifício? Teus melhores amigos dormem quando mais precisas do consolo deles; Teu tesoureiro, Judas, apressa-se para trair-te pelo preço de um escravo comum; o mundo pelo qual te sacrificas elencará Teu nome como mau, e Tua Igreja, pela qual pagas o preço do resgate, é digna? Uma companhia de mortais! Tua divindade poderia criar o mesmo a qualquer momento, conforme te aprouver! Por que, então, precisas derramar Tua alma na morte?". Tais argumentos seriam usados por Satanás; a arte infernal daquele que vem tentando os homens há milhares de anos saberia como inventar todas as maneiras de engano; ele derramaria as brasas mais inflamadas do inferno sobre o Salvador. Foi lutando contra essa tentação, entre outras, que, estando em agonia, nosso Salvador orou mais fervorosamente.

As Escrituras indicam que nosso Senhor foi acometido pelo *temor de que a Sua força não seria suficiente*. "...foi ouvido quanto ao que temia" (ARC). Como, então, Ele foi ouvido? Um anjo lhe foi enviado para o fortalecer. Assim sendo, Seu temor provavelmente foi produzido pelo senso de fraqueza. Imagino o asqueroso diabo sussurrando em Seu ouvido: "Tu! Tu suportas ser ferido de Deus e desprezado pelos homens! A repreensão já partiu Teu coração — como resistirás a exposição pública ao vexame e serás conduzido para fora da cidade como uma coisa imunda? Como aguentarás ver Tua família aos prantos e Tua mãe sofrendo ao pé da cruz? Teu espírito terno e sensível cederá sob isso. Quanto a Teu corpo, ele já está emagrecido; Teus longos jejuns muito te abateram; tornar-te-ás presa para a morte, bem antes de teres consumado Tua obra; certamente falharás! Deus te abandonou! Agora eles te perseguirão e levarão; darão Tua alma ao leão e Teus amados ao poder dos cães". Então pintaria todos os sofrimentos da crucificação e diria: "Pode Teu coração suportar ou Tuas mãos serem fortes no dia que o Senhor tratar contigo?". As tentações satânicas não foram dirigidas à divindade, mas à humanidade de Cristo, e, portanto, o diabo provavelmente se ateria na debilidade do homem. "Não disseste: 'Mas eu sou verme e não homem; opróbrio dos homens e desprezado do povo'? Como suportarás quando as nuvens da ira divina se reunirem ao Teu redor? A tempestade certamente fará naufragar todas as Tuas esperanças. Não pode ser! Não podes beber deste cálice nem seres batizado com este batismo". Desta forma, pensamos, o nosso Mestre foi tentado. No entanto, vejam, Ele não recua diante disso! Em agonia, cujo significado é estar dentro de um ringue de luta, Ele peleja contra o tentador da mesma forma como Jacó lutava com Deus. "Não", diz Ele, "não serei subjugado por sua zombaria de minha fraqueza; sou forte na força de minha divindade, ainda o vencerei". No entanto, a tentação foi tão terrível que, a fim de vencê-la, Sua depressão mental o levou a suar como grandes gotas de sangue que caíam sobre a terra.

Possivelmente, também, a tentação pode ter sido proveniente da sugestão de que *Ele estava definitivamente abandonado*. Não sei — pode ser que haja provações mais severas do que esta, contudo esta é, certamente, uma das piores: estar totalmente abandonado. "Vê", disse Satanás sibilando entre os dentes, "Não tens amigo em lugar algum! Olha para o Céu, Teu Pai cerrou Seu coração compassivo a ti. Nenhum anjo das cortes de Teu Pai estenderá a mão para amparar-te! Olha lá, nenhum daqueles espíritos que honraram Teu nascimento interferirão para proteger Tua vida! Todo o Céu é ilusório para ti; foste deixado sozinho. Quanto à Terra, todos os homens não estão sedentos por Teu sangue? O judeu não ficará gratificado em ver Tua carne rasgada pelos pregos? E os romanos não se satisfarão quando tu, Rei dos judeus, fores pregado à cruz? Não tens amigos entre as nações; os grandes e poderosos escarnecem de ti, e os pobres mostram-te a língua em zombaria. Não tiveste onde reclinar a cabeça quando estavas em Teu melhor momento; e agora, não tens lugar onde te seja oferecido abrigo. Vê as companhias com quem tomaste conselho, de que valem elas? Filho de Maria, vê ali Teu irmão Tiago, e ali Teu amado discípulo João, e o ousado apóstolo Pedro? Eles dormem, eles dormem! E lá os outros oito, como dormem os covardes enquanto estás em sofrimento! E onde estão os 400? Esqueceram-te! Estarão de volta às suas fazendas e aos seus negócios pela manhã. Pasma! Não tens amigos no Céu ou na Terra! Todo o inferno está contra ti! Mobilizei todo meu covil infernal; enviei minhas missivas por todas as regiões convocando todos os príncipes das trevas para agredir-te nesta noite. Não pouparemos flechas! Usaremos todo nosso poder infernal para oprimir-te! E o que farás, Ser solitário?". Pode ser que essa tivesse sido a tentação. Penso que foi, porque a aparição de um anjo para o fortalecer, afastou o temor. "...foi ouvido quanto ao que temia" (ARC). Não estava mais só, pois o Céu estava com Ele. Pode ser essa a razão por que Ele voltou três vezes aos discípulos — como diz Hart:

*Três vezes Ele foi e regressou
Como se do homem a ajuda buscasse.*

Ele verificaria por si próprio se realmente era verdade que todos os homens o haviam abandonado. Ele os encontrou dormindo, contudo, talvez tenha recebido um débil consolo do pensamento que eles estavam dormindo, não por traição, mas por tristeza. O espírito, com certeza, estava pronto, porém a carne era fraca.

Também, pensamos, Satanás atacou nosso Senhor com uma provocação amarga. Vocês sabem com que aparência o tentador pode revesti-la, e com que sarcasmo mordaz ele pode fazer a insinuação: *"Ah, tu não conseguirás realizar a redenção de Teu povo;* Tua imensa benevolência se provará uma fraude, e Teus amados perecerão! Não prevalecerás para os salvar de minhas garras; Tuas ovelhas dispersas certamente serão minhas presas. Filho de Davi, sou páreo para ti! Não podes libertar o que está em minhas mãos! Muitos de Teus escolhidos entraram no Céu no poder de Tua expiação, contudo, eu os arrancarei de lá e extinguirei das estrelas da glória! Encolherei a corte celestial dos coristas de Deus, pois não pagarás Tua fiança! Não podes fazê-lo; não conseguirás edificar todo esse povo grandioso — ainda assim perecerão. Vê, não estão dispersas as ovelhas, agora que o Pastor está ferido? Todos te esquecerão! Nunca verás o fruto do trabalho de Tua alma; Teu desejado objetivo jamais será atingido; serás para sempre o homem que começou a construir e que nunca foi capaz de terminar a obra". Talvez essa seja acertadamente a razão pela qual Cristo três vezes foi ver Seus discípulos. Vocês já viram uma mãe. Ela está muito debilitada, enfraquecida por uma grave doença, no entanto, labuta sob a pesarosa apreensão de que seus filhos possam morrer;

levanta-se num sobressalto de sua poltrona, onde sua enfermidade a lançou para ter um momento de descanso; observa ansiosamente seu filho; percebe um ligeiro sinal de recuperação. Porém, está tão debilitada que não consegue ficar mais do que um breve instante longe de seu próprio leito. Não consegue dormir, agita-se dolorosamente, pois seus pensamentos vagueiam. Levanta-se para observar seu filho novamente: "Como você está, filho. Como está? Aquelas palpitações de seu coração estão menos violentas? Sua pulsação está mais calma?". Mas, ah!, ela está tão enfraquecida que tem de voltar para cama novamente, mesmo assim não consegue descansar. Ela voltará continuamente para observar seu amado. Penso que assim Cristo observou Pedro, Tiago e João, como se dissesse: "Não, não estão todos perdidos ainda; restam três", e, olhando para eles como se representassem toda a Igreja, parecia dizer: "Não, não! Eu prevalecerei. Conquistarei o senhorio. Lutarei até o sangue. Pagarei o preço do resgate e libertarei meus queridos do domínio de seu inimigo".

Penso que essas devem ter sido Suas tentações. Se vocês conseguirem formar uma ideia mais completa do que essa de quais elas foram, então ficarei feliz. Com esta lição, deixo este ponto: "orai, para que não entreis em tentação". Essa é a expressão que Cristo usou — Sua própria dedução extraída de Sua provação. Queridos amigos, todos vocês já leram a cena descrita por John Bunyan de Cristão combatendo Apolião. O pintor-mestre o esboçou trazendo-lhe à vida, no entanto diz: "Este combate durou mais da metade de um dia, até Cristão ficar quase esgotado, pois suas feridas o enfraqueciam mais e mais. Nunca o vi mostrar sequer uma expressão de prazer, até vê-lo ferir Apolião com a espada de dois gumes. Ele sorriu e olhou para cima. Nunca vi uma luta tão medonha" [N.E.: *O Peregrino*, Publicações Pão Diário, 2018]. Esse é o significado daquela oração: "e não nos deixes cair em tentação". Ó, você que imprudentemente vai onde é tentado, você que ora por aflições — e conheço alguns que são tolos suficiente para o fazerem — você que se coloca em lugares em que provoca o tentador a lhe tentar, preste atenção no próprio exemplo do Mestre! Ele suou grandes gotas de sangue quando foi tentado. Ó, ore para que Deus o poupe de tal provação! Ore esta manhã: "Não me deixes cair em tentação".

3. Contemplemos, irmãos e irmãs, o SUOR EM SANGUE. Lemos: "seu suor se tornou como gotas de sangue". Por essa razão, alguns poucos escritores supõem que o suor não era efetivamente de sangue, mas que aparentava sangue. Contudo, essa interpretação tem sido rejeitada pela maioria dos comentaristas, desde Agostinho em diante, e geralmente sustenta-se que as palavras "se tornou como" não apenas apresentam a *semelhança* de sangue, mas que significam que era real e literalmente sangue! Encontramos a mesma expressão usada no texto: "e vimos a sua glória, glória como do unigênito do Pai". Assim, com certeza, isso não quer dizer que Cristo fosse *como* o unigênito do Pai, já que Ele realmente o *é*; de forma que essa expressão das Sagradas Escrituras geralmente estabelece não apenas a semelhança a algo, mas a própria coisa em si. Portanto, cremos que Cristo realmente suou sangue. Embora esse fenômeno seja um tanto incomum, ele tem sido testemunhado em outras pessoas. Há vários casos registrados, alguns em antigos livros de medicina de Galeno [N.T.: Cláudio Galeno, médico grego, 130 d.C.–210 d.C.], e, mais recentemente, por outros, sobre indivíduos que, após longos períodos de fraqueza, sob o temor da morte, suaram sangue. No entanto, o caso de Jesus é completamente único por várias razões. Se vocês perceberem, Ele não apenas suou sangue, mas foi em *grandes gotas*. O sangue coagulou e formou grandes massas. Não consigo expressar o significado de forma melhor do que "coágulos" — gotas grandes e pesadas. Isso não é visto com frequência. Já foi observada uma leve efusão de sangue em casos de pessoas que estavam previamente enfraquecidas, mas grandes gotas? Nunca! Quando se diz: "caindo sobre a terra", demonstra a abundância, de modo que não teria ficado apenas na superfície, sendo absorvido por Suas roupas até que Ele se tornasse a novilha vermelha [N.T.: Números 19.] que fora sacrificada naquele mesmo lugar, mas o sangue caiu sobre a terra. Nisso, Ele é incomparável; era um homem de apenas 33 anos, com saúde perfeita e labutava sob o temor da morte, porém a pressão mental que surgia de Sua luta com a tentação e a tensão de toda Sua força, com o objetivo de desbaratar a proposta satânica, forçou Sua estrutura a uma agitação incomum, o que fez Seus poros expelirem grandes gotas de sangue que caíram sobre a terra. Isso prova como o peso do pecado que esmagou o Salvador deve ter sido tremendo levando-o a destilar gotas de sangue! Prova, também, meus irmãos e irmãs, o grande poder de Seu amor! Isaac Ambrose fez a bela observação de que é sempre melhor a seiva expelida pela árvore sem que haja corte. Essa preciosa canforeira exalou os mais doces aromas quando sob os açoites dos azorragues e quando perfurada pelos cravos na cruz. No entanto, vejam, ela produz suas melhores fragrâncias quando não há chicote, nem pregos, nem feridas! Isso ressalta a voluntariedade dos sofrimentos de Cristo, já que o sangue fluiu livremente sem que houvesse a lança. Não houve necessidade da aplicação da sanguessuga, ou de cortar com a faca — o sangue fluiu espontaneamente! Não há necessidade de que os governantes clamem: "Brota, ó poço!". Por si mesmo ele brota em torrentes carmesim! Caros e amados amigos, se os homens sofrem de alguma assustadora pressão mental — não tenho ciência das questões médicas — aparentemente o sangue corre para o coração, as faces ficam pálidas, há um espasmo de desmaio. O sangue flui internamente, como se para nutrir o interior do homem que passa pela provação. Contudo, olhem para o Salvador em Sua agonia — está tão alheio a si mesmo que, em vez de Seu sofrimento levar Seu sangue para o coração para que nutra a si mesmo, ele o conduz para fora a fim de orvalhar a terra. A agonia de Cristo, enquanto o derrama sobre o solo, ilustra a plenitude da oferta que Ele fez pelos homens.

Irmãos e irmãs, vocês não percebem o quão intenso deve ter sido a luta pela qual Ele atravessou e não ouvirão Sua voz *lhes* dizendo: "na vossa luta contra o pecado, ainda não tendes resistido até ao sangue"? É ventura de alguns de nós ter terríveis tentações — de outra forma não saberíamos como ensinar aos outros — tão terríveis que na batalha contra elas, o suor frio e viscoso acumula-se em sua fronte! Jamais esquecerei o lugar solitário em que, meditando sobre meu Deus, um terrível ímpeto de blasfêmia veio sobre minha alma, até o ponto de eu preferir a morte àquela provação! Imediatamente, caí de joelhos, pois a agonia era terrível, ao mesmo tempo minhas mãos estavam sobre a minha boca para impedir que as blasfêmias fossem proferidas. Permita que Satanás verdadeiramente o teste com a tentação da blasfêmia uma só vez e você jamais esquecerá a experiência, mesmo que viva até ter seus cabelos brancos. Ou permita-lhe atacá-lo com alguma luxúria, e, ainda que você odeie e repudie o simples pensar nisso e escolha perder seu braço direito a ceder a ele, mesmo assim a tentação virá à sua caça perseguindo-o e o atormentará! Lute contra ela até que suem, meus irmãos e irmãs, sim, até o ponto de sangrar! Ninguém deveria dizer: "Não pude evitá-lo, fui tentado". Resista até suar sangue, ao invés de pecar! Não digam: "Fui pressionado de tal forma por essa tentação, e ela se ajustava tão bem ao meu temperamento natural, que não pude evitar cair em tentação!". Olhem para o grande Apóstolo e Sumo sacerdote de nossa fé e suem até sangrar em lugar de ceder ao grande tentador de nossa alma! Orem para que não entrem em tentação, para que, quando estiverem nela, possam dizer com confiança: "Senhor, eu não busquei isso, portanto, ajuda-me a enfrentá-lo, por amor ao Teu nome".

4. Em quarto lugar, desejo que vocês observem a ORAÇÃO DO SALVADOR.

Caros amigos, quando somos tentados e desejamos vencer, a melhor arma é a oração. Quando vocês não conseguem usar a espada e o escudo, tomem para si a famosa arma da oração! Assim fez nosso Salvador. Observemos Sua oração. *Foi uma oração solitária.* Ele se afastou até mesmo de Seus três melhores amigos à distância de um arremesso de pedra. Cristão, especialmente quando acossado pela tentação, faça orações solitárias. A oração privativa é, igualmente, a chave que abre a porta do Céu e que tranca as portas do inferno! Ao mesmo tempo que é um escudo de proteção, é a espada com a qual combatemos a tentação! As orações em família, ou em círculos sociais, ou em comunidade na igreja não bastarão. Elas são muito valiosas, no entanto, as melhores especiarias aromáticas esmagadas fumegarão no incensário de suas devoções particulares, onde nenhum ouvido, exceto o divino, o ouvirá! Retire-se à solitude se deseja vencer.

Note, também, que foi uma *oração humilde.* Lucas diz que Ele se ajoelhou, mas outro evangelista diz que Ele se prostrou sobre o Seu rosto. Como assim? O Rei se prostra sobre Seu rosto? Onde, então, deve ser *seu* lugar, humilde servo do grande Mestre? O Príncipe prostra-se em terra? Onde você se reclinará? Quais poeiras e cinzas cobrirão sua cabeça? O pano de saco envolverá seus lombos? A humildade nos dá o ponto de apoio na oração. Não há esperança de realmente se prevalecer com Deus, Aquele que humilha o orgulhoso, a menos que nos humilhemos para que Ele nos exalte no devido tempo.

Além disso, era uma oração *filial.* Mateus o descreve dizendo: "Meu Pai". Marcos registra "Aba, Pai". No dia da provação você descobrirá que reivindicar sua filiação será sempre uma fortaleza! Por isso aquela oração, na qual está escrito "não nos deixes cair em tentação, mas livra-nos do mal", começa com "Pai nosso, que estás nos céus". Implore como um *filho.* Você não tem direitos como *súdito.* Eles lhes foram confiscados por sua traição, porém nada pode tirar o direito de um filho à proteção do pai! Assim, não tenha vergonha de dizer: "Meu Pai, ouve meu clamor".

Novamente, observe que era uma *oração perseverante.* Ele orou três vezes, usando as mesmas palavras. Não se contente até que prevaleça.

Seja como a viúva insistente, cujo contínuo retorno lhe garantiu o que a primeira súplica não conseguira conquistar. Continue em oração e vigilância com ações de graça.

Mais ainda, perceba como ela brilhava com calor carmesim — era uma *oração ardente*. "Ele orava mais intensamente". Que gemidos eram aqueles proferidos por Cristo! Que lágrimas brotaram das fontes profundas de Sua natureza! Faça orações ardentes se deseja prevalecer contra o adversário.

E, por último, era uma *oração de resignação*. "Contudo, não se faça a minha vontade, e sim a tua". Renda-se, e Deus se renderá. Permita ser como Deus deseja que seja, e Ele desejará que seja para o seu melhor! Esteja perfeitamente contente em deixar o resultado de sua oração em Suas mãos, Aquele que sabe *quando* conceder, *como* conceder e o que conceder; e *o que* reter. Desta forma, suplicando ardente e persistentemente, embora mesclando-a com humildade e resignação, você prevalecerá.

Caros amigos, precisamos concluir, voltar-nos ao último ponto com esta lição prática: "Levantem-se e orem". Quando os discípulos estavam deitados, eles dormiram. Sentar-se era a postura análoga a dormir. Levantem-se! Agitem-se! Ponham-se de pé em nome de Deus! Levantem-se e orem. E, se forem tentados, fiquem mais em oração do que jamais estiveram em sua vida — insistentemente, veementemente, persistentemente com Deus para que Ele os livre no dia de seu conflito.

5. Como nos falta tempo, encerraremos com este último ponto: A PREVALÊNCIA DO SALVADOR.

A nuvem já passou. Cristo se ajoelhou, a oração foi encerrada. "Mas", questiona alguém, "Cristo prevaleceu na oração?". Amado, podemos ter alguma esperança de que Ele prevaleça no Céu caso não tivesse prevalecido na Terra? Não deveríamos suspeitar de que, se Seu forte clamor e lágrimas não fossem ouvidos *naquela situação*, falhariam *no presente*? Sua orações foram, sim, bem-sucedidas, portanto, Ele é um bom Intercessor por nós. "Como Ele foi ouvido?" A resposta será dada bem brevemente, na realidade. Ele foi ouvido, creio, em três aspectos. A primeira resposta da graça que lhe foi dada foi que *Sua mente logo acalmou-se*. Que diferença há entre "A minha alma está profundamente triste até à morte", Suas idas e vindas, Sua repetição três vezes da mesma oração, a especial agitação que estava sobre Ele — que contraste entre tudo isso e Sua saída para encontrar-se com o traidor, dizendo: "Com um beijo trais o Filho do Homem?". Antes, estava como um mar agitado, agora tão calmo como quando Ele mesmo disse: "Acalma-te! Emudece!", e as ondas acalmaram-se. Não podemos conhecer paz mais profunda do que aquela que reinava sobre o Salvador quando, diante de Pilatos, Ele não lhe respondeu palavra alguma. Ele estava calmo ao máximo, tão tranquilo como se fosse o dia de Seu triunfo em vez do dia de Sua prova. Agora, creio que isso lhe foi concedido em resposta à Sua oração. Seus sofrimentos, talvez, fossem mais intensos, mas Sua mente fora tranquilizada como se para tratá-los com maior deliberação. Como alguns homens que, quando inicialmente ouvem os estampidos dos tiros na batalha, tremem todos, mas, à medida que a luta se intensifica e estão em grande perigo, ficam frios e controlados. São feridos, sangram, estão morrendo — ainda assim estão serenos como uma noite de verão! O primeiro rubor da juventude se vai, e podem encontrar o inimigo em paz — assim o Pai ouviu o clamor do Filho e soprou-lhe paz tão profunda em Sua alma que era como um rio e Sua justiça como as ondas do mar!

Depois, cremos que Ele foi respondido *por Deus em quem foi fortalecido através de um anjo*. Como isso foi feito, não sabemos. Provavelmente foi por aquilo que o anjo *disse*, e, igualmente possível, pelo que o anjo *fez*. O anjo pode ter-lhe sussurrado as promessas — desenhou diante dos olhos de Sua mente a glória de Seu sucesso — esboçou Sua ressurreição, retratou a cena quando os Seus anjos trariam Suas carruagens do alto para elevá-lo a Seu trono. O ser angelical pode ter revivido diante dele a recordação do tempo de Seu advento, o prospecto de quando Ele reinaria de mar a mar e dos rios até os confins da Terra e, assim, fortaleceu-o. Ou talvez, por algum método desconhecido, Deus enviou tal poder a nosso Cristo, que estava como Sansão com seus cabelos cortados, de forma que Ele, de repente, recebeu toda a força e a magistral energia que eram necessárias para a terrível batalha. Então, Ele sai do jardim não mais como verme e nem como homem, mas fortalecido com poder invisível que o tornou apto contra todos os exércitos que o cercavam! Uma tropa o havia vencido, como Gade no passado remoto, mas, no final, Ele os suplantou; agora, podia arrojar-se em meio ao batalhão! Agora podia saltar sobre as muralhas. Deus enviara, pelo Seu anjo, a força do alto e fez o homem Cristo forte para a batalha e para a vitória!

E, penso, que podemos concluir dizendo que Deus o ouviu e lhe concedeu nesse momento não apenas força, mas *uma vitória real contra Satanás*. Não sei se o que Adam Clark supõe é correto: que, no jardim, Cristo pagou preço mais alto do que o fez na cruz, mas estou muito convencido que são tolos aqueles que chegam ao refinamento de pensar que a expiação foi efetuada na cruz e em nenhum outro lugar. Cremos que ela foi realizada tanto no jardim quanto na cruz. E impressiona-me que, no jardim, uma parte da obra de Cristo foi consumada, totalmente consumada, e era o conflito com Satanás. Entendo que, a partir desse momento, Cristo teria de suportar a ausência do Pai e a injúria do povo e dos filhos do homem, mas não as tentações do diabo. E acho que elas cessaram quando Ele se levantou de Seus joelhos em oração, quando levantou-se do solo onde marcou Seu semblante no barro com Suas gotas de sangue. A tentação satânica acabara, e Ele deve ter dito com relação à essa parte de Sua obra: "Está consumado! Ferida está a cabeça do dragão! Eu o venci!". Talvez nessas últimas horas que Cristo passou no jardim, dissipou-se toda a energia dos agentes da iniquidade que estava concentrada. Provavelmente nesse conflito em especial, tudo o que o estratagema poderia inventar, tudo o que a malícia poderia planejar, tudo que a prática infernal poderia sugerir foi provado em Cristo — o diabo, após ter suas cadeias afrouxadas para esse propósito, tendo Cristo entregue a ele, como Jó o foi, para que pudesse tocá-lo em Seus ossos e Sua carne. Sim, tocá-lo em Seu coração e alma, e assim afligi-lo em Seu espírito! Pode ser que cada demônio do inferno e cada adversário proveniente desse poço foram convocados, cada um para expressar sua malvadeza e derramar sua energia e vileza reunidas sobre a cabeça de Cristo. E lá Ele se ergueu, e poderia ter dito, à medida que se punha de pé, para enfrentar o adversário, um diabo em forma de homem, Judas: "Neste dia venho de Bozra, com vestimentas tingidas do vermelho de Edom [N.T.: Isaías 63:1.]. Pisoteei meus inimigos e os abati para sempre. Agora carrego o pecado do homem e a ira de meu Pai, para consumar a obra que Ele me confiou!". Se foi assim, Cristo então foi ouvido naquilo que temia — a tentação de Satanás — e foi liberto! Ele temia Sua própria fraqueza e foi fortalecido! Temia a titubeação de Sua mente e foi apaziguado!

O que mais poderemos dizer em conclusão a não ser esta lição — não nos é dito: "e tudo quanto pedirdes em oração, crendo, recebereis"? Assim, se suas tentações atingem as mais tremendas alturas e força, ainda assim agarre-se a Deus em oração e você prevalecerá! Pecador condenado, isso é consolo para você. Santo em provação, essa é sua alegria! A lição desta manhã para cada um de nós é: "Orai, para que não entreis em tentação". Quando em tentação, que roguemos que Cristo possa interceder mais por nós para que nossa fé não esmoreça. E quando estivermos passando por lutas, que busquemos fortalecer nossos irmãos e irmãs, da mesma forma que Cristo tem nos fortalecido por Sua graça até o dia de hoje. Amém!

Este sermão foi pregado no Metropolitan Tabernacle, em Newington, na manhã de 8 de fevereiro de 1863.

3

O PRIMEIRO BRADO NA CRUZ

"Contudo Jesus dizia: Pai, perdoa-lhes, porque não sabem o que fazem" (Lucas 23:34).

Naquele momento, nosso Senhor estava suportando as primeiras dores da crucificação; os carrascos tinham acabado de pregar os cravos através de Suas mãos e pés; Ele devia estar extremamente deprimido e imerso em uma condição de extrema fraqueza pela agonia que passou no *Getsêmani* na noite anterior e pelo açoite e zombaria cruel que sofrera durante a manhã toda causados por Caifás, Pilatos, Herodes e a guarda pretoriana. No entanto, nem a fraqueza do passado, nem a dor do presente poderiam tê-lo impedido de continuar em oração! O Cordeiro de Deus ficou em silêncio perante os homens, mas Ele não estava em silêncio diante de Deus! Mudo como uma ovelha diante de Seus tosquiadores, Ele não tinha uma palavra a dizer em Sua defesa perante os homens, mas continuava clamando a Seu Pai em Seu coração, e nenhuma dor e nenhuma fraqueza puderam silenciar Suas santas súplicas. Amados, que exemplo nosso Senhor nos apresenta aqui; continuemos em oração enquanto nosso coração bater; não deixemos nenhum excesso de sofrimento nos desviar do trono da graça, mas, sim, que o deixemos nos conduzir para mais perto dele —

Os cristãos devem orar enquanto viverem,
pois somente enquanto estão em oração é que eles vivem.

Cessar de orar é renunciar as consolações que nossa causa requer. Sob todas as perturbações de espírito e opressão de coração, grande Deus, ajuda-nos a orar, e que nossos passos jamais se afastem do propiciatório por causa do desespero! Nosso bendito Redentor perseverou em oração mesmo quando o ferro cruel rasgou Seus sensíveis nervos, e golpe após golpe do martelo abalou, com angústia, toda a Sua estrutura; e essa perseverança pode ser explicada pelo fato de que Ele era tão acostumado a orar que não podia parar; Ele tinha adquirido um ritmo poderoso de intercessão que o impedia de parar. Aquelas longas noites na montanha fria; aqueles muitos dias em solidão, aquelas flechas perpétuas de oração que Ele atirava para o Céu — tudo isso tinha formado nele um hábito tão poderoso que os tormentos mais severos não podiam enfraquecer Sua força. Entretanto, era mais do que um hábito. Nosso Senhor foi batizado no espírito de oração; Ele vivia nesse espírito, e esse espírito vivia nele; era um elemento de Sua natureza. Cristo era como aquela preciosa especiaria que, ao ser esmagada, não cessa de produzir seu perfume, ao contrário, o produz mais abundantemente; por causa das batidas no pilão, essa fragrância não é de qualidade externa e superficial, mas de uma virtude interior, essencial à sua natureza – da qual as batidas não extinguem a virtude, pelo contrário, fazem que a doçura secreta de sua alma seja revelada. Portanto, Jesus ora, assim como um feixe de mirra exala seu aroma, ou como os pássaros cantam porque não podem fazer diferente; a oração envolvia Sua própria alma como uma vestimenta, e Seu coração a produzia em grande quantidade. Repito: que esse seja nosso exemplo – nunca, sob quaisquer circunstâncias, mesmo que a provação seja severa e a dificuldade deprimente, cessemos de orar!

Observe, ainda, que o nosso Senhor, na oração diante de nós, permanece no vigor da fé em relação à Sua Filiação. O julgamento extremo ao qual Ele agora se submetia não podia impedi-lo de permanecer firme à Sua Filiação; Sua oração começa assim: "Pai". Não foi em vão que Ele nos ensinou a dizer "Pai nosso" quando oramos, pois nossa vitória na oração vai depender muito de nossa confiança em nosso relacionamento com Deus. Sob severas circunstâncias, as pessoas passam a pensar que Deus não está lidando conosco como um pai lida com um filho, mas, sim, como um juiz severo lida com um criminoso condenado; porém o brado de Cristo, quando Ele foi levado a uma situação extrema à qual jamais chegaremos, não demonstra nenhuma hesitação no espírito de Filiação; e no *Getsêmani*, quando o suor de sangue caiu rapidamente no chão, Seu brado mais amargo começou com "Meu *Pai*", pedindo para que, se fosse possível, o cálice de fel passasse dele. Ele implorou ao Senhor como Seu Pai, assim como repetidamente o chamara naquela noite escura e triste. Aqui, novamente, o primeiro de Seus últimos sete brados é "Pai". Ó, que o Espírito que nos faz bradar "Aba, Pai" nunca deixe de agir! Que nunca sejamos entregues à escravidão espiritual por meio de insinuações como: "Se és o Filho de Deus"; ou se o tentador for então nos assaltar, possamos triunfar como o fez Jesus quando faminto no deserto! Que o Espírito que clama: "Aba, Pai", possa repelir o medo incrédulo quando somos castigados, para que, quando o formos (pois que filho há a quem o pai não corrija?), possamos estar em sujeição amorosa ao Pai de nossos espíritos e vivamos; mas que nunca nos tornemos cativos ao espírito de escravidão, de modo a duvidar do amor de nosso Pai gracioso, ou da nossa participação em Sua adoção.

Mais notável, porém, é o fato de que a oração de nosso Senhor a Seu Pai não foi em favor de si mesmo; Ele continuou a orar por si próprio na cruz, é verdade, e Seu brado de lamento "Deus meu, Deus meu, por que me desamparaste?" mostra a personalidade de Sua oração, mas o primeiro dos sete grandes brados na cruz não possui sequer uma referência indireta a si mesmo. É "Pai, perdoa-*lhes*". A petição toda é em favor dos outros, e embora haja uma alusão às crueldades que exercem sobre Ele, ainda assim é remota. E você vai observar que Ele não diz "Eu os perdoo" — isso é tomado como certo; Jesus parece perder de vista o fato de que seus executores estavam fazendo algo de errado a Ele; é o mal que estavam fazendo ao *Pai* que está em Sua mente. O insulto que eles dirigem ao Pai, na Pessoa do Filho, Ele não atribui a si mesmo de forma alguma; o brado "Pai, perdoa-lhes" é completamente altruísta. Ele está na oração, como se não estivesse; Sua autoaniquilação é tão completa que Cristo perde de vista a si mesmo e Suas aflições. Meus irmãos e irmãs, se houvesse algum momento na vida do Filho do Homem quando Ele poderia ter rigidamente restringido Sua oração a si mesmo sem que ninguém reclamasse, certamente seria quando Ele estava iniciando Sua agonia de morte! Nós não nos admiraríamos se alguém aqui fosse pregado numa estaca, ou numa cruz, se a sua primeira, e até mesmo sua última, e *todas* as suas orações fossem por amparo sob tamanha provação; mas vejam, o Senhor Jesus começou a Sua oração suplicando pelos outros! Você consegue ver que grande bondade é revelada aqui; que alma compassiva estava no Crucificado; quanto de Sua divindade? Já houve alguém antes dele que, mesmo nas angústias da morte, ofereceu como sua primeira oração uma intercessão pelos outros? Que esse espírito abnegado esteja em *vocês* também, meus irmãos e irmãs. Não atente cada um para as coisas que possui, mas cada qual também, para as coisas dos outros; amem seu próximo como a si mesmos, e como Cristo estabeleceu diante de vocês esse modelo de altruísmo, procurem seguir a Jesus trilhando em Seus passos.

Há, porém, uma joia principal neste diadema de amor glorioso. O Sol da Justiça se põe sobre o Calvário em um maravilhoso esplendor, mas, entre as cores brilhantes que glorificam Sua partida, há esta; a oração não era apenas pelos outros, mas também pelos Seus inimigos mais cruéis. Eu disse Seus inimigos? Há mais do que isso a ser considerado; não era uma oração pelos inimigos que lhe haviam feito uma maldade anos antes, mas por aqueles que ali o matavam! O Salvador não orou a sangue frio depois de ter esquecido o ferimento e poderia, assim, perdoá-los mais facilmente, mas orou enquanto as primeiras gotas vermelhas de sangue estavam jorrando das mãos que os pregos cravavam; enquanto o martelo ainda estava manchado com o sangue carmesim, Sua boca bendita proferiu a nova oração: "Pai, perdoa-lhes, porque não sabem o que fazem". Não digo que essa oração foi limitada apenas aos Seus executores imediatos; acredito que foi uma oração de longo alcance, que incluía escribas e fariseus, Pilatos e Herodes, judeus e gentios – sim, toda a raça humana, em certo sentido, uma vez que todos nós participamos daquele assassinato, mas, seguramente, as pessoas imediatas sobre as quais aquela oração foi derramada como nardo precioso *foram* aquelas que ali estavam cometendo o ato brutal de pregá-lo no madeiro amaldiçoado! Como é sublime essa oração se vista sob essa luz! Ela está sozinha em cima de uma montanha de glória solitária! Não houve oração como essa antes; é verdade, Abraão, Moisés e os profetas haviam orado pelos ímpios, mas não por homens ímpios que haviam perfurado suas mãos e pés! É verdade que os cristãos desde aquele dia oferecem a mesma oração, assim como Estevão clamou: "Não lhes imputes este pecado", e muitos mártires fizeram de suas últimas palavras na estaca palavras de intercessão piedosa por seus perseguidores, porém vocês sabem onde eles aprenderam isso. Deixe-me perguntar-lhes: onde Ele aprendeu isso? Não era Jesus de origem divina? Ele não aprendeu em lugar algum; isso surgiu de sua própria natureza divina; uma compaixão peculiar a Ele mesmo ditou essa originalidade de oração; a realeza interior de Seu amor sugeriu a Ele uma tão memorável intercessão que pode nos servir de padrão, mas para a qual nenhum padrão existia. Sinto como se fosse melhor me ajoelhar diante da cruz do meu Senhor neste momento do que estar neste púlpito para falar a vocês. Preciso adorá-lo! Eu o louvo de coração por aquela oração! Se eu não soubesse mais nada sobre Ele, apenas esta oração, eu deveria adorá-lo, pois aquela súplica incomparável por misericórdia me convence mais decisivamente de Sua divindade que a ofereceu e enche meu coração com afeição reverente.

Assim, apresentei a vocês a primeira oração audível do nosso Senhor na cruz; agora, se formos ajudados pelo Espírito Santo de Deus, farei algum uso dela.

Primeiramente, vamos vê-la como *ilustração da intercessão de nosso Salvador*; em segundo lugar, vamos considerar o texto como *instrução da obra da Igreja*; e, em terceiro lugar, vamos considerá-la como *sugestão para os que não são convertidos*.

1. Primeiramente, meus queridos irmãos e irmãs, vamos olhar para esse maravilhoso texto como uma ILUSTRAÇÃO DE INTERCESSÃO DE NOSSO SENHOR.

Ele orou por Seus inimigos naquele momento; Ele está orando por Seus inimigos agora. O passado na cruz foi um penhor do presente no trono; Ele está em um lugar mais elevado e em uma condição mais nobre, mas Sua função é a mesma — Ele ainda continua diante do trono eterno para apresentar súplicas em nome de homens culpados, bradando: "Ó Pai, perdoa-lhes". Toda a Sua intercessão é, de alguma forma, como a intercessão no Calvário, e os brados do Calvário podem nos ajudar a entender o caráter de toda a Sua intercessão no Céu.

O primeiro ponto em que podemos ver o caráter de Sua intercessão é este: é *extremamente graciosa*. Aqueles por quem nosso Senhor orou, de acordo com o texto, não mereciam Sua oração; eles não tinham feito nada que pudesse suscitar dele uma bênção como recompensa por seus esforços em Seu serviço. Pelo contrário, eles eram pessoas mais indignas que haviam conspirado para o matarem; haviam-no crucificado; crucificaram-no injusta e maldosamente; mesmo assim, estavam tirando Sua vida inocente. Os beneficiários eram pessoas que, longe de serem merecedoras, eram absolutamente indignas de um único desejo de bem do coração do Salvador; certamente nunca pediram para que Ele orasse em seu favor – era o último pensamento em suas mentes dizer: "Intercede por nós, ó Rei moribundo; oferece súplicas em nosso nome, ó Filho de Deus!". Atrevo-me a crer que a própria oração, quando a ouviram, ou foi desconsiderada e ignorada com desdenhosa indiferença, ou talvez tenha sido recebida como um tema para piada. Admito que parece muito severo que a humanidade possa supor que tal oração tenha sido tema de riso, mas houve acontecimentos cercando a cruz que eram tão brutais quanto isso, e imagino que esses também possam ter ocorrido. No entanto, nosso Salvador não só orou por pessoas que não mereciam Sua oração, antes, mereciam uma *maldição*; pessoas que não pediram a oração e até mesmo zombaram dela quando a ouviram. Mesmo assim, no Céu está o grande Sumo Sacerdote que suplica por homens culpados — por homens *culpados*, meus ouvintes! Não há ninguém no mundo que mereça Sua intercessão; Ele não suplica por pessoa alguma com a suposição de que seja merecedora, mas permanece lá para suplicar como o Justo por amor dos injustos. Não se, todavia, alguém for *justo*, mas "se, todavia, alguém pecar, temos Advogado junto ao Pai". Lembre-se também que o nosso Grande Intercessor suplica por tais que nunca lhe pediram para que intercedesse por eles. Seus eleitos, enquanto ainda mortos em delitos e pecados, são alvo de Suas intercessões, e mesmo enquanto eles zombam de Seu evangelho, Seu coração de amor está pedindo o favor do Céu por amor a eles. Vejam, então, amados, se tal é a verdade de Deus, o quão seguro vocês estão de encontrarem favor diante do Deus que, com fervor, pede ao Senhor Jesus Cristo para interceder por vocês! Alguns de vocês com muitas lágrimas e muita seriedade têm suplicado ao Salvador para que seja seu advogado. Será que Ele os rejeitará? Parece lógico que Ele o possa fazer? Ele suplica por aqueles que *rejeitam* Suas súplicas, quanto mais por vocês que as valorizam muito mais do que o ouro! Lembre-se, meu caro ouvinte, se não há nada de bom em você, e se há tudo que seja possível de ser maligno, ainda assim nenhuma dessas coisas pode ser barreira que impeça Cristo de exercer o ofício de intercessor por você! Mesmo por *você* Ele intercederá! Venha, entregue sua causa em Suas mãos. Em seu favor, Ele encontrará súplicas que você não pode descobrir por si mesmo e entregará a causa a Deus em seu lugar como fez por Seus assassinos: "Pai, perdoa-lhes".

Uma segunda qualidade de Sua intercessão é esta: *seu espírito cuidadoso*. Você percebe que na oração: "Pai, perdoa-lhes, porque não sabem o que fazem", nosso Salvador, por assim dizer, olhou para os Seus inimigos para encontrar algo neles que o instigasse a suplicar em seu favor; mas Ele não conseguiu ver algo até que Seus olhos sabiamente afetuosos repousaram sobre a ignorância deles – "eles não sabem o que fazem". E de que forma cuidadosa Ele sondou as circunstâncias e o caráter daqueles por quem orou! É assim também com Ele no Céu. Cristo não é um defensor descuidado com o Seu povo; Ele conhece a sua exata condição neste momento e a exata condição de seu coração no que diz respeito à tentação pela qual vocês estão passando; mais do que isso, Jesus prevê a tentação que os está aguardando, e, em Sua intercessão, Ele atenta para o evento futuro que Seus olhos prescientes contemplam. "Satanás vos reclamou para vos peneirar como trigo! Eu, porém, roguei por ti, para que a tua fé não desfaleça". Ó, a ternura condescendente do nosso grande Sumo Sacerdote! Ele nos conhece melhor do que nós mesmos! Ele entende cada sofrimento e gemido secretos. Vocês não precisam se preocupar com as palavras de sua oração – Ele as colocará do modo certo, e até mesmo o entendimento quanto à exata súplica, caso vocês fracassem, Ele não fracassará, pois conhece a mente de Deus assim como conhece o que está em suas mentes. Cristo pode encontrar em vocês algum motivo para Sua misericórdia que vocês não podem detectar em si mesmos, e quando estiver tão escuro e nublado em sua alma a ponto de vocês não conseguirem discernir uma base de apoio para uma súplica, que vocês possam pedir ao Céu; o Senhor Jesus tem as súplicas prontas, e petições já elaboradas, e Ele pode apresentá-las de forma aceitável diante do propiciatório. Você observará, portanto, que Sua intercessão é muito graciosa e, também, muito atenciosa.

Devemos, em seguida, notar a *seriedade* dessa petição. Ninguém que leia estas palavras: "Pai, perdoa-lhes, porque não sabem o que fazem" duvida que elas tocaram os Céus em seu fervor. Irmãos, vocês estão certos, mesmo sem pensar, que Cristo estava levando muito a sério aquela oração; mas há um argumento para provar isso. Pessoas sinceras são geralmente espirituosas e rápidas de entendimento para descobrir qualquer coisa que possa servi-las; se você está implorando por sua vida, e se lhe pedem um argumento para que você seja poupado, garanto que você pensará em um quando ninguém mais puder! Bem, Jesus estava levando tão a sério a salvação de Seus inimigos que Ele lançou mão de um argumento para a misericórdia que um espírito menos aflito não teria pensado: "Eles não sabem o que fazem". Bem, senhores, isso era justiça estrita, mas uma razão insuficiente para misericórdia! E realmente, a ignorância, se for intencional, não atenua o pecado, e, mesmo assim, a ignorância de muitos ao redor da cruz *era* intencional. Eles deveriam saber que Jesus era o Senhor da glória. Moisés não foi claro o suficiente? Elias não foi ousado o suficiente em seu discurso? Os sinais e símbolos em relação às reivindicações de Jesus ser o Messias são tão claros que não se pode duvidar deles, como não se pode duvidar qual estrela no céu é o Sol. No entanto, por tudo isso, o Salvador, com maravilhosa sinceridade e consequente habilidade, transforma o que pode não ter sido uma súplica em uma súplica e o faz assim: "Pai, perdoa-lhes, *porque* não sabem o que fazem". Ó, como são poderosas Suas súplicas no Céu em sua sinceridade! Não suponham que Ele é menos rápido de entendimento lá, ou menos intenso na veemência de Suas súplicas; não, meus irmãos e irmãs, o coração de Cristo ainda opera junto ao Deus eterno; Ele não é um intercessor que dormita, mas, por amor de Sião, Ele não se cala, e por amor de Jerusalém, Ele não se aquieta – nem se aquietará, até que Sua justiça resplandeça e a Sua salvação queime como uma tocha.

É interessante notar, em quarto lugar, que a oração feita aqui nos ajuda a considerar Sua intercessão no Céu quanto à sua *continuidade*, perseverança e perpetuidade. Como comentei anteriormente, se o nosso Salvador tivesse feito uma pausa na intercessão, seria certamente quando eles o pregaram no madeiro; quando eles eram culpados de atos diretos de violência mortal à Sua pessoa divina. Ele poderia, então, ter parado de apresentar petições em favor deles, mas o pecado não pode amarrar a língua do nosso Amigo intercessor. Ó, que conforto há nisso! Você pecou, crente; entristeceu Seu Espírito; mas você não fez parar essa língua potente que suplica em seu favor! Talvez, meu irmão, você tenha sido infrutífero, e, como a árvore estéril, mereça ser cortado, mas a sua falta de produtividade não retirou o Intercessor de Seu lugar. Ele se interpõe neste momento, clamando: "Deixa-a ainda este ano". Pecador, você provocou a Deus por ter rejeitado Sua misericórdia por muito tempo, e vai de mal a pior, mas nem a blasfêmia, nem a injustiça, nem a infidelidade deterão o Cristo de Deus de encorajar a conversão do pior dos pecadores! Ele vive e, enquanto viver, suplicará; e enquanto houver um pecador na Terra para ser salvo, haverá um intercessor no Céu para suplicar por ele. Esses são apenas fragmentos de pensamento, mas espero que eles o ajudem a compreender a intercessão de seu grande Sumo Sacerdote.

Pense mais uma vez: essa oração de nosso Senhor na Terra é como Sua oração no Céu por causa de sua *sabedoria*. Ele procura o melhor e o que seus beneficiários mais precisam: "Pai, *perdoa-lhes*." Essa foi a grande questão; eles precisavam mais do que tudo, naquele momento, do *perdão* de Deus. Ele não diz: "Pai, ilumine-os, porque não sabem o que fazem", pois a mera *iluminação* apenas criaria tortura de consciência e apressaria o seu inferno. Não, Ele clama: "Pai, perdoa". E enquanto Ele usava Sua voz, as preciosas gotas de sangue que estavam escorrendo dos ferimentos provocados pelos cravos também estavam suplicando, e Deus ouviu e, sem dúvida, perdoou. A primeira misericórdia que é necessária a pecadores culpados é ter o pecado perdoado; Cristo sabiamente ora pela bênção mais necessária. É assim também no Céu – Ele suplica sábia e prudentemente. Deixem-no; Ele sabe o que pedir à mão divina! Vá ao propiciatório e derrame seus desejos da melhor maneira possível, mas, quando você o tiver feito, sempre o faça assim: "Ó meu Senhor Jesus, não responde nenhum dos meus desejos se não estiver de acordo com Teu julgamento, e, se em alguma coisa que pedi, falhei em buscar o que preciso, aprimora minhas súplicas, pois tu és infinitamente mais sábio do que eu". Ó, como é agradável ter um Amigo no tribunal para aperfeiçoar nossas petições antes que elas cheguem ao grande Rei! Creio que nunca seja apresentada a Deus qualquer coisa que não seja uma oração perfeita; quero dizer que, diante do nosso grande Pai, nenhuma oração do Seu povo jamais será imperfeita! Não há nada deixado de fora, e nada para ser apagado, e isso não é porque suas orações eram originalmente perfeitas em si, mas porque o Mediador *as torna perfeitas* através de Sua infinita sabedoria, e elas chegam ao propiciatório moldadas de acordo com a mente do próprio Deus, e Ele certamente responderá tais orações.

Mais uma vez, essa oração memorável de nosso Senhor crucificado era como Sua intercessão universal no tocante à sua *prevalência*. Aqueles por quem Ele orou eram, muitos deles, perdoados; você se lembra de que Ele disse aos Seus discípulos quando lhes ordenou que pregassem: "começando em Jerusalém"; e naquele dia em que Pedro se levantou com os onze e acusou o povo de que, com mãos perversas, haviam crucificado e matado o Salvador, 3.000 dessas pessoas que foram justamente acusadas de Sua crucificação se tornaram cristãs e foram batizadas em Seu nome. Essa foi uma resposta à oração de Jesus! Os sacerdotes estavam na base do assassinato de nosso Senhor; eles eram os mais culpados, e é dito: "muitíssimos sacerdotes obedeciam à fé". Aqui estava outra resposta à oração! Já que todos os homens tiveram sua parte representada — gentios e judeus — na morte de Jesus, o evangelho foi logo pregado aos judeus e, dentro de pouco tempo, foi pregado também aos gentios. Essa oração "Pai, perdoa-lhes" não foi como uma pedra lançada em um lago, formando primeiramente um pequeno círculo e depois um anel mais amplo e logo uma esfera maior, até que todo o lago estivesse coberto de ondas circulares? Uma oração como essa, lançada em todo o mundo, primeiro criou um pequeno anel de judeus convertidos e de sacerdotes, e depois um círculo mais amplo de pessoas que estavam sob o domínio romano; e hoje sua circunferência é tão larga quanto o próprio globo, de modo que dezenas de milhares são salvos através da prevalência dessa intercessão "Pai, perdoa-lhes". Certamente, é assim com Ele no Céu: Jesus nunca suplica em vão; com as mãos sangrando, Cristo já venceu; com os pés presos à madeira, Ele ainda assim foi vitorioso; abandonado por Deus e desprezado pelos homens, o Salvador mesmo assim triunfou em Suas súplicas. Quanto mais agora que a coroa está sobre Sua testa; quanto mais agora que Sua mão segura o cetro universal, e Seus pés são calçados com sandálias de prata, e Ele é coroado Rei dos reis e Senhor dos senhores? Se as lágrimas e os brados provenientes da fraqueza foram onipotentes, ainda mais poderosa, se possível, deve ser aquela autoridade sagrada que, como o sacerdote ressurreto, Ele reivindica quando está diante do trono do Pai para mencionar a aliança que o Pai fez com Ele! Ó crentes apreensivos, confiem a Ele suas preocupações! Venham aqui, vocês culpados, e peçam-lhe que suplique em seu favor! Ó vocês que não conseguem orar, venham, peçam-lhe para interceder por suas vidas! Corações quebrantados, cabeças cansadas e peitos desconsolados, venham Àquele que colocará *Seus* méritos dentro do incensário de ouro e então coloquem suas orações nele, para que subam como fumaça de perfume, como uma nuvem de aroma nas narinas do Senhor Deus dos Exércitos, que cheirará um doce aroma e os aceitará juntamente com suas orações no Amado! Neste momento, abrimos espaço mais que suficiente para suas meditações em casa esta tarde e, portanto, finalizamos esse primeiro ponto. Na oração de Cristo na cruz, tivemos uma ilustração de como são Suas intercessões no Céu.

2. Em segundo lugar, o texto é uma INSTRUÇÃO DA OBRA DA IGREJA.

Como Cristo foi, também Sua Igreja deve ser neste mundo. Cristo veio a este mundo não para ser servido, mas para servir; não para ser honrado, mas para salvar os outros. Quando Sua Igreja entender a sua obra, perceberá que não está aqui para juntar riqueza ou honra para si mesma, ou buscar qualquer engrandecimento e posição temporais; ela está aqui para viver *altruisticamente*, e, se necessário, para *morrer* altruisticamente pelas ovelhas perdidas, pela salvação dos homens perdidos. Irmãos e irmãs, a oração de Cristo na cruz, eu lhes disse, foi totalmente altruísta; Ele não se inclui nela, e assim deveria ser a vida de oração da Igreja, a interposição ativa da Igreja por amor dos pecadores. Ela nunca deveria viver por seus ministros, ou para si mesma, mas sempre pelos filhos perdidos dos homens. Você acha que as igrejas são formadas para manter ministros? Você acredita que a Igreja existe nesta Terra apenas para que tanto salário possa ser dado aos bispos, deões e benefícios eclesiásticos, e não sei mais o quê? Meus irmãos e irmãs, seria bom se a coisa toda fosse abolida, se isso fosse seu único objetivo! O desígnio da Igreja não é proporcionar auxílio furtivo aos filhos mais jovens da nobreza quando eles não têm inteligência suficiente para ganhar o seu sustento de qualquer outro modo; igrejas não são feitas para que homens com discursos preparados levantem-se aos domingos e falem, e assim ganhem o pão de cada dia de seus admiradores! Não, não há outra finalidade e objetivo nisso; estes locais de culto não são construídos para que vocês se sentem aqui confortavelmente e ouçam algo que fará vocês passarem seus domingos prazerosamente; uma igreja em Londres, que não existe para fazer o bem nas favelas, antros e valetas da cidade é uma igreja que não tem mais nenhuma razão para justificar sua existência! Uma Igreja que não existe para sobrepujar o paganismo, lutar contra o mal, destruir o erro, acabar com a falsidade; uma Igreja que não existe para ficar do lado dos pobres, para denunciar a injustiça e manter a justiça, é uma Igreja que não tem o direito de existir! Ó Igreja, você não existe para si mesma da mesma forma que Cristo não viveu para si próprio! Sua glória foi que Ele *pôs de lado* a glória dele, e a glória da Igreja é quando ela põe de lado sua respeitabilidade e sua dignidade, e conta como sua glória reunir os dispersos, e sua maior honra buscar, em meio à lama mais suja, as joias de valor inestimável pelas quais Jesus derramou Seu sangue! Para resgatar almas do inferno e levá-las a Deus, à esperança, ao Céu, essa é a sua função celestial! Ó, que a Igreja sempre sinta isso! Deixe que ela tenha seus bispos e seus pregadores, e deixe-os serem sustentados, e que tudo seja feito por amor de Cristo com decência e ordem, mas que o objetivo seja mantido, ou seja, a *conversão* do errante, o *ensino* dos ignorantes, o auxílio aos *pobres*, a manutenção do que *é certo*, o fim do errado, e a sustentação de todos os riscos da coroa e do reino de nosso Senhor Jesus Cristo!

Bem, a oração de Cristo tinha um *objetivo grandemente espiritual*. Vocês percebem que nada se busca para essas pessoas a não ser o que diz respeito a suas almas: "Pai, *perdoa*-lhes". E creio que a Igreja fará bem quando se lembrar de que não luta contra carne e sangue, nem contra as autoridades, mas contra a perversidade *espiritual*, e o que ela tem que dispensar não é a lei e a ordem pela qual os magistrados podem ser mantidos, ou tiranias derrubadas, mas o governo *espiritual* pelo qual os corações são conquistados a Cristo, e os julgamentos são trazidos à submissão à Sua verdade. Creio que quanto mais a Igreja se esforça diante de Deus pelo perdão dos pecadores, e quanto mais ela busca em sua vida de oração ensinar a estes o que é o pecado, o que é o sangue de Cristo, que o inferno é o que vem depois se o pecado não for retirado e que o Céu é assegurado a todos aqueles que são purificados do pecado — quanto mais ela se mantiver nisso, melhor. Avancem como um só homem, meus irmãos, para assegurar a essência do perdão de pecadores! Quanto a todos os males que afligem a humanidade, por favor, assumam a sua parte na luta contra eles; que a temperança seja mantida; que a educação seja apoiada; que as reformas políticas e eclesiásticas sejam levadas avante até onde vocês tiverem tempo e esforços para investir, mas o *primeiro* assunto de interesse de todo cristão, homem e mulher, é com o coração e a consciência dos homens enquanto estão diante do Deus eterno. Que nada os desvie de sua divina missão de misericórdia para com as almas imortais; esse é o seu único assunto de interesse; digam aos pecadores que o pecado os condenará; que apenas Cristo pode tirar pecados e tornar isso a única paixão de suas almas: "Pai, perdoa-lhes; perdoa-lhes! Que eles aprendam como serem perdoados; que, de fato, o sejam e nunca me deixes descansar de ser o meio de levar os pecadores ao perdão, até mesmo os mais culpados deles".

A oração de nosso Salvador ensina à Igreja que, enquanto seu espírito deve ser altruísta e seu alvo, espiritual, *a amplitude de sua missão* deve ser ilimitada. Cristo orou pelos ímpios; e se eu disser os mais ímpios dos ímpios, aqueles indecentes que estavam em volta de Sua cruz? Ele orou pelos ignorantes; Ele não disse: "Eles não sabem o que fazem"? Ele orou por Seus perseguidores; as mesmas pessoas que mais foram Suas inimigas estavam mais próximas de Seu coração! Igreja de Deus, a sua missão não é dirigida aos poucos respeitáveis que se reúnem ao redor de seus ministros para escutar respeitosamente suas palavras; sua missão não é à *elite* e aos ecléticos, nem aos inteligentes que criticarão as suas palavras e que emitirão juízo sobre cada sílaba do seu ensino; sua missão não é àqueles que a tratam gentil, generosa e afetuosamente; não unicamente a esses, embora por certo a esses como entre os demais, mas a sua grande missão é com as prostitutas, com os ladrões, os praguejadores, os bêbados e com os mais depravados e pervertidos! Se ninguém mais se preocupa com esses, a Igreja sempre deve fazê-lo, e se houver alguém que estiver em primeiro lugar em suas orações, devem ser esses que, infelizmente, estão geralmente em último em nossos pensamentos. Devemos ter consideração pelos ignorantes; não é suficiente para o pregador que ele pregue de forma que apenas aqueles instruídos desde sua juventude possam compreendê-lo; ele deve pensar naqueles a quem as frases mais comuns da verdade teológica são tão sem sentido quanto as palavras de uma língua desconhecida; ele deve pregar de modo a atingir a mais ínfima compreensão, e quanto aos ignorantes, como muitos deles vêm não para ouvi-lo, ele deve usar os meios da melhor maneira possível para *induzi-los*, não, forçá-los a ouvir as boas-novas! O evangelho também é destinado àqueles que perseguem a religião; ele aponta suas flechas do amor de Deus contra os corações de seus inimigos; se houver alguém a quem devemos procurar para trazer a Jesus primeiro, devem ser justamente esses que estão mais distantes, e que mais se opõem ao evangelho de Cristo. "*Pai*, perdoa-*lhes*; se tu não perdoares ninguém além deles, ainda assim tenhas prazer em perdoá-*los*".

Assim, também, a Igreja deve ser *zelosa* como Cristo foi, e se ela assim for, será rápida em notar qualquer motivo de esperança naqueles com quem ela lida; ela será rápida em observar qualquer súplica que possa usar com Deus para a salvação deles.

Ela deve ter *esperança* também, e certamente nenhuma Igreja já teve um âmbito mais esperançoso do que a Igreja da Era atual! Se a ignorância é uma alegação a Deus, olhem para os perdidos no dia de hoje — milhões deles nunca ouviram o nome do Messias!

Perdoa-lhes, grande Deus, na verdade, eles não sabem o que fazem! Se a ignorância for alguma base para a esperança, há esperança suficiente nesta grande cidade de Londres, pois não temos nós ao nosso redor centenas de milhares de pessoas a quem as verdades mais simples do evangelho seriam a maior das novidades? Irmãos, é triste pensar que este país ainda deve estar sob tal nuvem de ignorância, mas o impacto de um fato tão pavoroso é atenuado com esperança quando lemos a oração do Salvador corretamente – ela nos ajuda a esperar enquanto clamamos: "Perdoa-lhes, porque não sabem o que fazem".

É assunto de interesse da Igreja o ir atrás dos mais caídos e mais ignorantes e procurá-los com perseverança; ela nunca deve parar de fazer o bem. Se o Senhor voltar *amanhã*, não há nenhuma razão para que vocês, povo cristão, transformem-se em meros faladores e leitores, reunindo-se para consolo mútuo e esquecendo-se das multidões de almas que perecem; se for verdade que este mundo será destruído em duas semanas, e que Luís Napoleão seja a besta apocalíptica, ou mesmo se não for verdade, não dou a mínima! Não faz diferença em relação ao meu dever e não muda o meu serviço; que meu Senhor venha quando Ele desejar; enquanto trabalho para Ele, estou pronto para a sua vinda! O assunto de interesse da Igreja é ainda velar pela salvação das almas. Se ela ficar olhando, como os profetas modernos desejam que ela faça, se ela desistir de sua missão para entrar em interpretações especulativas, ela pode muito bem ficar com medo da vinda de seu Senhor; mas, se continuar seu trabalho e com incessante labor procurar pelas joias preciosas de seu Senhor, ela não se envergonhará quando seu Noivo vier!

Meu tempo está curto demais para tão vasto assunto que eu empreendi, mas gostaria de poder falar palavras que fossem tão fortes quanto um trovão, com um senso e seriedade tão poderosos quanto o relâmpago! De bom grado, eu encorajaria cada cristão aqui e despertaria nele uma ideia correta de que seu trabalho é como uma parte da Igreja de Cristo. Meus irmãos e irmãs, vocês não devem viver para si mesmos! O acúmulo de dinheiro, a criação de seus filhos, a construção de casas, o ganho do seu pão de cada dia, tudo isso você pode fazer, mas deve haver um objetivo maior do que isso se vocês quiserem ser à semelhança de Cristo como devem ser já que são comprados pelo sangue de Jesus. Comecem a viver para os outros! Tornem evidente a todos os homens que vocês não são de vocês mesmos, não são o fim de tudo e não são o tudo de sua própria existência, mas que estão se gastando e se deixando gastar; que, através do bem que vocês fazem aos homens, Deus pode ser glorificado, e Cristo pode ver em vocês Sua própria imagem e sentir-se satisfeito.

3. Falta-me tempo, mas o último ponto era para ser uma SUGESTÃO AOS QUE NÃO SÃO CONVERTIDOS.

Ouçam atentamente essas frases; eu as tornarei tão concisas e concentradas quanto possível. Alguns de vocês aqui não são salvos; alguns de vocês têm sido muito ignorantes, e quando vocês pecaram, não sabiam o que faziam; sabiam que eram pecadores, sabiam *disso*, mas não sabiam a extensão da *culpa* do pecado. Vocês não frequentam a casa de oração há muito tempo; não leem suas Bíblias; não têm pais cristãos. Agora vocês estão começando a ficar ansiosos por suas almas; lembrem-se de que sua ignorância não os desculpa, ou então Cristo não diria: "Perdoa-lhes". Eles devem ser *perdoados*, mesmo aqueles que não sabem o que fazem e, portanto, são individualmente culpados. Mas, mesmo assim, essa sua ignorância lhes dá apenas um pequeno brilho de esperança; Deus não levou em conta os tempos de sua ignorância, mas agora Ele ordena que todos os homens em todos os lugares se arrependam. Produzam, pois, frutos dignos de arrependimento! O Deus de quem vocês, por ignorância, esqueceram-se está disposto e pronto a perdoar; o evangelho é exatamente isso — confiem em Jesus Cristo, que morreu pelos *culpados*, e serão salvos! Que Deus os ajude a fazer isso esta manhã, e vocês se tornarão novos homens e novas mulheres; uma mudança acontecerá em vocês igual a um novo nascimento — vocês serão novas criaturas em Cristo Jesus!

Entretanto, meus amigos, há alguns aqui por quem nem mesmo o próprio Cristo poderia fazer esta oração, de qualquer modo, no sentido mais amplo: "Pai, perdoa-lhes, porque não sabem o que fazem", porque vocês *sabiam* o que faziam, e todo sermão que vocês ouvem, e especialmente toda impressão que é causada em seu entendimento e consciência pelo evangelho, aumenta sua responsabilidade e tira de vocês a desculpa de não saberem o que fazem! Ah, senhores, vocês sabem que há o mundo e Cristo, e que vocês não podem ter os dois; sabem que há pecado e Deus, e que vocês não podem *servir* a ambos; vocês sabem que há os prazeres do mal e os prazeres do Céu, e que vocês não podem ter ambos! Ó, à luz que Deus lhes deu, que Seu Espírito também venha e os ajude a escolher o que a verdadeira sabedoria os levaria a escolher. Decidam-se hoje por Deus, por Cristo, pelo Céu! Que o Senhor os julgue pelo amor de Seu nome. Amém.

Este sermão foi pregado no Metropolitan Tabernacle, em Newington, na manhã de 24 de outubro de 1869.

4

O MAIS CURTO
DOS SETE BRADOS

*Depois, vendo Jesus que tudo já estava consumado,
para se cumprir a Escritura, disse:
Tenho sede!* (João 19:28)

Foi muito apropriado que todas as palavras de nosso Senhor na cruz tivessem sido reunidas e preservadas. Assim como nenhum de Seus ossos será quebrado, também nenhuma palavra Sua será perdida. O Espírito Santo teve o cuidado especial para que cada um dos pronunciamentos sagrados fosse registrado apropriadamente. Houve, como se sabe, sete dessas últimas palavras, e sete é o número da perfeição e plenitude, o número que mescla o três do Deus infinito com o quatro da criação completa. Nosso Senhor, em Seus brados de morte, como em tudo o mais, foi a própria perfeição. Há uma plenitude de significado em cada declaração que nenhum homem será totalmente capaz de trazer à luz e, quando combinadas, elas compõem um vasto oceano de pensamentos que está além da compreensão humana. Aqui, como em qualquer outro lugar, somos constrangidos a dizer de nosso Senhor: "Jamais alguém falou como este homem". Em toda a angústia de Seu Espírito, Suas últimas palavras provam que Ele permaneceu totalmente seguro de si, fiel à Sua natureza perdoadora, fiel ao Seu ofício real, fiel ao Seu relacionamento filial, fiel ao seu Deus, ao Seu amor pela Palavra escrita, fiel à Sua obra gloriosa e fiel à Sua fé em Seu Pai.

Como essas sete palavras foram registradas de forma tão fidedigna, não é de admirar que elas sejam frequentemente objeto de devotada meditação. Padres e confessores, pregadores e teólogos sentem prazer em se debruçar sobre cada sílaba desses brados incomparáveis. Essas frases solenes brilham como os sete candeeiros de ouro ou as sete estrelas do Apocalipse e têm iluminado multidões de homens para que vejam Aquele que as falou. Homens previdentes têm extraído uma riqueza de significado delas e, ao fazê-lo, arranjam-nas em diferentes grupos e as colocam sob várias categorias. Não posso lhes dar mais do que um mero gosto desse rico assunto, mas fui muito impactado com duas maneiras de considerar as últimas palavras de nosso Senhor. Primeiramente, elas ensinam e confirmam muitas das doutrinas da nossa sagrada fé. *Pai, perdoa-lhes; porque não sabem o que fazem* é a primeira. Aqui está o perdão do pecado — perdão gratuito à resposta para as súplicas do Salvador. *Hoje estarás comigo no paraíso.* Aqui está a segurança do crente na hora de sua partida e sua instantânea admissão na presença do seu Senhor. É um golpe na fábula do purgatório que o atinge no coração. *Mulher, eis aí teu filho!* Isso muito claramente estabelece a verdadeira e precisa humanidade de Cristo, que, ao fim, reconheceu Sua relação humana com Maria, de quem nasceu. No entanto, sua linguagem não nos ensina a *adorá-la*, pois Ele a chama de "mulher", mas a honrar Aquele que, em Sua mais terrível agonia, pensou em suas necessidades e aflições, assim como Ele também pensa em todo o Seu povo, pois esses são

Sua mãe, e irmã, e irmão. *Eloí, Eloí, lamá sabactâni?* é o quarto brado, e ilustra a penalidade sofrida por nosso Substituto quando Ele levou os nossos pecados e foi abandonado por Seu Deus. A sutileza dessa frase não pode nos revelar totalmente a exposição — ela é afiada como o próprio gume e a ponta da espada que perfurou seu coração. *Tenho sede* é o quinto brado, e sua declaração nos ensina a verdade das Escrituras, pois todas as coisas foram consumadas, para que a Escritura se cumprisse e, portanto, nosso Senhor disse: "Tenho sede". A Escritura Sagrada continua sendo a base de nossa fé, estabelecida por toda palavra e ato de nosso Redentor. A penúltima palavra é *Está consumado*. Aí está a justificação completa do crente, uma vez que a obra pela qual ele é aceito está plenamente consumada. A última das suas últimas palavras também é retirada das Escrituras e mostra de onde Sua mente estava se alimentando. Ele bradou antes de curvar a cabeça que tinha mantido ereta em meio a todo Seu conflito, como alguém que nunca cedeu: *Pai, nas tuas mãos entrego o meu espírito*. Nesse brado há reconciliação com Deus. Aquele que estava em nosso lugar terminou toda a Sua obra, e agora Seu espírito volta ao Pai e Ele nos leva consigo. Cada palavra, portanto, veja, ensina-nos alguma doutrina fundamental grandiosa sobre nossa bendita fé. "Quem tem ouvidos para ouvir, ouça."

Uma segunda forma de tratar esses sete brados é vê-los como estabelecendo a pessoa e os ministérios de nosso Senhor que os pronunciou. *Pai, perdoa-lhes; porque não sabem o que fazem* — aqui vemos o Mediador intercedendo; Jesus diante do Pai suplicando pelos culpados. *Em verdade te digo que hoje estarás comigo no paraíso* — este é o Senhor Jesus em poder real, abrindo, com a chave de Davi, uma porta que ninguém pode fechar, recebendo através das portas do Céu a pobre alma que o confessou no madeiro. Salve, Rei eterno no Céu; tu admites em Teu Paraíso quem desejas! Tu não estabeleces um tempo de espera, mas instantaneamente abres bem o portão de pérola. Tu tens todo o poder no Céu, bem como na Terra. Em seguida veio:

Mulher, eis aí teu filho!. Aqui vemos o Filho do homem na gentileza de um filho cuidando de sua mãe enlutada. No brado anterior, quando Ele abriu o Paraíso, vocês viram o Filho de Deus. Agora vocês veem aquele que foi verdadeiramente nascido de mulher, nascido sob a Lei, e vocês ainda o veem sob a Lei, pois Ele honra Sua mãe e se importa com ela no momento da Sua morte. Então vem o *Deus meu Deus, Deus meu Deus, por que me desamparaste?*. Aqui contemplamos Sua *alma* humana em angústia. Seu íntimo oprimido pela retirada da face de Jeová e clamando como se estivesse perplexo e espantado. *Tenho sede* é o Seu *corpo* humano atormentado pela terrível dor. Aqui se vê como a carne mortal tinha que partilhar a agonia do espírito interior. *Está consumado* é a penúltima palavra, e aqui se vê o Salvador aperfeiçoado, o Capitão de nossa salvação, que completou a tarefa que tinha assumido, acabou com a transgressão, deu fim ao pecado e trouxe justiça eterna. A última palavra, na qual Ele *entregou Seu espírito a Seu Pai*, é a mensagem de aceitação para Ele próprio e para todos nós. Assim como Ele entrega Seu espírito nas mãos do Pai, Ele traz todos os crentes para perto de Deus e desde então estamos nas mãos do Pai, que é maior do que todos e ninguém nos poderá arrancar de Suas mãos. Esse não é um campo fértil de pensamento? Que o Espírito Santo sempre nos conduza a colher aqui.

Há muitas outras maneiras em que essas palavras devem ser lidas e seriam consideradas todas cheias de instrução. Como os degraus de uma escada ou os elos de uma corrente de ouro, existe uma dependência mútua e interligação de cada um dos brados, de modo que um leva a outro e esse a um terceiro. Separadamente ou em conexão, as palavras do nosso Mestre transbordam de instrução às mentes atentas. Mas de todas, exceto uma, devo dizer que "Dessas coisas, todavia, não falaremos, agora em especial".

Nosso texto é a mais curta de todas as palavras do Calvário. São duas palavras em nosso idioma — "Tenho sede" —, mas no grego é uma só. Não posso dizer que seja curta e doce, pois, infelizmente, ela mesma foi de amargura para nosso Senhor Jesus. E mesmo assim, dessa sua amargura, creio que virá grande doçura para nós. Embora amarga para Ele no falar, será doce para nós no ouvir — tão doce que toda a amargura de nossas provações será esquecida quando nos lembramos do vinagre e fel do qual Ele bebeu.

Tentaremos, com o auxílio do Espírito Santo, considerar essas palavras de nosso Salvador à luz destes cinco pontos. Primeiramente, as olharemos como O ESTANDARTE DE SUA VERDADEIRA HUMANIDADE.

1. Jesus disse: "Tenho sede", e essa é a queixa de um homem. Nosso Senhor é o Criador do oceano e das águas que estão acima do firmamento. É a mão que segura ou abre as comportas do céu e envia chuva sobre bons e maus. "Dele é o mar, pois ele o fez", e todas as fontes e nascentes são Suas escavações. Ele derrama os riachos que correm entre os montes, as torrentes que descem as montanhas e os rios que fluem e enriquecem as planícies. Alguém poderia ter dito: "Se Ele estivesse com sede, não nos diria, pois todas as nuvens e chuvas ficariam felizes em refrescar Sua fronte e os ribeiros e riachos alegremente fluiriam a Seus pés". E, no entanto, embora Ele fosse o Senhor de tudo, tinha tomado sobre si completamente a forma de servo e foi tão perfeitamente feito à semelhança da carne do pecado que Ele clamou com voz enfraquecida: "Tenho sede". Como Ele é verdadeiramente um homem. Ele é, de fato, "osso dos nossos ossos e carne da nossa carne", pois carrega as nossas enfermidades. Convido-os a meditar sobre a verdadeira humanidade de nosso Senhor, de forma muito reverente e com muito amor. É provado que Jesus foi realmente um homem, porque sofreu as dores que pertencem à humanidade. Anjos não têm sede. Um fantasma, como alguns o chamaram, não poderia sofrer dessa forma. Mas Jesus realmente não sofreu apenas as dores mais apuradas de mentes delicadas e sensíveis, mas as dores mais severas e comuns da carne e sangue. A sede é uma miséria comum, tal como pode acontecer a agricultores ou mendigos. É uma dor real e não algo da imaginação ou um pesadelo da terra dos sonhos. A sede não é nenhuma dor da realeza, mas um mal universal da humanidade. Jesus é o irmão para os mais pobres e humildes de nossa raça. Nosso Senhor, no entanto, suportou a sede em grau extremo, pois era a sede da morte que estava sobre Ele e mais, era a sede daquele cuja morte não era comum, pois "Ele provou a morte por todo homem". Aquela sede foi causada, talvez em parte, pela perda de sangue e pela febre criada pela irritação causada por Suas quatro feridas graves. Os cravos penetraram as partes mais sensíveis do Seu corpo e as feridas aumentavam à medida que o Seu peso introduzia os cravos através de Sua bendita carne e rasgava Seus nervos mais sensíveis. A tensão extrema produzia uma febre ardente. Foi dor que secou Sua boca e a tornou como um forno, até que Ele declarou, na linguagem do Salmo 22: "A língua se me apega ao céu da boca". Foi uma sede como nenhum de nós jamais conheceu, pois o orvalho da morte ainda não condensou sobre nossas frontes. Talvez, conheceremos como seja, em nossa medida, na hora de nossa morte, mas mesmo assim nunca tão terrivelmente como Ele a conheceu. Nosso Senhor sentiu aquela grave seca de dissolução pela qual toda a umidade parece secar e a carne retornar ao pó da morte. Isso é conhecido por aqueles que começaram a trilhar o vale da sombra da morte. Jesus, sendo um homem, não escapou de nenhum dos males que são atribuídos ao homem na morte. Ele é, de fato, "Emanuel, Deus conosco" em todos os lugares.

Acreditando nisso, vamos ternamente sentir quão semelhante a nós nosso Senhor Jesus se tornou. Vocês estiveram doentes e sedentos por causa da febre como Ele estava, e então vocês também já disseram ofegantes: "Tenho sede". O caminho de vocês é bem semelhante ao do seu Mestre. Ele disse: "Tenho sede" a fim de que alguém pudesse trazer-lhe o que beber, do mesmo modo que vocês desejaram um gole gelado entregue a vocês quando não podiam se servir. Há como deixar de sentir o quão perto Jesus está de nós quando Seus lábios precisaram ser umedecidos com uma esponja e Ele ficou tão dependente de outras pessoas a ponto de pedir que lhe dessem de beber? Da próxima vez que seus lábios febris murmurarem: "Estou com muita sede", que vocês possam dizer para si mesmos: "Essas são palavras sagradas, pois meu Senhor falou dessa maneira". As palavras "Tenho sede" são uma voz comum em câmaras de morte. Nunca podemos esquecer as cenas dolorosas de que temos sido testemunhas, quando assistimos à dissolução do corpo humano. Temos visto alguns daqueles a quem tanto amamos incapazes de ajudarem a si mesmos. O suor da morte está sobre eles e isso tem sido uma das marcas de sua dissolução se aproximando: estão secos de sede e só poderiam apenas murmurar entre os lábios semicerrados: "Dá-me de beber". Ah, queridos, nosso Senhor foi tão verdadeiramente homem que todos os nossos sofrimentos nos lembram dele. A próxima vez que estivermos com sede, poderemos contemplá-lo. E sempre que virmos um amigo fraco e com sede enquanto estiver morrendo, poderemos contemplar nosso Senhor vagamente, mas, de fato, refletido em seus membros. Como o sedento Salvador está próximo de nós. Que o amemos mais e mais.

Como é grande o amor que o levou à condescendência como essa! Que não nos esqueçamos da infinita distância entre o Senhor da glória em Seu trono e o Crucificado ressecado de sede. Um rio de água da vida, puro como cristal, procede hoje do trono de Deus e do Cordeiro, e, no entanto, uma vez Ele dignou-se a dizer: "Tenho sede". Ele é o Senhor de fontes e todas as profundezas, mas nenhum copo de água fria foi colocado em Sua boca. Ó, se Ele tivesse dito a qualquer momento "Tenho sede" diante de Seus guardas angelicais, eles certamente teriam imitado a coragem dos homens de Davi, quando abriram caminho para o poço de Belém, que estava dentro do portão, e retiraram água arriscando suas vidas. Quem entre nós não estaria disposto a derramar sua alma até à morte, se pudesse apenas dar descanso ao Senhor? E, no entanto, Ele colocou-se, por nossa causa, em uma posição de vergonha e sofrimento onde ninguém podia servir-lhe. Mas, quando Ele bradou: "Tenho sede", deram-lhe vinagre para beber. Inclinação gloriosa de nosso Mestre exaltado! Ó Senhor Jesus, nós o amamos e o adoramos! Com prazer, exaltamos Teu nome nas alturas em grata memória das profundezas às quais tu desceste!

Enquanto admiramos Sua condescendência, que nossos pensamentos também se voltem com prazer para Sua segura compaixão, pois, se Jesus disse: "Tenho sede", então Ele conhece todas as nossas fraquezas e aflições. A próxima vez que estivermos com dor ou sofrendo de depressão, lembraremos que nosso Senhor entende tudo isso, pois Ele teve experiência prática e pessoal com tal situação. Nem na tortura do corpo, nem na tristeza de coração somos abandonados por nosso Senhor. Sua posição é paralela à nossa. A flecha que ultimamente o tem perfurado, meu irmão, foi primeiramente manchada com o Seu sangue. A taça, da qual você é forçado a beber, embora seja muito amarga, traz as marcas de Seus lábios na borda. Ele percorreu o caminho triste antes de você, e cada pegada que você deixa no solo é marcada lado a lado com as pegadas dele. Que a compaixão de Cristo, então, seja totalmente acreditada e profundamente apreciada, pois Ele disse: "Tenho sede".

A partir de agora, também, cultivemos o espírito de renúncia, para bem podermos nos regozijar em carregar a cruz que Seus ombros sustentaram antes de nós. Amados, se nosso Mestre disse: "Tenho sede", esperamos beber das correntes do Líbano todos os dias? Ele era inocente e mesmo assim passou sede. Ficaremos maravilhados se culpados são, de vez em quando, punidos? Se Ele foi tão pobre que Suas vestes foram arrancadas dele e pendurado no madeiro, sem dinheiro e sem amigos, com fome e sede, vocês gemerão e murmurarão porque suportam o jugo da pobreza e carência? Há pão sobre sua mesa hoje, e haverá pelo menos um copo de água aprazível para refrescá-los.

Vocês não são, portanto, tão pobres quanto Ele. Não se queixem, então. Estará o servo acima do seu Mestre, ou o discípulo acima do seu Senhor? Que a paciência faça sua perfeita obra. Vocês sofrem. Talvez, querida irmã, você carregue uma doença atroz que devora seu coração, mas Jesus levou as nossas enfermidades, e a taça dele foi mais amarga que a sua. Em seu quarto, deixe o ofegar do seu Senhor quando Ele disse "Tenho sede" entrar por seus ouvidos e, enquanto ouve, deixe-o tocar seu coração e fazer que você se prepare e diga: "Ele diz: 'Tenho sede'? Então, vou passar sede com Ele e não vou reclamar. Sofrerei com Ele e não murmurarei". Esse brado do Redentor é uma solene lição de paciência para Seus aflitos.

Mais uma vez, enquanto pensamos nisso, "Tenho sede", que prova a humanidade de nosso Senhor, que decidamos não evitar negações, mas, sim, aceitá-las para que possamos ser conformados à Sua imagem. Não ficamos um tanto envergonhados de nossos prazeres quando *Ele* disse: "Tenho sede"? Não desdenhamos a nossa mesa farta enquanto *Ele* é tão negligenciado? Será que alguma vez será difícil não receber o gole que sacia por *Ele* ter dito: "Tenho sede"? Os apetites carnais serão satisfeitos e os corpos cuidados quando Jesus bradou: "Tenho sede"? E se o pão estiver seco? E se o medicamento provocar náuseas? No entanto, não houve alívio para Sua sede, mas fel e vinagre, e ousamos nos queixar? Por amor a Ele, podemos nos regozijar em abnegações e aceitar a Cristo e uma casca de pão como tudo que desejamos na Terra. Uma vida cristã para saciar os apetites básicos de um animal irracional, para comer e para beber até chegar à glutonaria e embriaguez, é absolutamente indigna do nome. O controle dos apetites, a total sujeição da carne deve ser alcançada, pois, antes que o nosso grande Exemplo dissesse: "Está consumado", em que, creio, Ele alcançou o ponto mais alto, Ele estava apenas pouco acima da posição mais baixa e disse: "Tenho sede". O poder de sofrer pelos outros, a capacidade de ser abnegado até ao extremo para realizar alguma grande obra para Deus é algo a ser buscado e deve ser alcançado antes que nosso trabalho finde. E nisso Jesus está diante de nós como nosso exemplo e nossa força.

Assim, tentei descortinar uma maneira de ensino usando uma lente para os olhos da alma através da qual olhamos para "Tenho sede" como o estandarte de Sua verdadeira humanidade.

2. Em segundo lugar, consideraremos estas palavras "Tenho sede" como O SÍMBOLO DE SEU SOFRIMENTO SUBSTITUTIVO. O grande Fiador diz: "Tenho sede", porque Ele é colocado no lugar do pecador e deve, portanto, sofrer a pena do pecado pelos ímpios. "Deus meu, Deus meu, por que me desamparaste?" demonstra a angústia de Sua alma. "Tenho sede" expressa em parte a tortura de Seu corpo, e ambas foram necessárias porque está escrito quanto ao Deus de justiça que Ele "pode fazer perecer no inferno tanto a alma como o corpo". E as dores que são devidas à lei são de ambos os tipos, toca tanto o coração quanto a carne. Vejam, irmãos, onde o pecado começa, e veja que aí ele termina. Começou com a boca de apetite, quando foi pecaminosamente gratificado, e termina quando um apetite semelhante é graciosamente negado. Nossos primeiros pais colheram o fruto proibido e, ao comerem-no, assassinaram a humanidade. O apetite foi a porta para o pecado, portanto, por isso nosso Senhor sofreu. Com "Tenho sede", o mal é destruído e recebe sua expiação. Vi outro dia o símbolo de uma serpente com a cauda em sua boca, e, se eu for um pouco além da intenção do artista, o símbolo poderá representar o apetite engolindo a si mesmo. Um apetite carnal do corpo, a satisfação do desejo por comida, primeiramente nos levou para debaixo do primeiro Adão. E agora a dor da sede, a negação daquilo que o corpo ansiava, restaura-nos ao nosso lugar.

E isso não é tudo. Sabemos por experiência que o efeito atual do pecado em cada homem que se entrega a ele é a sede da alma. A mente do homem é como as filhas da sanguessuga, que clamam para sempre: "Dê, dê". Metaforicamente entendido, sede é insatisfação, o desejo da mente por algo que ela não tem, mas que anseia ter. Nosso Senhor diz: "Se alguém tem sede, venha a mim e beba", sendo essa sede o resultado do pecado em todos os homens ímpios neste momento. Bem, Cristo, estando no lugar dos ímpios, sofre sede como um tipo dele colhendo o resultado do pecado. Mais solene ainda é o reflexo de que, segundo o próprio ensino de nosso Senhor, sede também será o resultado eterno do pecado, pois Ele diz sobre o rico glutão: "No inferno, estando em tormentos, levantou os olhos", e cuja oração, que lhe foi negada, foi: "Pai Abraão, tem misericórdia de mim! E manda a Lázaro que molhe em água a ponta do dedo e me refresque a língua, porque estou atormentado nesta chama". Agora lembrem: se Jesus não tivesse passado sede, cada um de nós teria ficado com sede para sempre longe de Deus, com um abismo intransponível entre nós e o Céu. Nossas línguas pecaminosas, empoladas pela febre da paixão, deviam ter queimado para sempre se não fosse pela Sua língua ter sido atormentada pela sede em nosso lugar. Suponho que o "Tenho sede" foi pronunciado em voz baixa, de modo que talvez apenas um ou outro que estava perto da cruz o ouviu, em contraste com o brado mais alto de "Lamá sabactâni" e o brado triunfante de "Está consumado". Mas aquele suspiro suave e final "Tenho sede" deu fim para nós àquela sede que, caso contrário, insaciavelmente feroz, estaria sobre nós por toda a eternidade. Ó, que substituição maravilhosa do justo pelos injustos, de Deus pelo homem, do Cristo perfeito por nós culpados, rebeldes merecedores do inferno. Magnifiquemos e bendigamos o nome de nosso Redentor.

Parece-me deveras maravilhoso que esse "Tenho sede" deva ser, por assim dizer, a desobstrução de tudo. Ele mal tinha dito "Tenho sede" e bebido o vinagre, quando bradou: "Está consumado". E tudo estava acabado, a batalha foi travada e a vitória conquistada para sempre, e a sede do nosso grande Libertador foi o sinal de ter ferido Seu último inimigo. A enxurrada de Seu sofrimento havia superado a marca máxima do volume de água e começou a ser aliviada. O "Tenho sede" foi o suportar da última dor. E se eu disser que essa foi a expressão do fato de que as dores de Jesus tinham finalmente começado a cessar, e a fúria delas passara, e o fez capaz de notar Suas dores menos intensas? A emoção de uma grande luta faz os homens esquecerem a sede e a fraqueza. É só quando tudo se acaba que eles voltam para si mesmos e percebem que suas forças se esvaíram. A grande agonia de ter sido abandonado por Deus tinha se acabado, e Ele se sentiu fraco quando a tensão foi retirada. Gosto de pensar em nosso Senhor dizendo: "Está consumado" imediatamente depois de exclamar: "Tenho sede", pois essas duas vozes soam tão naturalmente juntas. Nosso glorioso Sansão lutou contra nossos inimigos. Montões sobre montões, Ele feriu os seus milhares, e agora, como Sansão, Ele estava com muita sede. Ele tomou um pequeno gole do vinagre e sentiu-se aliviado; e mal lançou fora a sede, bradou como um conquistador: "Está consumado", deixando o campo, cheio de reconhecimento. Exultemos ao ver nosso Substituto ir até o fim com Sua obra mesmo sendo um fim amargo e, então, com um "Consummatum est", retornando ao Seu Pai, Deus. Ó almas, sobrecarregadas com o pecado, descansem aqui e, ao fazê-lo, vivam.

3. Vamos agora olhar para o texto de uma terceira maneira e que o Espírito de Deus nos instrua mais uma vez. A declaração "Tenho sede" causou UM TIPO DE TRATAMENTO DO HOMEM AO SEU SENHOR. Foi uma confirmação do testemunho da Escritura que diz respeito à inimizade natural do homem com Deus. De acordo com o pensamento moderno, o homem é uma criatura muito boa e nobre, lutando para se tornar melhor. Ele é digno de ser elogiado e admirado, pois seu pecado é dito ser uma busca por Deus e sua superstição é uma luta em busca da luz. Grandioso e um ser digno como ele é, a verdade deve ser alterada para ele, o evangelho deve ser moldado de acordo com o tom de suas diversas gerações, e todos os arranjos do Universo devem se render subservientes a seus interesses. A justiça deve sair de cena para que não seja severa a um ser tão merecedor. Quanto à punição, não deve ser sussurrado aos seus ouvidos educados. Na verdade, a tendência é exaltar o homem acima de Deus e dar-lhe o lugar mais alto. Mas essa não é a verdadeira ideia sobre o homem, segundo as Escrituras. Lá, o homem é uma criatura caída com uma mente carnal que não pode ser reconciliado com Deus, pior do que uma criatura bruta, tornando mal para o bem e tratando seu Deus com ingratidão vil. Infelizmente, o homem é o escravo e o joguete de Satanás e um traidor perverso ao seu Deus. As profecias não dizem que o homem daria ao seu Deus encarnado fel para comer e vinagre para beber? Está acabado. Ele veio para salvar, e o homem lhe negou hospitalidade. No começo não havia lugar para Ele na pousada e no final não havia um copo de água fresca para Ele beber. Mas, quando Ele teve sede, deram-lhe vinagre para beber. Esse é o tratamento do homem ao Seu Salvador. A humanidade universal, deixada por si só rejeita, crucifica e zomba do Cristo de Deus. Essa também foi uma ação do homem em seu melhor ao ser movido pela compaixão, pois parece claro que aquele que levantou a esponja molhada para os lábios do Redentor o fez por piedade. Creio que aquele soldado romano teve boa intenção, boa pelo menos aos olhos de um guerreiro rude com pouco esclarecimento e sabedoria. Correr e encher uma esponja com vinagre era a melhor maneira que ele sabia para colocar algumas gotas de umidade nos lábios de alguém que estava sofrendo tanto. Mas, embora ele tenha sentido um pouco de piedade, foi como se fizesse a um cão, pois não demonstrou nenhuma reverência, mas zombou quando ele trouxe certo alívio. Lemos: "Igualmente os soldados o escarneciam e, aproximando-se, trouxeram-lhe vinagre". Quando nosso Senhor gritou: "Eloí, Eloí", e depois disse: "Tenho sede", as pessoas ao redor da cruz disseram: "Deixa, vejamos se Elias vem salvá-lo", zombando dele, e, de acordo com Marcos, aquele que lhe deu o vinagre proferiu as mesmas palavras. Ele teve pena do sofredor, mas o considerou tão pouco que se juntou às vozes que o escarneciam. Mesmo quando o homem se compadece dos sofrimentos de Cristo, e o homem teria deixado de ser humano se não se compadecesse, ele ainda escarnece do Senhor. O próprio cálice que o homem dá a Jesus é ao mesmo tempo desprezo e compaixão, pois "o coração dos perversos é cruel". Veja como o homem, por melhor que aja, mistura admiração pela pessoa do Salvador com desprezo às suas declarações. Escrevendo livros para colocá-lo como exemplo, e, ao mesmo tempo, rejeitando a Sua divindade. Admitindo que Ele tenha sido um homem maravilhoso, mas negando Sua missão mais sagrada. Exaltando Seu ensinamento ético, e, em seguida, pisando em Seu sangue, dando-lhe assim de beber, mas essa bebida, vinagre. Ó meus ouvintes, cuidado ao louvar a Jesus e negar Seu sacrifício expiatório. Cuidado ao prestar-lhe honra e desonrar o Seu nome ao mesmo tempo.

Infelizmente, meus irmãos, não posso dizer muito sobre o grau de crueldade do homem para com nosso Senhor, sem falar de mim mesmo e de você. Não temos *nós* lhe dado vinagre para beber muitas vezes? Será que não fizemos isso anos atrás antes de o conhecermos? Costumávamos nos derreter quando ouvíamos sobre Seus sofrimentos, mas não nos convertemos dos nossos pecados. Dávamos a Ele nossas lágrimas e depois o ofendíamos com os nossos pecados. Pensávamos às vezes que o amávamos, quando ouvíamos a história de Sua morte, mas não mudávamos nossa vida por amor a Ele, nem colocávamos nossa confiança nele e, por isso, lhe dávamos vinagre para beber. A tristeza nem termina aqui, pois as melhores obras que já fizemos, os melhores sentimentos que já tivemos e as melhores orações que já oferecemos se tornavam azedos e ácidos com o pecado? Eles podem ser comparados ao vinho generoso? Não são eles mais como vinagre azedo? Pergunto-me se Ele já os recebeu, como alguém que se maravilha porque Ele recebeu esse vinagre. E, entretanto, Ele os recebeu e sorriu para nós por apresentá-los. Ele sabia como transformar água em vinho e, em amor incomparável, Ele tem muitas vezes transformado nossas ofertas de bebidas ácidas em algo doce para si mesmo, embora por si próprias, penso eu, sejam o suco de uvas verdes, azedas o suficiente para irritá-lo. Podemos, portanto, vir diante dele, com todo o restante da nossa humanidade, quando Deus subjugá-los ao arrependimento pelo Seu amor, e olharmos para Aquele que trespassamos, e chorarmos por Ele como quem está em amargura por seu primogênito. Podemos muito bem nos lembrar de nossas faltas neste dia —

> *Nós, cuja propensão para esquecer*
> *Teu querido amor, no Monte das Oliveiras*
> *Banhamos Tua testa com suor de sangue.*
> *Nós, cujos pecados, com terrível poder,*
> *Como uma nuvem que o tornou mais inferior,*
> *Nessa hora sem Deus.*
> *Nós, que ainda, em pensamento e ação,*
> *Muitas vezes sustentamos a vara amarga*
> *Para ti no Teu tempo de necessidade".*

Toquei nesse assunto muito levemente porque quero um pouco mais de tempo para me debruçar sobre uma quarta visão dessa cena. Que o Espírito Santo nos ajude a ouvir um quarto acorde da triste música "Tenho sede".

4. Creio, amados amigos, que o brado "Tenho sede" foi A EXPRESSÃO MÍSTICA DO DESEJO DE SEU CORAÇÃO — "Tenho sede". Não posso crer que a sede natural foi tudo o que Ele sentiu. Ele, sem dúvida, teve sede de água, mas Sua alma estava sedenta em um sentido mais elevado. Na verdade, Ele parece só ter falado isso para que as Escrituras se cumprissem quanto à oferta que lhe fizeram de vinagre. Ele sempre esteve em harmonia consigo, e Seu corpo era sempre expressivo em relação aos desejos e anseios de Sua alma. "Tenho sede" queria dizer que Seu coração estava sedento para salvar os homens. Essa sede estava sobre Ele desde os primeiros de Seus dias terrenos. "Não sabíeis", disse Ele, quando ainda um menino, "que me cumpria estar na casa de meu Pai?". Ele não disse aos Seus discípulos: "Tenho, porém, um batismo com o qual hei de ser batizado; e quanto me angustio até que o mesmo se realize"? Jesus teve sede para nos arrancar das mandíbulas do inferno, para pagar o nosso preço de resgate e nos libertar da condenação eterna, que pairava sobre nós. E quando na cruz a obra estava quase finalizada, Sua sede não estava saciada e não poderia ser até que pudesse dizer: "Está consumado". Está quase finalizado, Cristo de Deus. Tu quase salvaste Teu povo. Resta apenas uma coisa mais: que Tu realmente morras e, portanto, Teu forte desejo de chegar ao fim e concluir Tua obra. Tu foste ainda angustiado até a última dor sentida e a última palavra falada para completar toda a redenção e, portanto, Teu brado: "Tenho sede".

Amados, há agora sobre o nosso Mestre, e sempre houve, uma sede pelo amor de Seu povo. Vocês não se lembram de como essa Sua sede era forte nos tempos do profeta? Lembrem-se de Sua queixa no capítulo 5 de Isaías: "Agora, cantarei ao meu amado o cântico do meu amado a respeito da sua vinha. O meu amado teve uma vinha num outeiro fertilíssimo. Sachou-a, limpou-a das pedras e a plantou de vides escolhidas; edificou no meio dela uma torre e também abriu um lagar". O que Ele estava procurando da Sua vinha e do seu lagar? Pelo que poderia ser saciado senão pelo suco da videira? "Ele esperava que desse uvas boas, mas deu uvas bravas" — vinagre, não vinho; acidez, não doçura. Então Ele estava sedento. De acordo com o cântico sagrado de amor, no capítulo 5 de Cântico dos Cânticos, ficamos sabendo que, quando Ele bebeu naqueles tempos antigos, foi saciado no jardim de Sua igreja. O que Ele diz? "Já entrei no meu jardim, minha irmã, noiva minha; colhi a minha mirra com a especiaria, comi o meu favo com o mel, bebi o meu vinho com o leite. Comei e bebei, amigos; bebei fartamente, ó amados". No mesmo cântico, Ele fala de Sua Igreja e diz: "Os teus beijos são como o bom vinho, vinho que se escoa suavemente para o meu amado, deslizando entre seus lábios e dentes". E ainda no capítulo 8, a noiva diz: "eu te daria a beber vinho aromático e mosto das minhas romãs". Sim, Ele ama estar com o Seu povo. Eles são o jardim onde Ele caminha para se refrescar. E Seu amor e Sua bondade são o leite e vinho dos quais Ele tem prazer em beber. Cristo sempre teve sede de salvar os homens e ser amado por eles. E vemos um tipo de Seu desejo contínuo quando, estando cansado, sentou-se assim junto ao poço e disse à mulher samaritana: "Dá-me de beber". Havia, em Suas palavras, um significado mais profundo do que ela imaginava, como um versículo mais adiante prova completamente, quando Ele disse aos Seus discípulos: "uma comida tenho para comer que vós não conheceis". Jesus obteve alívio espiritual para si mesmo ao ganhar o coração daquela mulher.

E agora, irmãos, nosso bendito Senhor, neste momento, tem uma sede de comunhão com cada um de vocês que são o Seu povo, não porque vocês possam fazer-lhe bem, mas porque Ele pode lhes fazer bem. Ele tem sede de abençoá-los e de receber em troca seu grato amor. Tem sede de ver vocês olhando com olhos crédulos para Sua plenitude e apresentar seu vazio para que Ele possa completá-lo. Ele diz: "Eis que estou à porta e bato". Por que Ele bate? Para que possa comer e beber com vocês, porque o Mestre promete que, se lhe abrirmos a porta, Ele entrará e ceará conosco e nós com Ele. Jesus ainda está com sede; vocês percebem, por nosso pobre amor, e, certamente, não podemos negar-lhe isso. Venham, vamos despejar garrafões cheios, até que a Sua alegria esteja completa em nós. E o que faz com que Ele nos ame assim? Ah, isso não sou capaz de dizer, a não ser Seu próprio grande amor. Ele *deve* amar — é Sua natureza. Cristo deve amar os Seus escolhidos, os quais Ele amou primeiro, porque Ele é o mesmo ontem, hoje e para sempre. Seu grande amor deixa-o com sede de nos ter muito mais perto do que estamos. Ele nunca estará satisfeito até que todos os Seus remidos estejam fora da mira do inimigo. Dar-lhe-ei um exemplo de uma de Suas orações sedentas: "Pai, a minha vontade é que, onde eu estou, estejam também comigo os que me deste, para que vejam a minha glória". Ele o quer, irmão; Ele quer você, querida irmã; Ele anseia tê-los inteiramente para Si. Venham a Ele em oração, em comunhão, pela perfeita consagração, venham a Ele rendendo todo o seu ser para as influências doces e misteriosas do Seu Espírito. Sentem-se a Seus pés com Maria, inclinem-se sobre Seu peito com João. Sim, venham com o cônjuge no cântico e digam: "Beija-me com os beijos de tua boca; porque melhor é o Teu amor do que o vinho". Ele pede isso. Vocês não lhe darão? O coração de vocês está tão congelado que nem um copo de água fria pode ser derretido para Jesus? Vocês estão mornos? Ó, irmãos e irmãs, se Ele disser: "Tenho sede", e vocês lhe trouxerem um coração morno, isso é pior do que vinagre, porque Ele disse: "estou a ponto de vomitar-te da minha boca". Ele pode receber o vinagre, mas não amor morno. Venham, tragam-lhe seu coração quente e deixem Jesus beber desse cálice purificado tanto quanto Ele quiser. Deixem que todo o seu amor seja dele. Sei que Ele ama receber de vocês, porque Ele se deleita mesmo com um copo de água fria que vocês dão a um de Seus discípulos. Quanto mais Cristo se deleitará com a entrega a Ele de todo o seu ser? Portanto, enquanto o Salvador tiver sede, deem-lhe água hoje.

5. Por último, o brado "Tenho sede" é para nós O PADRÃO DE NOSSA MORTE COM ELE. Vocês não sabem, amados — pois falo aos que conhecem o Senhor —, que estão crucificados com Cristo? Bem, então, o que esse brado "Tenho sede" significa, a não ser que devemos ter sede também? Não temos sede pela antiga maneira na qual éramos amargamente aflitos, pois Ele disse: "aquele, porém, que beber da água que eu lhe der nunca mais terá sede". Mas agora cobiçamos uma nova sede, um apetite refinado e celestial, um desejo por nosso Senhor. Ó bendito Mestre, se estamos realmente pregados no madeiro contigo, dá-nos uma sede por ti que só o cálice da "nova aliança em Teu sangue" pode satisfazer. Alguns filósofos dizem que eles amam a busca pela verdade mais do que o conhecimento da verdade. Divirjo muito deles, mas direi isto: depois da alegria real da presença de meu Senhor, amo ter fome e sede dele. Rutherford usou palavras com um efeito semelhante: "Tenho sede de meu Senhor e isso é alegria, uma alegria que ninguém tira de mim. Mesmo que eu não possa ir a Ele, no entanto, estarei cheio de consolação, pois é o Céu ter sede dele, e, certamente, Ele nunca negará a uma pobre alma a liberdade para o admirar e adorar, e ter sede de Deus". Quanto a mim, me tornaria cada vez mais insaciável por meu divino Senhor e, quando tivesse muito dele, ainda clamaria por mais, e, em seguida, por mais e ainda mais. Meu coração não se contentará até que Ele seja tudo em todos para mim e eu estiver completamente entregue a Ele. Ó, ter a alma dilatada de modo a ter goles maiores do Seu doce amor, pois o nosso coração não pode ter o suficiente. Alguém desejaria ser como a noiva, que, quando já estivesse se banqueteando e tivesse encontrado o Seu fruto doce ao seu paladar, de modo que ficasse muito feliz, ainda clamasse: "Sustentai-me com passas, confortai-me com maçãs, pois desfaleço de amor". Ela desejava jarros cheios de amor embora já estivesse dominada por ele. Esse é um tipo de doce do qual, se um homem tiver muito, ele deverá ter mais, e quando ele tiver mais, estará ainda debaixo de uma maior necessidade de receber mais, e assim por diante. Seu apetite sempre crescendo por aquilo que o alimenta, até que estivesse repleto com toda a plenitude de Deus. "Tenho sede" — sim, esta é a palavra de minha alma em relação ao seu Senhor. Emprestada de Seus lábios, é bem apropriada em minha boca:

> *Tenho sede, mas não como tinha antes,*
> *Por compartilhar as delícias vãs da terra.*
> *Suas feridas, Emanuel, que todas proíbam*
> *Que eu lá busque meus prazeres.*
> *Cara fonte de desconhecida delícia!*
> *Não baixe da borda,*
> *Mas transborde e despeje em mim*
> *Um córrego vivo e que dá vida.*

Jesus teve sede. Então, tenhamos sede nesta terra seca e sedenta, onde não há água. Como suspira a corça pelas correntes das águas, assim suspiram nossas almas, por ti, ó Deus.

Amados, tenhamos sede pela alma dos nossos semelhantes. Já lhes disse que esse era o desejo sobrenatural do nosso Senhor. Que seja o nosso também. Irmão, tenha sede de ter os seus filhos salvos. Irmão, tenha sede, eu oro, para ter seus colegas de trabalho salvos. Irmã, tenha sede pela salvação de sua sala de aula, tenha sede pela redenção de sua família, tenha sede pela conversão de seu marido. Todos nós devemos ter um desejo por conversões. É assim com cada um de vocês? Se não, comecem imediatamente. Coloquem seus corações sobre pessoas não salvas e tenham sede até que elas sejam salvas. É a maneira pela qual muitas serão levadas a Cristo, quando essa bendita alma sedenta da verdadeira caridade cristã estiver com aqueles que já estiverem salvos. Lembrem-se do que Paulo disse: "Digo a verdade em Cristo, não minto, testemunhando comigo, no Espírito Santo, a minha própria consciência, tenho grande tristeza e incessante dor no coração; porque eu mesmo desejaria ser anátema, separado de Cristo, por amor de meus irmãos, meus compatriotas, segundo a carne". Ele teria se sacrificado para salvar seus compatriotas, de tanto que ele desejava o bem-estar eterno deles. Que haja essa mentalidade em vocês também.

Quanto a vocês, tenham sede de perfeição. Tenham fome e sede de justiça, pois serão saciados. Odeiem o pecado e, de coração, o detestem. Tenham sede de ser santos assim como Deus é santo, tenham sede de ser como Cristo, tenham sede de trazer glória ao Seu santo nome através de completa conformidade com a Sua vontade.

Que o Espírito Santo opere em vocês o padrão completo de Cristo crucificado e a Ele seja o louvor para todo o sempre. Amém.

Este sermão foi pregado no Metropolitan Tabernacle, em Newington, na manhã de 14 de abril de 1878.

5

LAMÁ SABACTÂNI

*Por volta da hora nona, clamou Jesus
em alta voz, dizendo: Eli, Eli, lamá sabactâni?
O que quer dizer: Deus meu, Deus meu,
por que me desamparaste?* (Mateus 27:46).

"Desde a hora sexta até à hora nona, houve trevas sobre toda a terra"; esse brado soou em meio a essas trevas. Não esperem ter uma visão completa através de cada palavra que o compõe, como se elas procedessem do alto qual um feixe de luz do límpido Sol da Justiça. Há luz nesse brado, luz fulgurante e intermitente; mas há em seu cerne escuridão impenetrável onde a alma está pronta para desfalecer por causa da terrível escuridão.

Nosso Senhor estava, então, na parte mais escura do Seu caminho. Ele havia pisado no lagar por horas, e a obra estava quase consumada. Chegara ao ponto culminante de Sua angústia. Este é o Seu doloroso lamento vindo do abismo mais profundo da miséria: "Deus meu, Deus meu, por que me desamparaste?". Não creio que os registros dos tempos, ou até mesmo da eternidade, contenham uma frase mais cheia de angústia. Aqui, o absinto, o fel e todas as outras substâncias amargas são superados. Aqui, pode-se olhar como para um vasto abismo; e como se forçasse seus olhos e olhasse até onde a visão não mais alcançasse, contudo não se percebe o fundo; é imensurável, incompreensível e inconcebível. Essa angústia do Salvador, em favor de vocês e de mim, não supera em medida e peso o pecado que a merecia, ou o amor que a superou. Adoraremos naquilo que não podemos compreender.

Escolhi esse assunto para ajudar os filhos de Deus a entenderem um pouco das suas infinitas obrigações para com o seu Senhor redentor. Se a altura do Seu amor puder ser medida, deve ser pela profundidade de Sua dor, se esta puder alguma vez ser conhecida. Vejam com que preço Ele nos redimiu da maldição da Lei! Enquanto veem isso, perguntem a si mesmos: Que tipo de pessoas deveríamos ser? Que medida de amor deveríamos retribuir para Aquele que suportou a maior pena para que pudéssemos ser libertos da ira vindoura? Não digo que eu possa *me aprofundar* nisso: apenas me arriscarei ir à beira do precipício. Peço-lhes para que olhem para baixo e rogo que o Espírito de Deus concentre a mente de vocês neste lamento agonizante do nosso Senhor enquanto ele ecoa através das densas trevas: "Deus meu, Deus meu, por que me desamparaste?".

Nosso primeiro ponto de reflexão será *o fato*; ou o que Ele sofreu — Deus o havia desamparado. Por segundo, observaremos *a pergunta* ou por que Ele sofreu — esta palavra "por que" é a beirada do texto. "Por que me desamparaste?" Depois, em terceiro, consideraremos *a resposta*; ou o que resultou de Seu sofrimento. A resposta fluiu suavemente na alma do Senhor Jesus, sem a necessidade de palavras, pois Ele descansou de Sua angústia com o brado triunfante: "Está consumado". Sua obra estava consumada, e o abandono que Ele estava suportando era a parte principal da obra que Ele realizara por nossa causa.

1. Com a ajuda do Espírito Santo vamos primeiramente nos preocupar com O FATO; ou o que o nosso Senhor sofreu. Deus o havia desamparado. A amargura de espírito é mais difícil de suportar do que uma dor no corpo. Você pode criar coragem e suportar a aflição da doença e dor, enquanto o espírito for vigoroso e valente. Mas, se a própria alma for tocada e a mente se tornar doente de angústia, em seguida, cada dor é aumentada em termos de gravidade, e não há nada com o que sustentá-la. Tristezas espirituais são o pior dos sofrimentos mentais. Um homem pode suportar grande tristeza de espírito em relação a assuntos mundanos se ele sentir que tem o seu Deus a quem recorrer. Ele ficará perplexo, porém não desanimado. Como Davi, ele dialoga consigo mesmo e indaga: "Por que estás abatida, ó minha alma? Por que te perturbas dentro de mim? Espera em Deus, pois ainda o louvarei". Mas, se o Senhor foi retirado, se a aconchegante luz de Sua presença for escurecida mesmo por uma *hora*, há um tormento dentro do peito que só posso comparar a um prelúdio do inferno. Esse é o maior de todos os pesos que pode pressionar o coração. Isso fez o Salmista suplicar: "Não me escondas, Senhor, a tua face, não rejeites com ira o teu servo". Podemos suportar um corpo que sangra, e até mesmo um espírito ferido; mas uma alma consciente do abandono por parte de Deus está além da concepção insuportável! Quando Deus esconde a face de Seu trono e estende Sua nuvem sobre ele, quem pode suportar a escuridão?

Essa voz vinda do "fundo do inferno" marca o mais profundo sofrimento do Salvador. *O abandono foi real*. Embora sob algumas circunstâncias, nosso Senhor pôde dizer: "O Pai está comigo", mas aqui era solenemente verdade que Deus, de fato, o abandonou. Não foi uma possível falha de fé Sua que o levou a imaginar o que não era verdadeiro. Nossa fé vacila, e então pensamos que Deus nos abandonou; mas a fé de nosso Senhor não oscilou nem por um momento, pois Ele diz duas vezes: "Deus *meu*, Deus *meu*". Ó, o duplo apoio poderoso de Sua firme fé! Ele parece dizer: "Mesmo que tu tenhas me abandonado, eu não te abandonei". A fé triunfa, e não há nenhum sinal de fraqueza de coração em relação ao Deus vivo. No entanto, tão forte quanto Sua fé, o Salvador sente que o Pai retirou Sua reconfortante comunhão, e treme sob a terrível privação.

Não foi fantasia ou delírio da mente causada pela fraqueza do Seu corpo, o calor da febre, a tristeza de Seu espírito, ou a aproximação da morte. Ele estava totalmente consciente até o fim. Cristo suportou sob a dor, perda de sangue, escárnio, sede e desolação; sem nenhuma reclamação da cruz, dos pregos ou do deboche. Não lemos nos evangelhos algo mais do que o natural brado de fraqueza: "Tenho sede". Ele suportou todas as torturas do Seu corpo em silêncio. Mas, quando chegou o abandono de Deus, *então* Seu grande coração irrompeu na expressão: "Lamá sabactâni?". Seu único gemido é em relação ao Seu Deus! Não é: "Por que Pedro me desamparou? Por que Judas me traiu?". Essas eram dores agudas, mas aquela é a mais pungente delas. Esse golpe o dilacerou: "Deus meu, Deus meu, por que me desamparaste?". Ele não sentiu uma tristeza ilusória, mas uma ausência real.

Esse foi *um abandono muito marcante*. Não é do feitio de Deus abandonar Seus filhos ou servos. Seus santos, quando estão para morrer em grande fraqueza e dor, encontram-no próximo. São levados a cantar por causa da presença de Deus: "Ainda que eu ande pelo vale da sombra da morte, não temerei mal nenhum, porque tu estás comigo". Os santos que estão morrendo têm visões claras do Deus vivo! Nossa comunhão com Deus nos ensinou que se o Senhor estiver longe em outras ocasiões, Ele *nunca* estará ausente de Seu povo na fornalha da aflição ou quando se trata da morte. Em relação aos três santos rapazes, não lemos que o Senhor tenha estado visivelmente com eles até que eles caminhassem no fogo da fornalha de Nabucodonosor; mas, ali e naquele momento, o Senhor se encontrou com eles. Sim, amados, a maneira e o hábito de Deus é fazer companhia para Seu povo aflito. E mesmo assim, Ele abandonou Seu Filho na hora de Sua tribulação! Como é costumeiro ver o Senhor com Suas fiéis testemunhas quando resistem até sangrar! Leiam *O Livro dos Mártires* [N.E.: Ed. Mundo Cristão, 2003], e não me importo se vocês estudam as primeiras perseguições ou as mais atuais, vocês as verão todas iluminadas com a presença evidente do Senhor com Suas testemunhas. Será que o Senhor já falhou em sustentar um mártir no momento de morte? Será que Ele já abandonou uma de Suas testemunhas no cadafalso? O testemunho da Igreja sempre foi que, enquanto o Senhor permitia que Seus santos sofressem no corpo, Ele sustentava o espírito deles tão divinamente que eles têm sido mais do que vencedores e tratado seus sofrimentos como leves aflições! O fogo não é um "mar de rosas", mas tem sido uma carruagem de vitória! A espada é afiada, e a morte é amarga; mas o amor de Cristo é doce, e morrer por Ele tornou-se glória! Não, Deus não costuma abandonar Seus campeões, ou deixar mesmo o menor dos Seus filhos na hora da provação.

Quanto ao nosso Senhor, esse abandono foi *singular*. Será que o Seu Pai já o tinha deixado antes? Vocês já leram todos os quatro evangelhos e encontraram qualquer exemplo anterior em que Ele se queixa de Seu Pai tê-lo abandonado? Não. Ele disse: "Eu sei que sempre me ouves". Jesus viveu em constante contato com Deus. Sua comunhão com o Pai era sempre próxima, estimada e clara; mas agora, pela primeira vez, Ele indaga: "Por que me desamparaste?". Isso foi muito marcante! Um enigma solucionado apenas pelo fato de que Ele nos amou e se entregou por nós, e, na execução de Seu amoroso propósito, enfrentou esta tristeza de prantear a ausência de Seu Deus.

Esse abandono foi *muito terrível*. Quem pode dizer com propriedade o que é ser abandonado por Deus? Podemos apenas formar uma suposição por aquilo que sentimos por causa de um abandono temporário e parcial. Deus jamais nos deixou completamente, pois Ele disse expressamente: "De maneira alguma te deixarei, nunca jamais te abandonarei". No entanto, por vezes, sentimos como se Ele nos tivesse abandonado. Clamamos: "Ah, se eu soubesse onde o poderia achar!". Os claros raios brilhantes de Seu amor foram retirados.

Assim, somos capazes de formar uma pequena ideia de como o Salvador se sentiu quando Seu Deus o abandonou. A mente de Jesus ficou concentrada sobre um assunto obscuro, e nenhum tema animador o consolava. Era a hora que fora estabelecida para que ficasse diante de Deus como o portador de pecados conscientes, de acordo com esta antiga profecia: "porque as iniquidades deles levará sobre si". Então cumpriu-se a afirmação: "Ele o fez pecado por nós". Pedro diz "carregando ele mesmo em seu corpo, sobre o madeiro, os nossos pecados". Pecado, pecado — o pecado estava em todos os lugares, ao redor e sobre Cristo. Ele não havia pecado, mas o Senhor fez "cair sobre ele a iniquidade de nós todos". Jesus não recebeu forças vindas do alto, nenhum óleo e vinho secretos derramados em Suas feridas; Ele tinha que aparecer no caráter solitário do Cordeiro de Deus que tira o pecado do mundo; e, portanto, o Senhor devia sentir o peso do pecado e o afastamento daquele rosto sagrado que não podia olhar para Ele.

Seu Pai, naquele momento, não lhe deu nenhum reconhecimento. Em outras ocasiões uma voz foi ouvida, dizendo: "Este é o meu Filho amado, em quem me comprazo". Mas agora, quando tal testemunho parecia ser extremamente necessário, o oráculo não estava lá! Ele estava pendurado como um anátema sobre a cruz, porque Ele próprio fez-se "maldição em nosso lugar (porque está escrito: Maldito todo aquele que for pendurado em madeiro)". E o Senhor Seu Deus não o reconheceu diante dos homens. Se fosse do agrado do Pai, Ele poderia ter-lhe enviado 12 legiões angelicais; mas nenhum anjo veio depois que Cristo deixou o *Getsêmani*. Seus ofensores cuspiram em Seu rosto, mas nenhum serafim veloz veio para vingar tal indignidade. Eles o amarraram e o açoitaram, mas ninguém de todo o exército celestial interferiria a fim de proteger Seus ombros do chicote. Eles o pregaram no madeiro, e o levantaram, e zombaram dele; mas nenhum grupo de espíritos ministradores apressou-se em dispersar a turba e libertar o Príncipe da vida. Não, Ele parecia estar abandonado, "ferido de Deus e oprimido", entregue a homens cruéis cujas mãos perversas tornaram Sua vida uma miséria descomedida. Ele bem poderia perguntar: "Deus meu, Deus meu, por que me desamparaste?".

Mas isso não era tudo. Agora, Seu Pai havia secado aquele fluxo sagrado da comunhão pacífica e comunhão amorosa que tinha fluído até agora, ao longo de toda a Sua vida terrena. Ele mesmo disse, como se lembram: "sereis dispersos, cada um para sua casa, e me deixareis só; contudo, não estou só, porque o Pai está comigo". Aqui estava Seu permanente consolo; mas todo o consolo dessa fonte estava para ser retirado. O Espírito divino não ministrou ao Seu espírito humano. Nenhuma comunicação com o amor do Pai foi derramada em Seu coração. Não era possível que o Juiz sorriria para alguém que representasse o prisioneiro no tribunal. A *fé* de nosso Senhor não lhe faltou, como já abordei, pois Ele declarou: "Deus meu, Deus meu". Contudo, nenhum apoio sensível foi dado ao Seu coração, e nenhum consolo foi derramado em Sua mente. Um escritor declara que Jesus não experimentou a ira de Deus, mas sofreu apenas a ruptura da comunhão divina. Qual é a diferença? Se Deus retira o calor ou cria o frio, é tudo a mesma coisa! Ele não recebeu um sorriso sobre si, nem permissão para sentir que estava perto de Deus; e isso, ao Seu espírito sensível, foi sofrimento do tipo mais profundo! Certo santo disse uma vez que, em sua tristeza, teve de Deus "o que era necessário, mas não o que era doce". Nosso Senhor sofreu ao ponto extremo de privação. Ele não tinha a luz que faz a existência ser vida, e a vida ser bênção. Aqueles que sabem, até onde é possível, o que é perder a presença e o amor conscientes de Deus podem levemente supor como foi a tristeza do Salvador agora que Ele sentia o abandono por Seu Deus. "Destruídos os fundamentos, que poderá fazer o justo?" Para nosso Senhor, o amor do Pai era o fundamento de *tudo*; e quando isso lhe foi tirado, tudo foi perdido. Nada restou dentro, fora, acima, quando Seu próprio Pai, o Deus de toda a Sua confiança, afastou-se dele. Sim, Deus, deveras, abandonou nosso Salvador.

Ser abandonado por Deus foi *uma fonte maior de angústia para Jesus do que seria para nós*. "Ó", você diz, "como assim?". Respondo porque Ele era *perfeitamente* santo. A ruptura entre um ser perfeitamente santo e o santíssimo Deus deve ser, no mais alto grau, estranha, anormal, desconcertante e dolorosa. Se alguém aqui que não estiver em paz com Deus pudesse apenas conhecer Sua verdadeira condição, desmaiaria de susto! Se vocês que não são perdoados apenas soubessem onde estão e o que são neste momento aos olhos de Deus, jamais sorririam novamente até que estivessem reconciliados com Ele. Infelizmente, somos insensíveis — endurecidos pelo engano do pecado; e, portanto, não percebemos nossa verdadeira condição! A santidade perfeita de nosso Senhor trouxe a Ele uma terrível calamidade: ser abandonado pelo santíssimo Deus.

Lembro-me, também, que o nosso bendito Senhor viveu em comunhão contínua com Deus, e ser abandonado era um sofrimento novo para Ele. Cristo não sabia o que eram as trevas até então; Sua vida tinha sido à luz de Deus. Pense, querido filho de Deus, se você tivesse sempre vivido em plena comunhão com o Pai, seus dias teriam sido como os dias de Céu na Terra; e como seria terrível encontrar-se na escuridão do abandono! Se você puder conceber tal coisa acontecendo a um homem *perfeito*, você pode entender por que, para o nosso Bem-Amado, foi uma provação especial. Lembre-se, Ele usufruía de uma comunhão com Deus bem maior, mais rica e mais constante, do que qualquer um de nós. Sua comunhão com o Pai foi do tipo mais elevado, mais profundo, mais pleno; e o que a perda disso significou? Perdemos apenas gotas quando a nossa alegre experiência de comunhão celestial se vai, e, mesmo assim, é perda fatal! Mas, para nosso Senhor Jesus Cristo, o Seu oceano de comunhão com o Deus infinito secara.

Não se esqueçam de que o Senhor era de tal natureza que estar sem Deus deve ter sido para Ele uma calamidade esmagadora. Em todos os aspectos, Jesus era perfeito e capacitado para a mais elevada comunhão com Deus. O homem pecador tem uma terrível necessidade de Deus, mas ele não sabe disso e, portanto, não sente essa fome e sede, que viriam sobre um homem perfeito caso Ele estivesse privado de Deus. A sua própria perfeição tornaria inevitável que o homem santo devesse ou estar em comunhão com Deus, ou desolado. Imagine um anjo desviado — um serafim que perdeu seu Deus! Considere-o perfeito em santidade, e ainda assim caído a uma condição na qual ele não consegue encontrar o seu Deus! Não posso imaginá-lo! Talvez Milton [N.E.: John Milton (1608-74) escritor inglês, autor do poema épico *Paraíso Perdido*.] pudesse tê-lo feito. Esse anjo é sem pecado e confiante, e ainda assim tem um sentimento avassalador de que Deus está ausente dele. Ele vagou para o nada — uma região inimaginável às costas de Deus. Creio que ouço os lamentos do querubim: "Deus meu, Deus meu, Deus meu, onde estás?". Que tristeza para um dos filhos da manhã! Mas aqui temos o lamento de Jesus, o Ser muito mais capaz de ter comunhão com a divindade! Sua dignidade para receber o amor do Pai é proporcional ao Seu anseio por desfrutar desse amor. Como Filho, Jesus é mais apto de comungar com Deus do que jamais um anjo servil poderia ser; e agora que Cristo está abandonado por Deus, o vazio interior é maior, a angústia mais amarga.

O coração do nosso Senhor e toda Sua natureza eram, moral e espiritualmente, tão delicadamente formados, tão sensíveis, tão ternos, que ficar sem Deus era para Ele uma dor que não podia ser medida. Nesse texto, eu o vejo suportando o abandono, e, entretanto, percebo que Ele não pode suportá-lo. Não sei como expressar o que quero dizer, exceto por tal paradoxo. Ele não consegue suportar estar sem Deus. Ele havia se entregado para estar sem Deus, como o representante dos pecadores deve estar, mas Sua natureza pura e santa, depois de três horas de silêncio, vê esse ofício insuportável ao amor e pureza! E, agora que a hora chegou, irrompendo exclama: "Por que me desamparaste?". Ele não discute com o sofrimento, mas não pode permanecer no ofício que o causou. Parece como se quisesse pôr um ponto final ao sofrimento, não por causa da dor, mas por causa do choque moral! Temos aqui a repetição daquela repulsa que Ele sentiu diante de Sua paixão, quando então clamou: "se possível, passe de mim este cálice! Todavia, não seja como eu quero, e sim como tu queres". Quando Cristo bradou: "Deus meu, Deus meu, por que me desamparaste?" vemos a Sua santidade perplexa com a Sua condição de substituto pelos culpados!

Aqui está, amigos. Fiz o meu melhor, mas parece-me ter tagarelado como uma criança falando de algo infinitamente superior a mim. Então, friso o solene fato de que nosso Senhor Jesus estava, na cruz, abandonado por Seu Deus.

2. Isso nos leva a considerar A PERGUNTA, ou *por que* Ele sofreu.

Observe atentamente este brado: "Deus meu, Deus meu, por que me desamparaste?". É pura angústia, clara agonia, que clama assim; mas é a agonia de uma alma piedosa; pois apenas um homem dessa estirpe teria usado tal expressão. Que possamos aprender lições úteis com isso. Esse brado é tirado do "Livro". Isso não demonstra o amor de nosso Senhor por este Sagrado Livro, pelo fato de que, quando Ele sentiu Sua mais intensa dor, voltou-se para as Escrituras a fim de encontrar uma expressão adequada para tal pesar? Aqui temos a frase inicial do Salmo 22. Ó, que possamos amar a Palavra inspirada a tal ponto de não apenas cantarmos a sua letra, mas até mesmo chorarmos com sua música!

Observe, novamente, que o lamento de nosso Senhor é dirigido a *Deus*. Os piedosos, em sua angústia, voltam-se para a mão que os fere. O clamor do Salvador não é *contra* Deus, mas *a* Deus. "Deus meu, Deus meu" — Ele faz um esforço duplo para se aproximar. A verdadeira Filiação está aqui! Na escuridão, o Filho está chorando em busca de Seu Pai — "Deus meu, Deus meu". Tanto a Bíblia quanto a oração eram valiosas para Jesus em Sua agonia.

Ainda, observe que é um brado de fé, pois, embora pergunte: "Por que me desamparaste?", Ele primeiramente diz, duas vezes: "Deus meu, Deus meu". O entendimento da apropriação está no termo "meu"; mas a humilde reverência está na palavra "Deus". É, "*Deus* meu, *Deus* meu. Tu és sempre Deus para mim, e eu, uma pobre criatura. Não discuto contigo. Teus direitos são inquestionáveis, pois tu és o meu Deus. Podes fazer como desejas, e eu me renderei a Tua santa soberania. Beijo a mão que me fere e, com todo o meu coração, clamo 'Deus meu, Deus meu'". Quando vocês estiverem delirando de dor, pensem em sua Bíblia; quando sua mente duvidar, deixe-a vagar em direção ao propiciatório; e quando o seu coração e sua carne vacilarem, mesmo assim vivam pela fé, e ainda clamem: "Deus meu, Deus meu".

Vamos observar a pergunta mais de perto. Parece-me, à primeira vista, como uma pergunta de alguém perturbado, afastado de seu equilíbrio mental — insensato, mas de muito lógica e, portanto, considerável. "Por que me desamparaste?", Jesus não sabia? Ele não sabia por que fora abandonado? O Senhor sabia muito bem, e ainda assim Sua *humanidade*, enquanto estava sendo esmagada, atacada e destruída, parecia não entender a razão para tão grande sofrimento. Ele devia ser abandonado; mas poderia haver uma causa suficiente para tristeza tão repugnante? O cálice deve ser amargo; mas por que tantos ingredientes tão nauseantes? Tremo para não dizer o que eu não deveria dizer. Já o disse, e creio ser verdade: o Homem de Dores foi subjugado com horror! Naquele momento a alma finita do homem Cristo Jesus entrou em contato terrível com a Justiça infinita de Deus! O único Mediador entre Deus e os homens, o Homem, Cristo Jesus, contemplou a santidade de Deus armada contra o pecado do homem, cuja natureza Ele havia esposado. Inquestionavelmente Deus era por Ele e com Ele; mas para o momento, no que diz respeito aos Seus sentimentos, Deus estava contra Seu Filho e necessariamente afastado dele. Não é de surpreender que a alma santa de Cristo estremecesse ao se encontrar em doloroso contato com a justiça infinita de Deus, ainda que o objetivo dela fosse apenas o de reivindicar essa justiça e glorificar o Legislador. Nosso Senhor podia dizer agora: "todas as tuas ondas e vagalhões passaram sobre mim", e, portanto, Ele usa uma linguagem que é de ardente angústia para que possa ser dissecada pela mão fria de uma crítica lógica. A dor tem pouca consideração pelas leis do gramático! Mesmo os mais santos, quando em agonia extrema, embora não possam falar em desacordo com a pureza e a verdade, usam uma linguagem própria que apenas o ouvido da compaixão pode receber plenamente. Não vejo tudo o que está aqui, mas o que posso ver não sou capaz de colocar em palavras para vocês.

Penso que vejo submissão e determinação nessa declaração. Nosso Senhor não recua. Há um movimento para frente na pergunta; aqueles que abandonam uma causa não fazem mais perguntas sobre ela. Ele não pede para que o abandono possa terminar prematuramente; apenas gostaria de entender o seu significado novamente. Ele não se encolhe, mas dedica-se mais uma vez a Deus com as palavras "Deus meu, Deus meu" ao procurar analisar o fundamento e a razão daquela angústia que Ele está determinado a suportar até mesmo ao amargo fim. Ficaria feliz em sentir de novo o motivo que o tem sustentado, e deve sustentá-lo até o derradeiro fôlego. Os brados soam para mim como profunda submissão e forte determinação, rogando a Deus.

Você não acha que *a perplexidade de nosso Senhor, quando Ele foi "feito pecado por nós"*, levou-o a clamar assim? Para um ser tão santo e puro, o tornar-se uma oferta pelo pecado foi uma experiência incrível! O pecado foi colocado sobre Jesus, e Ele foi tratado como se tivesse culpa, embora pessoalmente *nunca tivesse pecado*. E agora o horror infinito da rebelião contra o Deus santíssimo enche Sua santa alma, a injustiça do pecado quebra Seu coração, e Ele recomeça clamando:

"Deus meu, Deus meu, por que me desamparaste?". Por que devo aceitar o terrível resultado da conduta que tanto abomino?

Vocês não veem, além disso, *que havia aqui um olhar sobre Seu propósito eterno e sobre Sua fonte secreta de alegria?* Aquele "por que" é o lado bom desse horror, e o nosso Senhor olhou ansiosamente para ele. Sabia que o abandono era necessário a fim de que pudesse salvar os culpados e mantinha o olhar nessa salvação como Seu consolo. Ele não é abandonado desnecessariamente, ou sem um objetivo digno. O objetivo em si é tão querido ao Seu coração que Ele aceita o mal temporário, ainda que esse mal seja como a morte para Ele. Cristo olha para aquele "por que", e, através daquela janela estreita, a luz do Céu vem fluindo em Sua vida obscura!

"Deus meu, Deus meu, por que me desamparaste?" Certamente nosso Senhor refletiu sobre aquele "por que", *para que também pudéssemos voltar nossos olhos nessa direção.* Jesus quer nos fazer ver o porquê bem como a causa de Sua tristeza. Ele deseja que notemos o motivo gracioso de Sua resistência. Pensem muito em tudo que o Senhor sofreu, mas não ignorem a *razão* desse sofrimento. Se vocês não podem entender sempre como este ou aquele sofrimento agiu em relação ao grande final de toda a paixão, contudo, acreditem que ele tem a sua quota no grande "por que". Faça um estudo aprofundado dessa amarga, porém bendita pergunta: "Por que me desamparaste?". Assim, o Salvador levanta uma questão não tanto para si, mas para *nós*; e não tanto por causa de qualquer desespero em *Seu* coração, mas por causa da esperança e da alegria diante dele... visto que estas lhe foram poços de conforto em Seu deserto de sofrimento.

Pensem, por um momento, que o Senhor Deus, no sentido mais amplo e sem reservas, jamais poderia ter, de fato, abandonado Seu filho mais obediente. O Pai sempre esteve com o Filho no grande desígnio da salvação. Particularmente, em relação ao Senhor Jesus, o próprio Deus, pessoalmente, deve ter sempre permanecido com base no amor infinito. Verdadeiramente, o Unigênito nunca foi mais amado pelo Pai do que quando Ele foi obediente até à morte e morte de cruz! Mas temos que olhar para Deus aqui como o Juiz de toda a Terra, e devemos olhar para o Senhor Jesus em Sua capacidade oficial como o Fiador do pacto e o Sacrifício pelo pecado. O grande Juiz de todos não pode sorrir para Aquele que se tornou o substituto pelos culpados. O pecado é odiado por Deus, e se, para ser removido, Seu próprio Filho deve suportá-lo, ainda assim, como pecado, ainda é repugnante, e Aquele que o suporta não pode estar em alegre comunhão com Deus! Esta foi a terrível necessidade de expiação; mas na *essência*, o amor do grande Pai por Seu Filho jamais cessou nem diminuiu. Devia ser contido em sua quantidade, mas não poderia ser diminuído em sua fonte. Portanto, não se admire com a pergunta: "Por que me desamparaste?".

3. Na esperança de ser guiado pelo Espírito Santo, chego à RESPOSTA, a respeito da qual posso usar os poucos minutos que me restam. "Deus meu, Deus meu, por que me desamparaste?" Qual é o resultado desse sofrimento? Qual foi a razão para ele? Nosso Salvador pôde responder a Sua própria pergunta. Se, por um momento, Sua humanidade ficou perplexa, Sua mente entretanto logo chegou a uma clara compreensão, pois Ele declarou: "Está consumado". E como já disse, Ele, então, referiu-se à obra que, em Sua agonia solitária, estava realizando. Por que, então, Deus abandonou Seu Filho? Não posso conceber qualquer outra resposta que não seja esta: *Ele ficou em nosso lugar*. Não havia nenhuma razão em Cristo por que o Pai deveria abandoná-lo; Ele era *perfeito*, e Sua vida era imaculada. Deus jamais age em vão, e já que não havia razões no caráter e pessoa do Senhor Jesus para que Seu pai o abandonasse, devemos procurá-las em outro lugar. Não sei como os outros respondem a pergunta. Posso apenas responder desta única maneira:

Todos os sofrimentos que Ele sentiu eram nossos,
Nossas eram as desgraças que Ele suportou;
Sua alma imaculada suportou com amarga angústia
A aflição que não era Sua.
Foi reputado como condenado do Céu
Expulso de Seu Deus;
Enquanto, por nossos pecados, Ele gemeu, sangrou,
Debaixo da vara de Seu Pai.

Ele levou o pecado do pecador e tinha que ser tratado, portanto, como se fosse um pecador, embora pecador Ele nunca pudesse ser! Com o Seu próprio e pleno consentimento, Ele sofreu como se tivesse cometido as transgressões que foram lançadas sobre si. Nosso pecado e Seu ato de tomá-lo sobre si mesmo são a resposta à pergunta: "Por que me desamparaste?".

Nesse caso, vemos agora que *Sua obediência foi perfeita*. Ele veio ao mundo para obedecer ao Pai e prestou essa obediência até fim. O espírito de obediência não poderia ser o exemplo melhor para aquele que se sente abandonado por Deus para ainda apegar-se a Ele em lealdade solene e declarada — ainda afirmando diante de uma multidão zombeteira Sua confiança no Deus que aflige! É nobre clamar "Deus meu, Deus meu", quando se está perguntando: "Por que me desamparaste?". Quão mais longe a obediência pode ir? Não vejo nada além dela. O soldado no portão de Pompeia, permanecendo em seu posto de sentinela quando a chuva de cinzas ardentes estava caindo, não foi mais fiel ao seu encargo do que Aquele que, com lealdade e esperança, permanece apegado ao Deus que o abandonou.

O sofrimento de nosso Senhor, desta forma em particular, foi adequado e necessário. Não teria sido suficiente para o nosso Senhor simplesmente ter sofrido no corpo, nem mesmo ter sido afligido na mente de outras maneiras: Ele devia sofrer deste modo em particular. Devia sentir-se abandonado por Deus, porque *essa* é a consequência necessária do pecado; o abandono de Deus ao homem é a punição que natural e inevitavelmente se segue quando este quebra seu relacionamento com Deus. O que é a morte? Com que morte Adão foi ameaçado? "No dia em que dela comeres, certamente morrerás." A morte é a aniquilação? Adão foi aniquilado naquele dia? Certamente que não! Ele ainda viveu muitos anos; mas, no dia em que ele comeu do fruto proibido, ele morreu por *se separar* de Deus. A separação da alma em relação a Deus é a morte *espiritual*, assim como a separação da alma em relação ao corpo é a morte *natural*. O sacrifício pelo pecado deve ser colocado no lugar da separação, e deve curvar-se à pena de morte. Mediante essa colocação do Grande Sacrifício sob o abandono e a morte, seria visto por todas as criaturas em todo o Universo que Deus não pode ter comunhão com o pecado. Se até mesmo o Santo — o que, sendo Justo, representou os injustos — foi abandonado por Deus, qual deve ser a condenação do verdadeiro pecador? O pecado é, evidentemente, em todos os casos, uma influência divisória, colocando até mesmo o próprio Cristo, como um portador de pecados, a distância.

Isso foi necessário por outra razão: não poderia haver nenhuma aplicação de sofrimento pelo pecado sem que houvesse o abandono do Sacrifício vicário pelo Senhor Deus. Enquanto o sorriso de Deus repousar sobre o homem, a Lei não o afligirá. O olhar de aprovação do grande Juiz não pode recair sobre um homem que é visto como tomando o lugar do culpado. Cristo não somente sofreu *por causa* do pecado, mas *pelo* pecado. Se Deus fosse animá-lo e sustentá-lo, Ele não sofreria pelo pecado. O Juiz não estará infligindo sofrimento pelo pecado se manifestamente encorajar o abatido. Não poderia ter havido sofrimento vicário por parte de Cristo pela culpa humana se Ele tivesse continuado, conscientemente, a aproveitar o sol intenso da presença do Pai. Era essencial para que Ele fosse o sacrifício em nosso lugar, que clamasse: "Deus meu, Deus meu, por que me desamparaste?".

Amados, vocês veem quão maravilhosamente o Senhor nosso Deus vindicou Sua Lei na pessoa de Cristo? Se, para tornar Sua Lei gloriosa, Ele tivesse dito: "Essa multidão de homens quebrou minha Lei, e, portanto, eles perecerão", a Lei teria sido terrivelmente magnificada. Mas, em vez disso, o Pai diz: "Aqui está meu Filho unigênito, meu outro eu; Ele toma sobre si a natureza dessas criaturas rebeldes, e consente que eu lance sobre Ele o peso da iniquidade delas, e visite em Sua pessoa as ofensas que poderiam ter sido punidas nas pessoas de toda essa multidão de homens — e assim o farei". Quando Jesus inclina Sua cabeça para o golpe da Lei, quando Ele consente, em submissão, que Seu Pai desvie dele o Seu rosto, então, uma infinidade de mundos fica espantada com a perfeita santidade e a severa justiça do Legislador! Há, provavelmente, inumeráveis mundos em toda a criação ilimitada de Deus, e todos verão, na morte do amado Filho de Deus, a declaração de Sua determinação de nunca permitir que o pecado seja visto como banal! Se o Seu próprio Filho é trazido diante dele, tendo o pecado dos outros sobre si, então esconderá deste o Seu rosto, bem como do verdadeiro culpado. Em Deus, o infinito amor brilha sobre todos — mas esse amor não eclipsará Sua justiça absoluta, da mesma forma que Sua justiça não tem o aval para destruir Seu amor. Deus tem todas as perfeições em perfeição, e em Cristo Jesus, vemos o reflexo delas. Amados, esse é um tema maravilhoso! Quem dera eu tivesse uma língua digna desse assunto! Mas quem poderia chegar à altura de tão grande argumento?

Uma vez mais, quando se pergunta: "Por que Jesus permitiu ser abandonado pelo Pai?", vemos o fato de que *o Autor da nossa salvação foi assim aperfeiçoado através do sofrimento*. Cada parte da estrada foi percorrida pelos próprios pés de nosso Senhor. Suponham, amados, que o Senhor Jesus nunca tivesse sido assim abandonado. Então, um dos Seus discípulos poderia ter sido chamado para enfrentar esse intenso sofrimento, e o Senhor Jesus não poderia ter compaixão dele em relação a isso. O discípulo se voltaria para o Seu Líder e Capitão e lhe diria: "Tu, meu Senhor, já sentiste essa escuridão?". Então o Senhor Jesus responderia: "Não. Essa é uma queda que nunca experimentei". Que terrível carência essa seria para aquele que estivesse sendo provado; pois, suportar um sofrimento que seu Mestre nunca conheceu, seria, de fato, triste.

Se assim fosse, haveria uma ferida para a qual não haveria unguento — uma dor para a qual não haveria bálsamo. Mas, de fato, não é assim. "Em toda a angústia deles, foi Ele angustiado". "Foi ele tentado em todas as coisas, à nossa semelhança, mas sem pecado". Por isso nos regozijamos grandemente neste momento, e sempre que estamos abatidos, pois sob nós está a profunda experiência de nosso Senhor abandonado.

Termino quando tiver dito três coisas. A primeira é: você e eu, que somos crentes no Senhor Jesus Cristo e estamos descansando somente nele para a salvação, *vamos nos apoiar bem*. Vamos lançar todo o nosso fardo sobre nosso Senhor. Ele suportará todo o peso de todo o nosso pecado e cuidado. Quanto ao meu pecado, não ouço mais suas duras acusações quando ouço Jesus clamar: "Por que me desamparaste?". Sei que mereço o mais profundo inferno nas mãos da vingança de Deus, mas não tenho medo! Ele nunca *me* abandonará, porque Ele *abandonou Seu Filho em meu favor*. Não sofrerei pelo meu pecado, pois Jesus sofreu ao máximo em meu lugar — sim, sofreu até bradar: "Deus meu, Deus meu, por que me desamparaste?". Por trás desse muro de bronze da substituição, o pecador está seguro! Essas "fortalezas de rochas" protegem todos os crentes, e eles podem descansar seguros. A rocha é fendida por mim — escondo-me em suas fendas, e nenhum mal pode me atingir. Vocês têm uma expiação completa, um grande sacrifício, uma vindicação gloriosa da Lei — todos vocês que colocam sua confiança em Jesus podem descansar em paz!

A segunda é: se alguma vez, de agora em diante, em nossa vida, pensarmos que Deus nos abandonou, *aprendamos com o exemplo de nosso Senhor como nos comportar*. Se Deus os deixou, não cale sua

Bíblia: não, abram-na como seu Senhor a abriu e encontrem um texto que se aplicará a vocês. Se Deus os deixou, ou assim vocês pensam, não desistam da oração! Não, orem como seu Senhor orou e sejam mais determinados do que nunca. Se vocês pensam que Deus os abandonou, não desistam de sua fé nele, mas, como o seu Senhor, clamem: "Deus meu, Deus meu" repetidamente! Se vocês já tiveram anteriormente uma âncora, lancem duas âncoras agora e dobrem a firmeza de sua fé. Se vocês não puderem chamar Jeová de "Pai", como era hábito de Cristo, mesmo assim chamem-no de seu "Deus". Deixem os pronomes pessoais tomarem o seu lugar — "Deus meu, Deus meu". Que nada os afaste de sua fé. Segurem-se em Jesus, quer afundem quer nadem. Quanto a mim, se alguma vez me perder, será aos pés da cruz! A esta conclusão cheguei: que se eu nunca vir a face de Deus com aceitação, ainda assim crerei que Ele será fiel ao Seu Filho e à aliança selada por juramento e sangue. Aquele que crê em Jesus tem a vida eterna — nisso me apego, como a lapa à rocha [N.E.: A lapa é um tipo de molusco encontrado em costas rochosas de todos os oceanos.]. Há apenas uma porta para o Céu, e mesmo que eu não possa entrar, eu me agarrarei às colunas de sua porta! O que estou dizendo? Entrarei, pois essa porta jamais esteve fechada para a alma que aceitou Jesus! E Ele diz: "o que vem a mim, de modo nenhum o lançarei fora".

O último dos três pontos é o seguinte: *que abominemos o pecado que trouxe tanta agonia sobre o nosso amado Senhor.* Que coisa maldita é o pecado que crucificou o Senhor Jesus! Vocês riem disso? Vocês irão e passarão uma noite para assistir uma paródia disso? Vocês escondem o pecado debaixo da língua como um doce e depois vêm à casa de Deus, na manhã do Dia do Senhor, e pensam em adorá-lo? Adorá-lo? Adorá-lo com o pecado alimentado em seu peito? Adorá-lo com o pecado amado e acariciado em sua vida? Ó senhores, se eu tivesse um irmão amado que tivesse sido assassinado, o que vocês pensariam de mim se eu valorizasse a faca que fora coberta com o seu sangue — se eu fizesse amizade com o assassino e, diariamente, eu me associasse com o assassino que cravou o punhal no coração do meu irmão? Certamente eu, também, seria cúmplice desse crime! O pecado matou Cristo — vocês serão amigos desse pecado? O pecado perfurou o coração do Deus Encarnado — vocês podem amá-lo? Ó, havia um abismo tão profundo quanto a miséria de Cristo, que eu poderia de uma vez atirar este punhal do pecado em suas profundezas; onde ele nunca mais pudesse ser trazido à tona novamente! Fora, pecado! Você está banido do coração onde Jesus reina! Fora, pois você crucificou o meu Senhor e o fez bradar: "Por que me desamparaste?"! Ó meus ouvintes, se vocês apenas conhecessem a si mesmos e conhecessem o amor de Cristo, cada um de vocês juraria que não daria mais lugar ao pecado! Vocês ficariam indignados com o pecado e declarariam:

O ídolo mais amado que conheci,
Não importa que ídolo seja, Senhor,
Eu o arrancarei de seu trono,
E adorarei somente a ti.

Que esse seja o assunto da nossa conversa nesta manhã, e então estarei muito satisfeito. Que o Senhor os abençoe! Que o Cristo que sofreu por vocês os abençoe e que da escuridão que Ele experimentou possa surgir luz para vocês! Amém.

Este sermão foi pregado no Metropolitan Tabernacle, em Newington, na manhã de 2 de março de 1890.

6

AS ÚLTIMAS PALAVRAS DE CRISTO NA CRUZ

*Então, Jesus clamou em alta voz:
Pai, nas tuas mãos entrego meu espírito!
E, dito isto, expirou* (Lucas 23:46).

*Nas tuas mãos, entrego o meu espírito;
tu me remiste, Senhor, Deus da verdade* (Salmo 31:5).

*E apedrejavam Estêvão, que invocava e dizia:
Senhor Jesus, recebe o meu espírito!* (Atos 7:59).

Essa manhã, queridos amigos, falei sobre as primeiras palavras registradas de nosso Senhor, quando Ele disse para Sua mãe e José: "Por que me procuráveis? Não sabíeis que me cumpria estar na casa de meu Pai?". Agora, com a ajuda do bendito Espírito, consideraremos as últimas palavras de nosso Senhor Jesus antes de Ele entregar o espírito. E com elas examinaremos outras duas passagens em que são utilizadas expressões semelhantes.

As palavras "Pai, nas tuas mãos entrego o meu espírito", se julgarmos que são as últimas que o nosso Salvador proferiu antes de Sua morte, deveriam ser combinadas com estas outras: "Está consumado", as quais alguns pensam, na verdade, serem as últimas palavras que o Senhor pronunciou. Acho que não foram, mas, de qualquer maneira, essas declarações devem ter vindo uma após a outra muito rapidamente, e podemos combiná-las. E então veremos como elas são muito semelhantes às Suas primeiras palavras, como explicamos esta manhã. Há o brado: "Está consumado", que você pode ler em conexão com a versão bíblica Almeida Revista e Corrigida (SBB, 2009) — "Não sabeis que me convém tratar dos negócios de meu Pai?". Esses "negócios" foram todos concluídos, o que foi importante para o Senhor durante toda a Sua vida — e agora que Ele chegara ao fim de Seus dias, nada havia deixado por fazer e poderia dizer ao Pai: "Consumei 'a obra que me confiaste para fazer'".

Então, se você observar a outra declaração de nosso Senhor na cruz: "Pai, nas tuas mãos, entrego o meu espírito", veja como se harmoniza bem com a leitura do nosso texto da manhã: "Não sabíeis que me cumpria estar na casa de meu Pai?". Jesus está se colocando nas mãos do Pai porque Ele sempre desejou estar na casa do Pai, com o Pai. E agora Ele está entregando Seu espírito, como uma entrega sagrada, nas mãos do Pai para que Ele pudesse partir para estar com o Pai, habitar em Sua casa e nunca mais sair.

A vida de Cristo é consistente, assim como o alfa e o ômega são letras do mesmo alfabeto. Você não o vê sendo algo numa hora, outra coisa depois, e uma terceira ainda mais tarde — "Jesus Cristo, ontem e hoje, é o mesmo e o será para sempre". Há uma semelhança extraordinária sobre tudo o que Cristo disse e fez. Você nunca precisa escrever o nome "Jesus" debaixo de qualquer de suas frases como tem que colocar os nomes dos escritores humanos debaixo de suas palavras, pois não há dúvida sobre qualquer sentença que Jesus proferiu!

Se houver qualquer coisa registrada como tendo sido feita por Cristo, até uma criança crente pode julgar se ela é autêntica ou não. Esses miseráveis falsos evangelhos que foram produzidos fizeram muito pouco, senão mal, porque ninguém com qualquer verdadeiro discernimento espiritual jamais foi levado a acreditar que eles sejam genuínos! É possível fabricar uma moeda falsa que, por um tempo, passará por verdadeira, mas não é possível fazer sequer uma imitação razoável do que Jesus Cristo disse e fez! Tudo a respeito de Cristo é como Ele mesmo — há nele uma semelhança com Cristo que não pode ser confundida! Essa manhã, por exemplo, quando preguei sobre o santo menino Jesus, tenho certeza de que você deve ter sentido que nunca houve outra criança como Ele. E em Sua morte Ele foi tão único quanto em Seu nascimento, infância e vida. Nunca houve outro que morreu como Ele morreu e nunca houve outro que viveu integralmente como Ele viveu. Nosso Senhor Jesus Cristo é único! Alguns de nós tentam imitá-lo, mas seguimos Seus passos de forma tão débil! O Cristo de Deus ainda é único e Ele não tem rivais!

Já mencionei que usarei três textos no meu sermão, mas, quando tiver falado sobre todos os três, verão que são tão semelhantes que eu poderia me contentar apenas com um deles.

1. Convido-os primeiramente a considerarem AS PALAVRAS DE NOSSO SALVADOR POUCO ANTES DE SUA MORTE. "Pai, nas tuas mãos, entrego o meu espírito".

Primeiro, observe aqui *como Cristo vive e morre na esfera da Palavra de Deus*. Cristo foi um grandioso pensador original e Ele poderia sempre ter nos dado Suas próprias palavras. Nunca lhe faltou termos apropriados, pois "jamais alguém falou como este homem". No entanto, vocês devem ter notado como Ele continuamente citava as Escrituras — a grande maioria de suas expressões deriva do Antigo Testamento. Mesmo quando elas não são citações exatas, Suas palavras se encaixam no formato e exemplo bíblicos! É possível ver que a Bíblia foi Seu único Livro. Ele evidentemente a conhece da primeira à última página, e não apenas a letra, mas a essência mais íntima de seu sentido mais secreto e, portanto, ao morrer, parecia-lhe natural usar uma passagem de um salmo de Davi como Suas últimas palavras. Em Sua morte, Ele não foi levado além do poder do pensamento profundo — Ele não estava inconsciente, não morreu de fraqueza —manteve-se forte, mesmo enquanto morria! É verdade que Ele disse: "Tenho sede", mas, depois de leve refrigério, clamou com grande voz, como só um homem forte poderia: "Está consumado!". E agora, antes que inclinasse Sua cabeça no silêncio da morte, profere Suas últimas palavras: "Pai, nas tuas mãos, entrego o meu espírito". Nosso Senhor poderia, repito, ter feito um discurso original como Sua declaração de morte. Sua mente estava clara, calma e imperturbável — de fato, Ele estava perfeitamente feliz, pois bradou: "Está consumado!". Então, Seus sofrimentos chegaram ao fim, e Ele já estava começando a usufruir o doce sabor da vitória. Entretanto, com toda essa clareza de espírito, intelecto renovado e fluência de palavras que deveria ser acessível ao Senhor, Ele não inventou nenhuma frase nova, mas foi ao livro de Salmos e tomou do Espírito Santo esta expressão: "Nas tuas mãos, entrego meu espírito".

A Palavra Encarnada vivia da Palavra Inspirada! Como essa grande verdade de Deus nos é instrutiva! A Palavra de Deus era comida para Ele, como é para nós, e, irmãos e irmãs, se Cristo assim viveu das Escrituras, nós não deveríamos fazer o mesmo? Ele, em alguns aspectos, não precisava da Bíblia tanto quanto nós. O Espírito de Deus repousava sobre Cristo sem medida; mesmo assim Ele amava a Palavra de Deus e recorria a ela, a estudava e usava suas expressões continuamente. Ó, que você e eu possamos adentrar no coração da

Palavra de Deus e implantá-la em nós mesmos! Como vi o bicho da seda comer a folha e consumi-la, assim devemos fazer com a Palavra do Senhor — não nos arrastarmos sobre sua superfície, mas comê--la até que a tenhamos implantado em nosso interior! É inútil simplesmente passar os olhos sobre a Bíblia, ou lembrar das expressões poéticas, ou dos fatos históricos; no entanto, é abençoador comer a essência da Palavra de Deus até que, finalmente, você venha a falar na linguagem das Escrituras e seu estilo moldado com base nos modelos escriturísticos — e, o que é ainda melhor, seu espírito seja temperado com as palavras do Senhor!

Gostaria de citar John Bunyan como um exemplo do que quero dizer. Leia qualquer coisa dele e você verá que é quase como ler a própria Bíblia. Ele havia estudado a versão bíblica que usamos, que nunca será aperfeiçoada, como julgo, até que Cristo volte. Ele a tinha lido até que sua própria alma estivesse saturada com as Escrituras, e mesmo que seus escritos sejam encantadoramente cheios de poesia, ainda assim ele não pode nos dar o seu *O Peregrino* (Publicações Pão Diário, 2018) — o mais doce de todos os poemas de prosa — sem nos fazer continuamente sentir e dizer: "Ora, este homem é uma Bíblia viva!". Fure-o em qualquer lugar — seu sangue é cheio de Bíblia — a própria essência da Bíblia flui dele! Ele não consegue falar sem citar um texto bíblico, pois sua própria alma está impregnada da Palavra de Deus. Recomendo-lhes o exemplo dele, amados, e, ainda mais, o exemplo de nosso Senhor Jesus! Se o Espírito de Deus estiver em vocês, Ele os fará amar a Palavra de Deus e, se algum de vocês imaginar que o Espírito de Deus o levará a desconsiderar a Bíblia, estará sob a influência de outro espírito que, absolutamente, não é o Espírito de Deus! Confio que o Espírito Santo fará que vocês valorizem todas as páginas deste registro divino para que se alimentem dele e, depois, anunciem-no a outros. Creio ser bem digno de manter em sua mente a lembrança que, mesmo na morte, nosso bendito Mestre mostrou a paixão predominante em Sua alma de forma que Suas últimas palavras fossem uma citação das Escrituras.

Agora, em segundo, observe *que o nosso Senhor, no momento de Sua morte, reconheceu um Deus pessoal.* "Pai, nas tuas mãos, entrego meu espírito." Para alguns homens, Deus é desconhecido. "Pode haver um Deus", é o que dizem, mas eles não se aproximam mais do que isso da verdade. "Todas as coisas são Deus", diz outro. "Não podemos ter certeza de que existe um Deus", dizem outros, "e, portanto, não adianta fingir acreditar nele e por assim ser, possivelmente, influenciado por uma suposição". Algumas pessoas dizem: "Ó, certamente, há um Deus, mas Ele está muito longe! Ele não se aproxima de nós, e não podemos imaginar que Ele interferirá em nossos assuntos". Ah, mas nosso bendito Senhor Jesus Cristo não acreditava em um Deus impessoal, panteísta, sonhador, distante, mas naquele a quem Ele disse: "Pai, nas tuas mãos, entrego meu espírito". Sua linguagem mostra que Ele percebeu a personalidade de Deus tanto quanto eu reconheceria a personalidade de um banqueiro ao dizer-lhe: "Senhor, em suas mãos entrego esse dinheiro". Sei que não deveria dizer algo assim para um mero boneco, nem para algo abstrato, ou nada — mas diria para um homem vivo, e somente a um homem vivo.

Então, amados, os homens não entregam suas almas à guarda de nulidades impalpáveis! Na morte, eles não sorriem quando se resignam ao infinito desconhecido, o nebuloso "Pai de tudo", que pode ser nada ou tudo. Não, não, só confiamos no que conhecemos! E assim Jesus conhecia o Pai, e sabia que Deus Pai era uma pessoa real, que tinha mãos — e nessas mãos Ele entregou Seu espírito que partia. Atentem que não estou falando agora no sentido material, como se Deus tivesse mãos como as nossas, mas Ele é um Ser real, que tem poderes de ação, que é capaz de lidar com os homens da maneira que Ele quiser, e que está disposto a receber o espírito dos homens, e protegê-lo para todo o sempre. Jesus fala como alguém que acreditava nisso, e oro para que, tanto na vida quanto na morte, você e eu possamos sempre lidar com Deus da mesma forma. Temos demasiada ficção na religião — e uma religião de ficção trará apenas conforto fictício na hora da morte. Venham para fatos sólidos! Deus é tão real para vocês como vocês são para si mesmos? Venham agora, vocês falam com Ele como alguém que "fala a seu amigo"? Podem confiar nele e depender dele como confiam e dependem do amigo do coração? Se o seu Deus for irreal, sua religião é irreal! Se o seu Deus for um sonho, sua esperança será um sonho, e pobre de vocês quando acordarem disso!

Não foi assim que Jesus confiou. "Pai", disse Ele, "nas tuas mãos, entrego meu espírito".

Em terceiro, aqui é um ponto ainda melhor. Observe *como Jesus Cristo aqui traz à tona a Paternidade de Deus.* O salmo citado por Ele não traz o termo "Pai". Davi não foi tão longe assim em palavras, embora em *espírito* muitas vezes ele o fizesse. Mas Jesus tinha o direito de alterar as palavras do salmista. Ele podia aperfeiçoar tal versículo das Escrituras, embora você e eu não possamos. Ele não disse: "Ó Deus, nas tuas mãos, entrego meu espírito". Ele disse: "Pai". Ó, que palavra doce! Essa foi a joia de nosso pensamento essa manhã, pois Jesus disse: "Não sabíeis que me cumpria estar na casa de meu Pai? — que me cumpria estar na casa de meu Pai!" Ó, sim, o santo menino sabia que Ele era especialmente — e em sentido peculiar — o Filho do Altíssimo, e portanto Ele disse: "meu Pai". E ao morrer, seu coração, que expirava, foi encorajado e confortado com o pensamento de que Deus era Seu Pai. Mataram-no porque Ele disse que Deus era o Seu Pai, mas Ele ainda insistia nisso até mesmo na hora de Sua morte e declarou: "Pai, nas tuas mãos, entrego meu espírito"!

Que bênção é para nós, também, meus irmãos e irmãs, morrer conscientes de que somos filhos de Deus! Ó, como é doce, na vida e na morte, sentir em nossa alma o espírito de adoção pelo qual clamamos: "Aba, Pai"! Nesse caso,

Não é a morte para morrer.

Citando as palavras do Salvador — "Está consumado" — e confiando em Seu Pai e nosso Pai, podemos ir até as presas da morte sem os "lábios trêmulos", com os quais acabamos de cantar agora. Alegres, com toda a força que temos, nossos lábios podem confiantemente cantar desafiando a morte e a sepultura a silenciar nossa música crescente e grandiosa! Ó meu Pai, meu Pai, se eu estiver em "Tuas mãos", posso morrer sem medo!

Há outro pensamento, no entanto, que talvez seja o melhor de todos. Dessa passagem aprendemos que o nosso *divino Senhor alegremente entregou Sua alma a Seu Pai quando tinha chegado o momento de morrer*. "Pai, nas tuas mãos, entrego meu espírito". Nenhum de nós pode, com absoluta propriedade, usar essas palavras. Quando chegarmos a morrer, talvez possamos expressá-las, e Deus as aceitará — essas foram as últimas palavras de Policarpo, Bernardo, Lutero, Melâncton, Jerônimo de Praga, João Huss e uma lista quase interminável de santos — "Nas tuas mãos, entrego meu espírito". A interpretação veterotestamentária da passagem, ou então a versão desta por parte de nosso Senhor, foi transformada em uma oração em latim e comumente usada entre os católicos romanos quase como um *encantamento* — eles repetiam as palavras latinas ao morrer, ou, se fossem incapazes de fazê-lo, o padre repetia as palavras para eles, atribuindo a essa "fórmula" em particular uma espécie de poder mágico! Mas, no sentido em que nosso Salvador proferiu essas palavras, não podemos, qualquer um de nós, usá-las plenamente. Podemos entregar nosso espírito a Deus, mas ainda assim, irmãos e irmãs, lembrem-se de que, a menos que o Senhor venha antes, nós *morreremos* — pois morrer *não* é um *decreto* de nossa parte. Temos que ser passivos no processo visto que já não está em nosso poder reter a nossa vida. Suponho que, se um homem pudesse ter tal controle de sua vida, poderia ser questionável quando ele a entregasse, porque o suicídio é crime, e ninguém pode ser obrigado a se matar. Deus não exige uma ação como essa das mãos de ninguém e, em certo sentido, isso é o que aconteceria sempre que um homem se entregasse à morte.

Mas não havia nenhuma necessidade de nosso bendito Senhor e Mestre morrer, exceto pela necessidade que Ele tomou sobre Si de se tornar o Substituto para o Seu povo! Ele não precisava morrer, mesmo no último momento na cruz, pois, como lhes lembrei, Ele clamou em alta voz quando a fraqueza natural o teria compelido a sussurrar ou a suspirar. Mas a Sua vida era forte em Seu interior — se Ele quisesse fazê-lo, poderia ter se livrado dos pregos e descido para o meio da multidão que zombava dele! Ele morreu por Sua própria vontade, "o Justo pelos injustos, para conduzir-nos a Deus". Um homem pode certamente entregar sua vida para o bem de seu país e segurança dos outros. Frequentemente houve oportunidades para que homens fizessem isso, e houve homens corajosos que o fizeram dignamente. Mas todos eles morreriam em algum momento ou outro. Eles apenas anteciparam o pagamento da dívida da natureza. Mas, no caso de nosso Senhor, Ele estava entregando ao Pai o espírito que Ele poderia ter mantido se tivesse escolhido fazê-lo. "Ninguém a tira de mim", disse Ele a respeito de sua vida. "Eu espontaneamente a dou".

E há aqui uma alegre *vontade* de entregar Seu espírito nas mãos de Seu Pai! É bastante perceptível que nenhum dos evangelistas descreve nosso Senhor como *morrendo*. Ele realmente morreu, mas todos falam dele como entregando o espírito — rendendo o Seu espírito a Deus. Você e eu passivamente morremos, mas Jesus ativamente entregou o Seu espírito a Seu Pai. No caso de Cristo, a morte *foi um ato* de vontade, e Ele realizou esse ato por causa do glorioso motivo de nos redimir da morte e do inferno! Então, nesse sentido, a morte de Cristo é única.

Mas, queridos irmãos e irmãs, se não podemos entregar nosso espírito como Ele fez, entretanto, quando nossa vida for tirada de nós, que estejamos perfeitamente prontos para entregá-la! Que Deus nos conduza a um estado tal de mente e coração que não haja resistência no intuito de conservar a nossa vida, mas, sim, uma doce vontade de que seja como Deus a teria — uma entrega de tudo em Suas mãos, crendo que, no mundo dos espíritos, nossa alma estará muito segura nas mãos do Pai e que, até o Dia da Ressurreição, o *gérmen* da vida do corpo estará de forma segura aos Seus cuidados, e estejamos certos de que, quando a trombeta soar, espírito, alma e corpo — a trindade da nossa humanidade — serão reunidos na perfeição absoluta do nosso ser para contemplar o Rei em Sua beleza no País que está muito distante! Quando Deus nos chamar para darmos o último suspiro, será uma maneira doce de morrer se pudermos, como nosso Senhor, partir com um texto das Escrituras em nossos lábios, com o Deus pessoal pronto a nos receber, com esse Deus reconhecido distintamente como nosso Pai, e então morrer alegremente, rendendo nossa vontade totalmente à doce vontade do Bendito eterno, e dizendo: "É o Senhor". "Meu Pai". "Que Ele faça o que lhe apraz".

2. Meu segundo texto está no Salmo 31, versículo 5. Evidentemente é a passagem que o nosso Salvador tinha em mente naquele momento: "nas tuas mãos, entrego meu espírito; tu me remiste, Senhor, Deus da verdade". Parece-me que ESSAS SÃO PALAVRAS A SEREM USADAS NA VIDA, pois esse salmo está mais relacionado à vida do crente do que à sua morte.

Não é surpreendente, queridos amigos, que as palavras que Jesus pronunciou na cruz vocês ainda possam usar? Vocês podem ecoá-las, e não somente quando morrerem, mas esta noite, amanhã de manhã e enquanto estiverem vivos, ainda podem repetir o texto que o Mestre citou e dizer: "Nas tuas mãos, entrego meu espírito".

Ou seja, primeiramente, *vamos confiar nossa alma a Deus com alegria* e sentir que ela está muito segura em Suas mãos. Nosso espírito é a parte mais nobre do nosso ser; nosso corpo é apenas o invólucro, o nosso espírito é o âmago da vida, então vamos colocá-lo aos cuidados de Deus. Alguns de vocês ainda não fizeram isso, então os convido a fazê-lo agora. Este é o ato de fé que salva a alma, a ação que o homem executa quando diz: "Entrego-me a Deus à medida que Ele se revela em Cristo Jesus. Não posso me manter, mas Ele pode me manter e, pelo sangue precioso de Cristo, Ele pode me purificar. Então, tomo meu espírito e o entrego nas mãos do poderoso Pai". Vocês jamais viverão de fato até fazerem isso! Tudo o que vem antes dessa plena atitude de rendição é morte! Mas, quando vocês confiarem em Cristo, então começarão realmente a viver. E todos os dias, enquanto viverem, certifiquem-se de repetir esse processo e alegremente se entreguem nas mãos de Deus sem qualquer reserva. Ou seja, rendam-se a Deus — o corpo: saudável ou enfermo, para viver longa vida ou para ser subitamente ceifado. Entreguem também a Deus a alma e o espírito para serem felizes ou tristes, assim como lhe aprouver. Entreguem-se totalmente ao Senhor e lhe digam: "Meu Pai, faz-me rico ou pobre, dá-me visão ou faz-me cego. Que eu tenha todos os sentidos ou tira-os todos. Faz-me famoso ou deixa-me na obscuridade. Entrego-me a ti — nas Tuas mãos, entrego meu espírito. Não exercerei mais minha própria vontade, mas tu escolherás a minha herança para mim. Meus momentos estão em Tuas mãos".

Agora, queridos filhos de Deus, vocês estão sempre fazendo isso? Vocês *já* fizeram isso? Receio que há alguns, mesmo entre os seguidores professos de Cristo, que recalcitram contra a vontade de Deus e, mesmo quando dizem ao Pai: "Tua vontade seja feita", estragam-na adicionando, em suas próprias mentes, "e minha vontade, também". Eles oram: "Senhor, faça da minha vontade a Tua", em vez de dizerem "Faça da Tua vontade a minha". Que todos nós façamos esta oração todos os dias: "Nas tuas mãos, entrego meu espírito". Na oração em família pela manhã, gosto de me colocar, e tudo o que tenho, nas mãos de Deus e, então, à noite, apenas olhar entre Suas mãos e ver o quão seguro estou. E, assim, dizer-lhe: "Senhor, aquieta-me novamente hoje à noite! Cuida de mim em todas as vigílias da noite. 'Nas tuas mãos, entrego meu espírito'".

Observem, queridos amigos, que nosso segundo texto tem estas palavras no final dele: "Tu me remiste, Senhor, Deus da verdade". Isso não é uma boa razão para se entregar totalmente a Deus? Cristo os remiu, e, portanto, vocês pertencem a Ele. Se sou um homem remido e peço a Deus para cuidar de mim, estou apenas pedindo ao Rei para cuidar de uma de suas próprias joias — uma joia que lhe custou o sangue de Seu coração!

E posso ainda, mais especialmente, esperar que Ele faça assim, por causa do título que lhe é dado aqui — "Tu me remiste, Senhor, Deus da verdade". Ele seria o Deus da verdade, se começasse com a redenção e terminasse com a destruição — se Ele começasse por dar Seu Filho para morrer por nós, e então retivesse outras misericórdias que diariamente precisamos para nos levar ao Céu? Não, o dom de Seu Filho é a promessa de que Cristo salvará o Seu povo dos seus pecados e os trará para casa em glória — e Ele o fará. Assim, todos os dias vão a Jesus com esta declaração: "Nas tuas mãos, entrego meu espírito". Não, não apenas todos os dias, mas durante todo o dia! E se vocês perderem o controle da situação? Então vocês não podem fazer mais do que dizer: "Pai, nas tuas mãos, entrego meu espírito". E se mantiverem o controle, não podem fazer mais do que dizer as mesmas palavras! Vocês têm que entrar em uma casa onde há febre? Quero dizer, é *dever* de vocês ir lá? Então digam: "Pai, nas tuas mãos, entrego meu espírito". Eu os aconselharia a fazerem isso sempre que forem à rua, ou mesmo quando estiverem sentados em suas próprias casas.

Dr. John Gill [N.E.: Teólogo e pastor batista inglês (1697–1771).], meu famoso predecessor, investiu muito tempo em seu estudo e, certo dia, alguém lhe disse: "Bem, de qualquer forma, o homem estudioso está a salvo da maioria dos acidentes da vida". E aconteceu que numa manhã, quando o bom homem saiu de sua poltrona particular por um pouco de tempo, veio uma rajada de vento que derrubou o topo da chaminé, que atravessou o telhado e caiu direto no lugar onde ele estaria sentado, caso a providência de Deus não o tivesse tirado dali! E ele disse: "Vejo que precisamos da divina providência para cuidar de nós em nossos estudos tanto quanto nas ruas". "Pai, nas tuas mãos, entrego meu espírito". Tenho muitas vezes observado que, se qualquer um de nossos amigos sofre acidentes e enfrenta problemas, isso ocorre geralmente quando estão longe em férias. É uma coisa curiosa, mas observo isso frequentemente. Eles saem em prol de sua saúde e voltam doentes para casa! Eles nos deixam com todos os seus membros inteiros e retornam para nós estropiados! Portanto, devemos orar a Deus para cuidar bem dos amigos no campo ou no litoral — e devemos nos entregar em Suas mãos onde quer que estejamos. Se tivéssemos que ir a uma colônia de leprosos, certamente pediríamos a Deus para nos proteger da lepra letal. Mas devemos procurar igualmente a proteção do Senhor quando estivermos no lugar mais saudável ou em nossos próprios lares!

Davi disse ao Senhor "nas tuas mãos, entrego meu espírito". Mas deixe-me implorar a vocês para adicionar esta palavra que o Senhor inseriu: "*Pai*". Davi é sempre um bom guia para nós, porém o Senhor de Davi é muito melhor. E se o seguirmos, seremos melhores do que esse rei. Portanto, vamos cada um de nós dizer: "*Pai, Pai, nas tuas mãos, entrego meu espírito*". Essa é uma maneira doce de viver todos os dias — entregando tudo nas mãos de nosso Pai celestial, pois elas não podem causar mal a Seu filho. "Pai, posso não ser capaz de confiar em Teus anjos, mas posso confiar em ti". O salmista não diz: "Na mão da providência entrego meu espírito". Percebem como os homens tentam se livrar de Deus dizendo: "A providência fez isso", e: "A providência fez aquilo", e: "A providência fez aquilo outro"? Se vocês lhes perguntarem: "O que é providência?", eles provavelmente responderão: "Bem, a providência é providência". É tudo o que eles podem dizer.

Há muitos homens que falam confiantemente sobre reverenciar a natureza, obedecer às leis da natureza, observar o poder da natureza, e assim por diante. Aproximem-se desse palestrante eloquente e lhe diga: "Será que você, por gentileza, poderia me explicar o que é a natureza?". Ele responderá: "Ora, a natureza... bem, é... a natureza". "Exatamente isso, senhor, mas, o que é a natureza?", você insistirá. E ele diz: "Bem... bem... é a natureza". E isso é tudo que você extrairá dele. Bem, creio na natureza e na providência, mas, antes de tudo, creio em Deus, no Deus que tem mãos — não em um ídolo que não tem mãos e não pode fazer nada, mas no Deus para quem posso dizer: "'Pai, nas tuas mãos, entrego meu espírito.' Alegro-me por eu ser capaz de me colocar lá, pois me sinto absolutamente seguro em me entregar aos Teus cuidados". Então vivam, amados, e viverão em segurança, felizes e terão esperança na vida e esperança na morte!

3. Meu terceiro texto não nos deterá por muito tempo. Destina-se a nos explicar O USO DAS PALAVRAS FINAIS DE NOSSO SALVADOR PARA NÓS MESMOS. Voltem-se para o relato da morte de Estêvão, no capítulo 7 de Atos, versículo 59, e vocês verão ali o quanto um homem de Deus pode ousar ir em seus últimos momentos citando Davi e o Senhor Jesus Cristo. "E apedrejavam Estêvão, que invocava e dizia: Senhor Jesus, recebe o meu espírito". Então aqui está um texto para usarmos quando chegarmos à morte: "Senhor Jesus, recebe o meu espírito". Expliquei-lhes que, a rigor, dificilmente podemos falar em entregar o nosso espírito, mas podemos falar de Cristo *recebendo* isso e dizer com Estêvão: "Senhor Jesus, recebe o meu espírito".

O que significa essa oração? Devo apenas apressadamente dar-lhes dois ou três pensamentos a respeito dela e assim concluir minha abordagem. Creio que essa oração significa que, *se pudermos morrer como Estêvão, morreremos com a certeza de imortalidade*. Estêvão orou: "Senhor Jesus, recebe o meu espírito". Ele não disse: "Tenho medo pelo meu pobre espírito que morrerá". Não, o espírito é algo que ainda existe após a morte, algo que Cristo pode receber e, portanto, Estêvão lhe pede para recebê-lo! Você e eu não iremos ao "andar de cima" quando morrermos como se fôssemos apenas cães e gatos — vamos para lá quando morrermos como seres imortais que adormecem na Terra e abrem seus olhos no Céu! Então, ao som da trombeta do arcanjo, nosso próprio corpo ressuscitará para habitar, mais uma vez, com nosso espírito — não temos qualquer pergunta sobre esse assunto! Creio que já lhes disse o que um incrédulo certa vez disse a um cristão:

—Alguns de vocês cristãos têm grande medo de morrer, porque acreditam que há outro estado vindouro a este. Eu não tenho o menor medo, pois acredito que vou ser aniquilado e, portanto, todo o medo da morte se vai de mim.

—Sim, disse o cristão, e, nesse aspecto você me parece estar em pé de igualdade com aquele boi pastando ali, que, como você, está livre de qualquer medo da morte. Rogo, senhor, deixe-me lhe fazer uma simples pergunta. *Você tem alguma esperança?*

—Esperança, senhor? *Esperança*, senhor? Não, não tenho nenhuma esperança! É claro que não tenho nenhuma esperança, senhor.

—Ah, então, apesar dos temores que às vezes vêm sobre os crentes fracos, eles têm uma esperança que não abandonariam e nem poderiam abandonar, respondeu o outro.

E essa esperança é que nosso espírito — aquele mesmo espírito que entregamos nas mãos de Jesus Cristo — estará "para sempre com o Senhor".

O próximo pensamento é que, *para um homem que pode morrer como Estêvão, há a certeza de que Cristo está perto* — tão perto que o homem fala com Ele e diz: "Senhor Jesus, recebe o meu espírito". No caso de Estêvão, o Senhor Jesus estava tão perto que esse mártir podia vê-lo, pois declarou: "Eis que vejo os céus abertos e o Filho do Homem, em pé à destra de Deus". Muitos santos ao morrer deram testemunho semelhante. Não nos é estranho ouvi-los dizer, antes de morrer, que podiam ver dentro dos portões de pérolas e eles nos disseram isso com tanta veracidade, e com tanto êxtase, ou, algumas vezes, tão calmamente — com um tom de voz tão pragmático — que tivemos certeza de que eles não estavam nem enganados nem falando falsidade. Falavam do que sabiam ser verdade, porque Jesus estava lá com eles! Sim, amados, antes que vocês possam reunir seus filhos ao redor de seu leito de morte, Jesus já estará lá! E, em Suas mãos, vocês podem entregar seu espírito.

Além disso, *há a certeza de que estamos bastante seguros em Suas mãos*. Onde quer que estejamos inseguros, se pedirmos a Ele para receber o nosso espírito, e Ele o receberá, quem poderá nos fazer mal? Quem poderá nos arrancar das Suas mãos? Despertem, morte e saraiva! Venham, todos os poderes das trevas! O que podem fazer quando então o espírito estiver nas mãos do Onipotente Redentor? Estaremos salvos lá!

Então, há outra certeza: *Ele está muito desejoso em nos receber em Suas mãos*. Vamos nos colocar em Suas mãos agora; então, não precisaremos ter vergonha de repetir essa ação todos os dias e poderemos ter a certeza de que não seremos rejeitados no fim. Eu sempre lhes contei sobre a bondosa senhora que estava morrendo, e alguém lhe perguntou: "A senhora não tem medo de morrer?". "Ó, não", ela respondeu, "não há nada a temer. Mergulho meu pé no rio da morte todas as manhãs antes de tomar meu café da manhã e não tenho medo de morrer agora". Vocês se lembram dessa amada santa que morreu durante a noite, mas que, antes de adormecer, sentiu-se forte o suficiente para escrever e deixou escrito em um pedaço de papel ao lado de sua cama estas linhas?

Uma vez que Jesus é meu, não temerei despir-me,
Mas, de bom grado, tirarei estes trajes de barro —
Morrer no Senhor é uma bendita aliança,
Uma vez que Jesus, ao gloriar-se na morte, abriu o caminho.

Foi bom ela ter escrito isso — e que nós possamos ser capazes de dizer o mesmo em qualquer tempo que o Mestre nos chamar para o "andar de cima"! Quero, queridos amigos, que todos nós tenhamos tanta vontade de partir como se fosse uma questão de nossa vontade! Bendito seja Deus que não está restrito à nossa escolha — não somos nós que escolhemos quando morrer. Deus determinou aquele dia, e dez mil demônios não podem nos mandar à sepultura antes do nosso tempo! Não morreremos até que Deus o decrete —

Pragas e mortes voam ao meu redor,
Até que Ele queira, não posso morrer!
Nenhuma única flecha pode atingir-me
Até que ao Deus de amor aprouver.

Que possamos estar tão dispostos a partir como se fosse realmente uma questão de escolha, pois sábia, cuidadosa e friamente consideramos que, se nos fosse permitido, nenhum de nós seria sábio a menos que optasse por ir! A pior coisa que poderia nos acontecer seria a suspeita de que não haverá a vinda do nosso Senhor. A segunda pior seria a suspeita de que não morreremos. Você sabe qual ditado pitoresco Rowland Hill [N.E.: Pregador inglês do século 19] costumava dizer quando ele se percebeu envelhecendo? Ele disse: "Certamente eles devem estar se esquecendo de mim lá em cima". E de tempos em tempos, quando um querido santo idoso estava morrendo, ele dizia: "Quando você chegar ao Céu, dê minhas lembranças a John Berridge, John Bunyan e a tantos muitos bons Joãos e diga-lhes que espero que em pouco tempo vejam o pobre velho Rowley lá em cima". Bem, havia sentido em desejar chegar ao lar celestial, ansiando estar com Deus. Estar com Cristo é muito melhor do estar aqui!

A sobriedade nos faria escolher morrer! Bem, então, não vamos retroceder, e nos tornar totalmente indispostos, e lutar, e nos esforçar, e nos inquietar, e nos irritar com isso. Quando ouço sobre crentes que não gostam de falar sobre a morte, preocupo-me com eles. É extremamente sábio estar familiarizado com o lugar de nosso descanso. Quando fui, recentemente, ao cemitério de Norwood para sepultar o corpo de nosso querido irmão Perkins e deixá-lo ali por algum tempo, senti que era algo saudável estar à beira da sepultura e caminhar em meio àquela floresta de túmulos, pois é para onde eu também devo ir. Vocês homens vivos, venham e vejam o solo onde devem jazer por pouco tempo e, como assim deve ser, que nós, que somos crentes, o recebamos bem!

Mas e se vocês não creem? Ah, isso é outra questão! Se vocês não creem em Cristo, podem muito bem ter medo até mesmo de descansar na cadeira onde estão sentados! Pergunto-me se a própria Terra não diz: "Ó Deus, não vou segurar esse pobre pecador por mais tempo! Deixe-me abrir minha boca e engoli-lo!". Toda a natureza deve odiar o homem que odeia a Deus! Certamente, todas as coisas devem detestar ministrar à vida de um homem que não vive para Ele. Ó, que vocês busquem o Senhor, confiem em Cristo e encontrem a vida eterna! Se fizerem isso, não tenham medo de ir adiante para viver, ou morrer, conforme Deus desejar.

Este sermão foi pregado no Metropolitan Tabernacle, em Newington, na noite de 25 de junho de 1882.

7

O VERGONHOSO SOFREDOR

Em troca da alegria que lhe estava proposta, suportou a cruz, não fazendo caso da ignomínia, e está assentado à destra do trono de Deus (Hebreus 12:2).

", o que devo fazer para louvar ao meu Salvador?" Onde será encontrada uma linguagem que descreva Seu amor incomparável e inigualável aos filhos dos homens? Pode-se encontrar liberdade e plenitude de expressão sobre qualquer assunto comum, mas esse assunto encontra-se fora do alcance de toda a oratória, e eloquência não pode abrangê-lo! Essa é uma das coisas inexprimíveis — inexprimível porque ultrapassa o pensamento e desafia o poder das palavras. Como, então, podemos lidar com o que é indizível? Estou ciente de que tudo o que posso dizer a respeito dos sofrimentos de Jesus, esta manhã, será como uma gota no oceano. Nenhum de nós conhece a metade da agonia que Ele suportou. Nenhum de nós jamais compreendeu o amor de Cristo que excede todo entendimento! Os filósofos têm sondado até o centro da Terra; alinhado as esferas; medido os céus, pesado os montes — não, pesado o próprio mundo — mas *esse amor* está entre aquelas coisas que ultrapassam tudo que pode ser medido, exceto o próprio infinito! Como a andorinha apenas desliza na água e não mergulha em suas profundezas, assim todas as descrições do pregador apenas tocam na superfície, enquanto profundezas imensuráveis devem permanecer muito abaixo de nossa observação. Um poeta pode muito bem dizer:

Ó amor, tu és um abismo insondável!

Porque esse amor de Cristo é realmente imensurável e insondável! Nenhum de nós pode alcançá-lo. Ao falar dele, sentimos nossa fraqueza; lançamo-nos sobre a força do Espírito, mas, mesmo assim, sentimos que jamais poderemos alcançar a majestade desse assunto. Antes mesmo de podermos ter uma ideia correta do amor de Jesus, devemos entender a Sua glória anterior, em Sua elevada majestade e Sua encarnação na Terra em todas as suas profundezas da vergonha. Bem, quem pode nos falar da majestade de Cristo? Quando Jesus foi entronizado no mais alto dos Céus, Ele era totalmente Deus. Por Ele foram feitos os Céus e todas as suas hostes. Pelo Seu poder, pendurou a Terra sobre o nada. Seu próprio braço todo-poderoso sustém as esferas — os pilares dos céus repousam sobre Ele. Os louvores de anjos, arcanjos, querubins e serafins o rodeiam perpetuamente. O pleno coro das aleluias do Universo flui incessantemente para a base do Seu trono — Ele reinou supremo acima de todas as Suas criaturas, Deus sobre todos, bendito para sempre! Quem pode dizer Sua altura, então? E, no entanto, isso deve ser alcançado antes de podermos medir o comprimento daquela poderosa humilhação a que Ele se submeteu quando veio à Terra para redimir nossas almas! E quem, por outro lado, pode dizer o quanto Ele se rebaixou? Ser um homem foi alguma coisa, mas ser um homem de dores foi muito mais. Sangrar, morrer e sofrer foi muito para Ele que era o Filho de Deus! Mas, para sofrer como Ele sofreu — uma agonia sem precedentes, suportar uma morte vergonhosa e uma morte por abandono do Seu Deus como Ele suportou é uma profundidade maior de amor condescendente o qual a mente mais inspirada não consegue compreender completamente! E, mesmo assim, devemos primeiramente entender altura infinita e, então, profundidade infinita. Devemos medir, na verdade, o infinito todo que está entre o Céu e o inferno antes de podermos entender o amor de Jesus Cristo.

Mas, porque não podemos entendê-lo, vamos, portanto, negligenciá-lo? E porque não podemos medi-lo, vamos, portanto, desprezá-lo? Ah não! Vamos ao Calvário nesta manhã para vermos esta grande visão: Jesus Cristo, pela alegria que lhe estava proposta, suportando a cruz, desprezando a vergonha!

Tentarei mostrar-lhes, em primeiro lugar, *o vergonhoso sofredor*; em segundo lugar, tentarei destacar *Seu motivo glorioso*; e, em seguida, em terceiro lugar, o oferecerei a vocês como *um exemplo admirável*.

1. Amados, desejo mostrar-lhes o VERGONHOSO SOFREDOR. O texto fala de vergonha, e, portanto, antes de entrar no assunto sofrimento, devo me esforçar para dizer uma ou duas palavras sobre a vergonha.

Talvez não haja nada que os homens abominem tanto como a vergonha. Consideramos que a morte em si tem sido muitas vezes preferível nas mentes dos homens à vergonha. E até mesmo o mais perverso e cruel de coração teme a vergonha e desprezo de seus semelhantes muito mais do que quaisquer torturas a que possa ser submetido. Encontramos Abimeleque, um homem que assassinou seus próprios irmãos, sem escrúpulos — encontramos até ele mesmo assolado pela vergonha quando "certa mulher lançou uma pedra superior de moinho sobre a cabeça de Abimeleque e lhe quebrou o crânio. Então, chamou logo ao moço, seu escudeiro, e lhe disse: Desembainha a tua espada e mata-me, para que não se diga de mim: Mulher o matou. O moço o atravessou, e ele morreu". A vergonha foi demais para ele! Abimeleque preferiria suicidar-se — como o fez— do que ser condenado à vergonha por ser morto por uma mulher! Assim foi com Saul, um homem que não tinha vergonha de quebrar seu juramento e de caçar seu próprio genro como uma perdiz nos montes. Ele mesmo atirou-se sobre sua espada, preferindo isso a que falassem que fora morto pelos filisteus. E lemos sobre um antigo rei, Zedequias, que, embora parecesse imprudente o suficiente, tinha medo de cair nas mãos dos caldeus para que os judeus que haviam caído diante de Nabucodonosor não zombassem dele.

Esses exemplos são apenas alguns de muitos. É sabido que criminosos e malfeitores têm frequentemente mais medo do desprezo público do que de qualquer outra coisa. Nada pode quebrar tanto o espírito humano como ser continuamente sujeito ao desprezo — desprezo visível e manifesto de seus semelhantes! Na verdade, para ir além, a vergonha é tão terrível para o homem que é um dos ingredientes do próprio inferno! É uma das gotas mais amargas naquela taça horrível de miséria — a vergonha de desprezo eterno no qual os homens maus acordam no dia de sua ressurreição. Serem desprezados pelos homens, pelos anjos e por Deus é uma das profundezas do inferno! Vergonha, deste modo, é uma coisa terrível de suportar. E muitas das naturezas mais orgulhosas foram subjugadas ao serem submetidas a ela. No caso do Salvador, a vergonha foi peculiarmente indecorosa. Quanto mais nobre for a natureza de um homem, mais prontamente ele percebe o menor desprezo, e mais intensamente ele o sente; aquele desdém que um homem comum pode suportar sem sofrimento — aquele que foi criado para ser obedecido e que foi honrado durante toda a Sua vida — o sentiria muito mais amargamente. Príncipes mendicantes e monarcas desprezados estão entre os mais miseráveis dos homens! Mas aqui estava o nosso glorioso Redentor, em cuja face estava a nobreza da própria divindade, desprezado, cuspido e zombado! Vocês podem, portanto, se admirar com o que tal natureza nobre como a dele precisou suportar! O simples papagaio pode suportar ser engaiolado, mas a águia não pode suportar ter a cabeça coberta e os olhos vendados — ela tem um espírito mais nobre do que isso. Os olhos que viram o sol não podem suportar a escuridão sem derramar uma lágrima! Mas Cristo, que era mais do que nobre — incomparavelmente nobre, algo mais do que uma estirpe da realeza — de fato deve ter sido terrível para Ele o ser envergonhado e ridicularizado!

Algumas mentes são de um caráter tão delicado e sensível que sentem as coisas muito mais do que outras. Há alguns de nós que não percebem uma afronta tão facilmente, ou, quando a percebemos, ficamos totalmente indiferentes a ela. Mas há outros de um coração amoroso e terno. Eles já choraram tanto pela desgraça do próximo que seus corações se tornaram ternos e, portanto, sentem o menor sinal de ingratidão daqueles a quem amam. Se aqueles por quem estão dispostos a sofrer proferissem palavras de blasfêmia e repreensão contra eles, suas almas seriam traspassadas muito rapidamente! Um homem com armadura andaria através de espinhos e abrolhos sem sentir coisa alguma, mas um homem nu sente o menor dos espinhos. Bem, Cristo era, naquele momento, por assim dizer, um espírito nu. Ele havia se despojado de tudo pela humanidade. Ele disse "as raposas têm seus covis, e as aves do céu, ninhos; mas o Filho do Homem não tem onde reclinar a cabeça". Ele se despojou de tudo que poderia torná-lo insensível, pois amava com toda a Sua alma. Seu forte coração fervoroso estava concentrado no bem-estar da raça humana! Ele amou-os até a morte e foi ridicularizado por aqueles por quem morreu. Foi-lhe, de fato, doloroso ser cuspido pelas criaturas a quem veio salvar; vir para os Seus e descobrir que os Seus não o receberam, antes o lançaram fora! Vocês de corações ternos podem chorar pela desgraça dos outros, e vocês que amam com amor tão forte quanto a morte e com zelo tão exigente quanto a sepultura podem supor, mas só supor, o que o Salvador deve ter suportado quando todos zombaram dele; todos o escarneceram, e Ele não encontrou ninguém que lhe tivesse compaixão nem alguém para ficar ao Seu lado.

Para voltar ao ponto com o qual começamos, a vergonha é peculiarmente abominável à humanidade e muito mais a tal humanidade como aquela que Cristo carregou sobre si — uma natureza nobre, sensível e amorosa como nenhum outro homem jamais possuiu!

E agora venham e vamos contemplar o espetáculo lamentável de Jesus sendo envergonhado. Ele foi envergonhado de três maneiras: por acusação vergonhosa, zombaria vergonhosa e crucificação vergonhosa.

a) E em primeiro lugar, eis a vergonha do Salvador em Sua acusação vergonhosa. Aquele em quem não havia pecado e que não havia feito nenhum mal foi acusado de pecado do pior tipo! Primeiramente foi acusado diante do Sinédrio de nada menos que blasfêmia. E Ele poderia blasfemar? Aquele que disse: "A minha comida consiste em fazer a vontade daquele que me enviou" poderia blasfemar? Aquele que, nas profundezas de Sua agonia quando suou, como foi dito, grandes gotas de sangue, finalmente clamou: "Meu Pai, não se faça a minha vontade, e, sim, a tua" poderia blasfemar? Não! E é apenas porque era tão contrário ao Seu caráter que Ele sentiu a acusação. Acusar alguns de vocês aqui presentes por terem blasfemado contra Deus não os surpreenderia, pois vocês blasfemaram e com tanta frequência quase se esquecendo de que Deus abomina blasfemadores e que Ele "não terá por inocente o que tomar o seu nome em vão". Mas, para aquele que amou como Jesus amou e obedeceu como Ele obedeceu — ser acusado de *blasfêmia* —, a acusação deve ter lhe causado um sofrimento peculiar! Imaginamos que Ele não caiu no chão, como Seus traidores caíram quando vieram prendê-lo! Tal acusação como aquela poderia macular o espírito de um anjo. Tal calúnia poderia definhar a coragem de um querubim. Não se maravilhem, então, por Jesus ter sentido a vergonha de ser acusado de um crime como este!

Isso não os contentou. Tendo-o acusado de quebrar a primeira tábua, eles então o acusaram de violar a segunda — disseram que Jesus era culpado de insurreição. Declararam que Ele era um traidor ao governo de César; que Ele incitava o povo, declarando que Ele mesmo era rei. E poderia o Salvador cometer traição? O mesmo que disse: "O meu reino não é deste mundo. Se o meu reino fosse deste mundo, os meus ministros se empenhariam por mim". Aquele que retirou-se para o deserto e orou quando o teriam levado à força para o fazerem rei poderia cometer traição? Isso seria impossível! Não pagou Ele tributo e mandou pegar o peixe quando, em Sua pobreza, não tinha os meios para pagar o imposto? O Messias poderia cometer traição? Ele não podia pecar contra César, pois Ele era o Senhor de César! Era o Rei dos reis e Senhor dos senhores! Se quisesse, poderia ter retirado o manto púrpura dos ombros de César e, com uma palavra, entregar esse imperador como presa para os vermes! Jesus Cristo cometer traição? Estava muito longe do gentil e brando Jesus incitar a rebeldia ou colocar homem contra homem. Ó não, Ele amava Seu país e Seu povo! Ele jamais provocaria uma guerra civil, e, mesmo assim, essa acusação foi feita contra Ele. O que vocês pensariam, bons cidadãos e bons cristãos, se fossem acusados de um crime como este, com os clamores de seu povo atrás de vocês gritando contra vocês, como terríveis ofensores que devem morrer? Isso não os envergonharia? Ah, mas seu Mestre teve que suportar tudo isso! Ele desprezou as acusações vergonhosas e com malfeitores foi contado!

b) Mas em seguida, Cristo não apenas suportou acusação vergonhosa, mas suportou zombaria vergonhosa. Quando foi levado a Herodes, este considerou Jesus um nada. A palavra original significa "fez pouco dele". É incrível descobrir que o homem pudesse fazer pouco do Filho de Deus que é tudo em todos. Jesus tinha se tornado nada. Ele havia declarado que era um verme e não um homem. Mas que pecado foi aquele e que vergonha foi quando Herodes fez pouco do Messias! Ele tinha apenas que olhar Herodes no rosto e poderia tê-lo definhado com um olhar de Seus olhos de fogo! Porém, ainda que Herodes possa zombar dele, Jesus não falará, e ainda que homens armados possam vir sobre Ele e lançar sobre Seu terno coração sua zombaria cruel, nenhuma palavra Ele tem a dizer, mas "como cordeiro foi levado ao matadouro; e, como ovelha muda perante os seus tosquiadores".

Vocês observarão que na zombaria de Cristo, do próprio salão de Herodes até o momento em que Ele foi tirado da sala de julgamento de Pilatos para Sua crucificação e depois para Sua morte, os escárnios foram de muitos tipos. Em primeiro lugar, eles zombaram da pessoa do Salvador. Uma dessas coisas sobre as quais podemos dizer pouco, mas que deveríamos frequentemente pensar, é o fato de que nosso Salvador foi despido de todas as Suas vestes, no meio de uma soldadesca vulgar. É uma vergonha até mesmo para nós falarmos disso, que foi feito por nossa própria carne e sangue Àquele que era nosso Redentor! Aqueles membros santos que foram o receptáculo da preciosa joia de Sua alma foram expostos à vergonha e desprezo público de homens grosseiros que eram totalmente destituídos de delicadeza! A pessoa de Cristo foi despida duas vezes. E embora nossos pintores, por razões óbvias, cubram Cristo na cruz, lá estava Ele pendurado — o Salvador nu de uma humanidade nua! Aquele que vestiu os lírios não tinha coisa alguma com que se vestir! Aquele que tinha trajado a Terra com joias e fez para ela vestes de esmeraldas, não tinha mais do que um trapo para esconder Sua nudez de uma multidão de olhar fixo, que o encarava de forma zombeteira e de coração duro! Ele tinha feito túnicas de peles para Adão e Eva quando eles estavam nus no jardim. Havia tirado deles aquelas pobres folhas de figueira com as quais tentaram esconder sua nudez e lhes dado algo com o que pudessem se proteger do frio. Mas agora repartem Suas vestes entre si e por elas lançam sortes, enquanto Ele próprio, exposto à tempestade impiedosa de desprezo, não tem manto com o qual cobrir Sua vergonha! Eles zombaram de Sua pessoa — Jesus Cristo declarou ser o Filho de Deus — zombaram de Sua *pessoa divina* assim como da Sua humanidade. Quando Ele estava pendurado na cruz, disseram--lhe: "se és Filho de Deus, desce da cruz e creremos". Frequentemente o desafiaram a provar Sua divindade, afastando-se da obra que Ele tinha realizado. Pediram-lhe que fizesse aquilo que teria refutado Sua divindade, a fim de que pudessem, depois, como declararam, reconhecer e confessar que Ele era o Filho de Deus! E agora vocês podem pensar nisso? Cristo foi zombado como homem — podemos concebê-lo submetendo-se a isso — mas não ser zombado como *Deus*! A humanidade aceitaria e lutaria facilmente um desafio de duelo lançado sobre ela. A humanidade cristã desprezaria o desafio ou pisá-lo-ia sob seus pés em desprezo, suportando tudo por amor de Cristo. Mas vocês podem pensar em Deus sendo desafiado por Sua criatura — o eterno Jeová provocado pela criatura feita por Sua própria mão? O Infinito desprezado pelo finito? Aquele que faz plena todas as coisas — por quem todas as coisas *existem* — ridicularizado, desprezado pela criatura finita que é moída diante da traça! Isso era desprezo, de fato, um desprezo por Sua pessoa complexa, por Sua humanidade e por Sua divindade!

Entretanto notem que, em seguida, eles zombaram de todos os Seus ofícios, assim como de Sua pessoa. Cristo era Rei e nunca houve rei como Ele. Jesus é o Davi de Israel. Todos os corações do Seu povo são tecidos para Ele. Jesus é o Salomão de Israel. Ele reinará de mar a mar e desde o rio até os confins da Terra! Ele foi o único da linhagem real! Temos alguns chamados reis da Terra; filhos de Ninrode — esses são chamados reis, mas não o são. Eles tomam emprestada sua dignidade daquele que é o Rei dos reis e Senhor dos senhores. Mas aqui estava um de sangue puro; um da verdadeira linhagem real que havia se afastado da realeza e estava misturado com o rebanho comum dos homens! O que eles fizeram? Trouxeram coroas para honrá-lo, e a nobreza da terra lançou suas vestes sob Seus pés a fim de servir-lhe como tapete para Seus passos? Não! Ele foi entregue a soldados rudes e brutais. E fizeram-lhe uma imitação de trono e, ao colocá-lo nele, tiraram-lhe Suas próprias vestes, pegaram o manto de escarlate ou púrpura de algum velho soldado e colocaram-no sobre Suas costas. Trançaram-lhe uma coroa de espinhos e a puseram sobre Sua fronte — a fronte que, na antiguidade, foi adornada com estrelas! Depois eles colocaram em Sua mão — aquela que não se ressentirá de um insulto — um cetro de caniço! Em seguida, ajoelharam-se fazendo uma imitação de reverência a Ele, fazendo-o rei por um dia. Bem, talvez não haja nada tão desolador quanto a nobreza desprezada! Vocês leram a história de um rei inglês que foi levado por seus inimigos cruéis para uma vala. Eles o sentaram em um formigueiro, dizendo-lhe que era o seu trono, e então lavaram seu rosto na poça mais suja que puderam encontrar; e com lágrimas escorrendo pelo rosto, ele disse: "Ainda serei lavado em água limpa"; embora ele estivesse amargamente enganado. Mas pensem no Rei dos reis e Senhor dos senhores tendo por adoração o cuspe de bocas culpadas; por homenagem, golpes de mãos imundas; por tributo, zombarias de línguas brutais! Alguma vez houve, Rei dos reis, vergonha como a Tua? Tu, que és Imperador de todos os mundos, foste zombado por soldados e ferido pela mão de Teus serviçais. Ó Terra, como você pôde suportar essa maldade? Ó Céus, por que vocês não caíram em indignação para esmagar os homens que assim blasfemaram de seu Criador? Aqui estava uma vergonha, de fato — o Rei ridicularizado por Seus próprios súditos!

Cristo também foi um profeta, como todos sabemos, e o que eles fizeram para que pudessem zombar dele como um profeta? Por que eles o vendaram — esconderam de Seus olhos a luz do céu, em seguida, o feriram e esbofetearam com as mãos e disseram: "Profetiza-nos, quem é que te bateu"? O profeta deve profetizar para aqueles que o provocaram e dizer-lhes quem foi que o feriu! Amamos os profetas. É natural da humanidade que, se acreditarmos em um profeta, devemos amá-lo. Cremos que Jesus foi o primeiro e o último dos profetas. Por Ele, todos os outros foram enviados — curvamo-nos diante dele em adoração reverente. Consideramos ser a nossa maior honra nos sentarmos a Seus pés como Maria. Apenas desejamos que pudéssemos ter o privilégio de lavar Seus pés com nossas lágrimas e enxugá-los com os cabelos. Sentimos, como João Batista, que não somos dignos de desamarrar os cadarços de Seus sapatos, e podemos, portanto, suportar a situação vexatória de Jesus, o profeta, vendado e esbofeteado com insultos e golpes?

Mas eles também zombaram de Seu sacerdócio! Jesus Cristo veio ao mundo para ser um sacerdote para oferecer sacrifício, e Seu sacerdócio devia ser escarnecido também! Toda salvação estava nas mãos desse sacerdote, e agora lhe dizem: "Não és tu o Cristo? Salva-te a ti mesmo e a nós também". "Salvou os outros, a si mesmo não pode salvar-se", eles riam! Mas ó, que mistério de escárnio está aqui! Que indizíveis profundezas de vergonha que o grande Sumo Sacerdote da nossa profissão de fé — Ele que é o Cordeiro Pascal, o altar, o sacerdote, o sacrifício — que Ele, o encarnado Filho de Deus, o Cordeiro de Deus que tira os pecados do mundo, devesse assim ser desprezado e escarnecido!

Ele foi escarnecido ainda mais em Seus sofrimentos. Não posso me aventurar em descrever os sofrimentos de nosso Salvador sob o flagelo do chicote. São Bernardo e muitos dos primeiros pais da Igreja deram tal descrição do flagelo de Cristo que eu não poderia suportar contar-lhes de novo! Se os dados que tinham eram suficientes para o que disseram, não sei. No entanto, uma coisa sei: "Mas ele foi ferido por causa de nossa rebeldia e esmagado por causa de nossos pecados. Sofreu o castigo para que fôssemos restaurados e recebeu açoites para que fôssemos curados" (Is. 53:5 NVT). Sei que deve ter sido um terrível flagelo ser chamado de ferido, esmagado, castigado e açoitado. E, lembrem-se de que cada vez que o chicote caía sobre os Seus ombros, o riso de quem usou esse instrumento se misturava com o açoite — e cada vez que o sangue era derramado de novo e a carne arrancada de Seus ossos, havia zombaria e vaia para tornar Sua dor ainda mais pungente e terrível! E quando Ele chegou finalmente à Sua cruz, eles o pregaram nela e continuaram zombando de Seus sofrimentos! Somos informados de que os sumos sacerdotes e os escribas permaneceram a distância, sentaram-se e o observaram. Quando viram Sua cabeça cair sobre Seu peito, eles, sem dúvida, fizeram alguma observação amarga sobre isso dizendo: "Ah, Ele nunca mais levantará Sua cabeça de novo entre a multidão". E quando viram Suas mãos sangrando, disseram: "Essas foram as mãos que tocaram os leprosos e que ressuscitaram os mortos — elas nunca mais farão isso de novo!". E quando viram Seus pés, disseram: "Ah, esses pés nunca pisarão esta terra novamente e viajarão em Suas peregrinações de misericórdia". E então algumas zombarias grosseiras, horrendas, brutais, talvez bestiais, foram feitas sobre cada parte de Sua adorabilíssima pessoa! Zombaram dele, e, por fim, quando Ele pediu algo para beber, deram-lhe vinagre — zombando de Sua sede, enquanto fingiam saciá-la!

Mas o pior de tudo, tenho mais uma coisa para observar: eles escarneceram de Suas orações. Vocês já leram em todos os anais de execuções ou de assassinatos que os homens já zombaram das orações de seus semelhantes? Li histórias de alguns vilões covardes que buscaram matar seus inimigos, e, vendo que a morte deles se aproximava, as vítimas disseram: "Dê-me um momento para a oração" — e raros foram os casos em que isso tenha sido rejeitado! Mas nunca li de um caso em que, quando a oração foi proferida, tenha-se rido dela e se tornado objeto de zombaria! Todavia aqui está o Salvador pendurado, e todas as palavras que Ele fala se tornam assunto de um trocadilho, o lema de uma zombaria. E quando, no fim, Ele dá o grito de morte mais emocionante que já atemorizou Terra e inferno — "Eloí, Eloí, lamá sabactâni" —, eles ainda fazem um trocadilho sobre isso e dizem: "Chama por Elias! Deixai, vejamos se Elias vem tirá-lo!". Ele foi ridicularizado, mesmo em Sua oração! Ó Jesus, nunca houve amor como o Teu; nunca houve paciência que pudesse ser comparada à Tua resistência quando tu suportaste a cruz, desprezando a vergonha!

Sinto que, ao descrever assim as zombarias do Salvador, não sou capaz de definir diante de vocês a inteireza da vergonha pela qual Ele passou e, no entanto, terei que tentar fazê-lo mais uma vez, em outro momento, quando vier descrever Sua morte vergonhosa, tomando as palavras que precederam as que já abordei. Ele suportou a cruz, assim como desprezou a vergonha.

A Cruz! A Cruz! Quando vocês ouvem essa palavra, ela não desperta em seus corações pensamento algum de vergonha. Existem outras formas de pena de morte nos dias de hoje [N.E.: Século 19] muito mais vergonhosas do que a cruz. Ligado à guilhotina, acima de tudo, há tanto blocos quanto forcas. Mas lembrem-se de que, embora falar de forca seja pronunciar uma palavra de desgraça, não há nada de vergonha no termo "forca", em comparação à vergonha da cruz como entendia-se nos dias de Cristo! Somos informados de que a crucificação era um castigo a que ninguém poderia ser submetido, com exceção de um escravo e, mesmo assim, o crime devia ser do tipo mais terrível — como a traição de um mestre, o planejamento de sua morte ou seu assassinato — somente tais delitos teriam a crucificação como consequência, até mesmo, para um escravo. Era considerada como a mais terrível e assustadora de todas as punições. Todas as mortes no mundo eram preferíveis a essa! Elas todas têm uma ligeira circunstância de alívio — seja sua rapidez ou sua glória. Mas essa é a morte de um vilão, de um assassino — uma morte dolorosamente prolongada — uma que não pode ser igualada em todas as invenções de crueldade humana para o sofrimento e humilhação! O próprio Cristo suportou isso. Digo que a cruz, hoje em dia, não é tema de vergonha. Ela já esteve no escudo de muitos monarcas, na bandeira de muitos conquistadores! Para alguns, ela é objeto de adoração. As mais belas gravuras; as pinturas mais maravilhosas têm sido dedicadas a esse assunto. E agora, a cruz gravada em muitas joias preciosas se tornou algo real e nobre. Porém somos incapazes neste dia, creio eu, de compreendermos plenamente a vergonha da cruz. No entanto os judeus a compreendiam. Os romanos a compreendiam, e Cristo sabia que coisa terrível e vergonhosa era morrer por crucificação.

Lembrem-se, também, de que, no caso do Salvador, houve agravantes especiais dessa vergonha. Ele teve que carregar Sua própria cruz. Ele foi crucificado, também, no lugar comum de execução — Calvário, análogo à nossa antiga Tyburn [N.E.: Um vilarejo em Londres que, durante muitos séculos, foi o principal lugar de execução de criminosos, traidores e mártires religiosos.], ou nosso atual Old Bailey [N.E.: Edifício do tribunal em Londres]. Ele foi condenado à morte, também, num momento em que Jerusalém estava cheia de pessoas. Foi na festa da Páscoa, quando a multidão tinha aumentado muito e quando os representantes de todas as nações estariam presentes para contemplar o espetáculo. Partos, medos, elamitas e os habitantes da Mesopotâmia, da Grécia, sim, e talvez da distante Társis e das ilhas do mar — todos estavam lá para se unirem nesse escárnio e aumentar a vergonha! E Jesus foi crucificado entre dois ladrões, como que para ensinar que Ele era pior do que eles! Havia vergonha maior do que essa?

Deixe-me conduzi-lo à cruz. A cruz, a cruz! As lágrimas começam a rolar simplesmente por pensar nisso. A rude madeira é colocada no chão; Cristo é arremessado de costas; quatro soldados agarram Suas mãos e pés! Sua bendita carne é rasgada com o ferro amaldiçoado. Ele começa a sangrar. Com Cristo pregado na cruz, erguem-na, colocando-a no lugar preparado para ela; todos os membros do meu Salvador são deslocados, todos os ossos deslocados de suas juntas por esse tremendo empurrão! Ele estava pendurado nu para Sua vergonha, contemplado por todos os espectadores! O sol forte sobre Ele; a febre começa a arder; Sua língua se secou como um caco — ela gruda no céu da boca — Ele não tem nada com que molhar Sua boca. Seu corpo estava há muito tempo definhado pelo jejum. Ele foi levado à beira da morte pela flagelação no salão de Pilatos. Lá está Ele pendurado. As partes mais sensíveis do Seu corpo – Suas mãos e pés — são perfuradas, e o ferro rasga onde os nervos são mais numerosos e macios! O peso do Seu corpo faz com que o ferro atravesse Seus pés, e, quando Seus joelhos estão tão cansados que não podem segurá-lo, então, o ferro começa a dilacerar ainda mais Suas mãos! De fato, um espetáculo terrível! Mas vocês viram apenas o exterior — havia um lado interior. Vocês não podem ver isso — se pudessem, embora seus olhos fossem como os dos anjos, vocês seriam atingidos com cegueira eterna! Em seguida, havia a alma. A alma morrendo! Vocês conseguem supor o que devem ser as dores de uma alma morrendo? Nenhuma alma morreu na Terra ainda. O inferno é o lugar das almas moribundas, onde elas morrem eternamente a segunda morte. E havia, por dentro das costelas do corpo de Cristo, o próprio inferno! A alma de Cristo estava resistindo ao conflito com todos os poderes do inferno, cuja maldade foi agravada pelo fato de que era a última batalha que eles seriam capazes de lutar contra Ele! Não, pior do que isso: Ele tinha perdido aquilo que é a força e o escudo do mártir: a presença do Seu Deus! O próprio Deus estava pesando Sua mão sobre Ele! Aprouve a Deus moê-lo! O Pai o tinha feito sofrer e fez da alma do Seu Filho um sacrifício pelo pecado! Deus, a cujo semblante Cristo tinha eternamente se assemelhado, deliciando-se de prazer, escondeu Sua face! E lá estava Jesus abandonado por Deus e pelo homem, deixado sozinho para pisar o lagar — não, para ser *pisado no lagar* — e banhar a roupa em Seu próprio sangue! Ó, já houve sofrimento como esse? Nenhum amor pode descrevê-lo! Se eu tivesse um pensamento em meu coração em relação ao sofrimento de Cristo, ele irritaria meus lábios antes de eu proferi-lo! As agonias de Jesus foram como as fornalhas de Nabucodonosor, aquecidas sete vezes mais do que o sofrimento humano jamais foi aquecido. Cada veia era uma estrada para os pés quentes da dor trilharem — todos os nervos, uma corda em uma harpa de agonia que emocionava com o lamento discordante do inferno! Todas as agonias que os próprios condenados podem suportar foram lançadas na alma de Cristo! Ele era alvo para as setas do Todo-Poderoso — flechas embebidas no veneno de nosso pecado! Todas as ondas do Eterno colidiram com essa Rocha da nossa salvação! Ele devia ser moído, pisado, esmagado, destruído — Sua alma devia estar profundamente triste até à morte.

Mas preciso fazer uma pausa; não posso descrevê-la. Posso apenas me aproximar dela e vocês também. As rochas partidas em dois quando Jesus morreu! Nossos corações devem ser feitos de mármore mais duro do que as próprias rochas se eles não sentem! O lindo véu de tapeçaria do Templo se rasgou, e vocês não lamentarão também? O próprio Sol teve uma grande lágrima em seu próprio olho ardente que apagou sua luz. E não choraremos? Nós, por quem o Salvador morreu? Não sentiremos agonia de coração ao saber que Ele precisou sofrer em nosso lugar?

Observem, meus amigos, que toda a vergonha que veio sobre Cristo, Ele desprezou! Ele a reputou tão leve, comparada à alegria que lhe estava proposta, que foi dito que Ele a desprezou! Quanto aos Seus sofrimentos, Ele não pôde desprezá-los — essa palavra não poderia ser usada em conexão com a cruz, pois a cruz era terrível demais até mesmo para o próprio Cristo a desprezar! Cristo a *suportou*. A vergonha Ele poderia lançar fora, mas a cruz Ele devia carregar e nela deveria ser pregado. "Suportou a cruz, não fazendo caso da ignomínia".

2. E agora, SEU MOTIVO GLORIOSO. O que foi que fez Jesus falar assim? — "Em troca da alegria que lhe estava proposta". Amados, qual era a alegria? Ó, é um pensamento que deve derreter uma rocha e tocar um coração de ferro! A alegria que estava proposta a Jesus era, principalmente, a alegria de salvar a você e a mim! Sei que era a alegria de cumprir a vontade de Seu Pai — de sentar-se no trono de Seu Pai, de se tornar aperfeiçoado através do sofrimento — mas, ainda assim, sei que este é o grande motivo do sofrimento do Salvador: a alegria de *nos* salvar! Vocês sabem o que é a alegria de fazer o bem para os outros? Se não sabem, tenho pena de vocês, pois de todas as alegrias que Deus deixou neste pobre deserto, essa é uma das mais doces! Vocês já viram as pessoas com fome quando precisavam de pão para muito tempo — já as viram vir quase nuas à sua casa, suas roupas tendo sido lançadas fora, para que pudessem conseguir dinheiro para comprar pão? Já ouviram a história da mulher a respeito dos sofrimentos de seu marido? Vocês prestaram atenção quando ouviram a história de prisão, de doença, de frio ou de fome, de sede e vocês nunca disseram: "Vou vesti-lo, vou alimentá-lo"? Nunca sentiram aquela divina alegria quando seu ouro foi dado aos pobres e a sua prata dedicada ao Senhor; quando a concedeu ao faminto e vocês se afastaram e disseram: "Que Deus não permita que eu exerça justiça própria, mas sinto que vale a pena viver para alimentar os famintos, vestir os nus e fazer o bem aos meus pobres semelhantes sofredores"? Bem, essa é a alegria que Cristo sentiu! Foi a alegria de nos alimentar com o pão do Céu, de vestir pobres pecadores, nus pecadores, em Sua própria justiça, de encontrar mansões no Céu para as almas desabrigadas, de nos libertar da prisão do inferno e nos ofertar os eternos prazeres celestiais!

Mas por que Cristo deveria olhar por nós? Por que Ele deveria escolher fazer isso por nós? Ó, meus amigos, nunca merecemos nada de Suas mãos! Como um bom e velho escritor diz: "Quando olho para a crucificação de Cristo, lembro-me de que *meus* pecados o levaram à morte. Não vejo Pilatos, mas me vejo em lugar de Pilatos trocando Cristo por honra. Não ouço o grito dos judeus, mas ouço meus pecados gritando: 'Crucifica-o! Crucifica-o!'. Não vejo pregos de ferro, mas vejo minhas próprias iniquidades colocando-o na cruz! Não vejo nenhuma lança, mas contemplo minha incredulidade perfurando Seu pobre lado ferido —

'Para ti, meus pecados, meus cruéis pecados, foram Teus principais algozes!
Cada um dos meus pecados tornaram-se pregos e a incredulidade, a lança'".

É a opinião dos católicos romanos que o homem que perfurou o lado de Cristo posteriormente converteu-se e tornou-se um seguidor de Jesus. Não sei se isso é fato, mas sei que é o caso *espiritualmente*. Sei que *nós* perfuramos o Salvador. Sei que nós o crucificamos. E, no entanto, por mais estranho que pareça, o sangue que escorreu daquelas santas veias nos lavou dos nossos pecados e nos fez aceitos no Amado! Você consegue entender isso? Aqui está a humanidade zombando do Salvador; fazendo-o desfilar pelas ruas; pregando-o numa cruz e, em seguida, sentando-se para zombar de Suas agonias. E, entretanto, o que há no coração de Jesus senão amor por eles? Ele está chorando durante todo esse tempo em que eles o crucificariam — não tanto porque sentiu o sofrimento — embora fosse muito —, mas porque Ele não podia suportar a ideia de que os homens os quais amava poderiam pregá-lo no madeiro! "Essa foi a pior punhalada de todas".

Vocês se lembram da notável história de Júlio César quando foi apunhalado por seu amigo Bruto. "...quando a Bruto viu o nobre César, a ingratidão mais forte do que o braço dos traidores, de todo o pôs por terra. O coração potente, então, partiu-se-lhe..." (SHAKESPEARE, William. Júlio César, 1599) Bem, Jesus teve que suportar a punhalada no profundo de Seu coração e saber que foram Seus *eleitos* quem a deram, que foram Seus *remidos* que a deram, que a Sua própria Igreja era Seu assassino, que Seu próprio povo o havia pregado no madeiro! Vocês podem imaginar, amados, como foi forte o amor que o submeteu a fazer isso? Imagine-se hoje saindo deste salão e indo para casa. Você tem um inimigo que durante toda a vida tem sido seu inimigo. O pai dele era seu inimigo e ele é seu inimigo também.

Não há um dia que passe que você não tenha tentado conquistar sua amizade. Mas ele cospe em sua bondade e amaldiçoa seu nome. Ele causa dano aos seus amigos e não há uma pedra que ele deixe sem ser revirada para lhe causar dano. A caminho de seu lar hoje, você vê uma casa em chamas. Elas são altas e a fumaça está subindo em uma coluna negra para o céu. As multidões se reúnem na rua e alguém lhe diz que há um homem no quarto superior que morrerá queimado. Ninguém pode salvá-lo! Você diz: "Aquela é a casa do meu inimigo". E você o vê na janela. É o seu próprio inimigo — o mesmo homem! Ele está prestes a ser queimado vivo. Cheio de bondade, você diz: "Salvarei aquele homem se eu puder". Ele o vê se aproximar da casa. Coloca a cabeça para fora da janela e o amaldiçoa! "Que você exploda completamente!", ele diz, "Preferiria morrer a você me salvar". Você pode se imaginar, então, correndo em meio à fumaça e subindo a escadaria em chamas para salvá-lo? E você pode conceber que, quando chegar perto dele, ele luta com você e tenta jogá-lo nas chamas? Você pode conceber o seu amor ser tão potente que você prefira perecer nas chamas em vez de deixá-lo para ser queimado? Você diz: "Eu não poderia fazer isso. Está acima da carne e do sangue fazer isso!". Mas Jesus o fez! Nós o odiávamos; nós o desprezamos e, quando Ele veio nos salvar, o rejeitamos! Quando o Seu Espírito Santo entra em nossos corações para lutar junto conosco, nós o resistimos! Mas Ele nos salvará — não, Ele mesmo enfrentou o fogo para que pudesse nos arrebatar como tições do fogo eterno! A alegria de Jesus consistia em salvar os pecadores. Então, o grande motivo para Cristo suportar tudo isso foi para que pudesse nos salvar!

3. E agora, deem-me só um momento e tentarei manter o Salvador como NOSSO EXEMPLO. Falo agora aos cristãos — àqueles que provaram e manusearam a boa palavra da vida. Homens e mulheres! Se Cristo suportou tudo isso apenas pela alegria de salvar *vocês*, terão vocês vergonha de suportar *qualquer coisa* por Ele? As palavras estão em meus lábios novamente esta manhã —

Se vergonha e opróbrio vierem à minha face por Teu bondoso nome,
Saudarei a reprovação e receberei a vergonha, meu Senhor,
morrerei por ti.

Ó, não me admiro que os mártires tenham morrido por um Cristo como este! Quando o amor de Cristo é derramado em nosso coração, então sentimos que, se a ameaça estivesse presente, ficaríamos firmes no fogo para sofrer por Aquele que morreu por nós! Sei que os nossos pobres corações incrédulos logo começariam a desanimar ao estalar da madeira e ao calor furioso, mas certamente esse amor prevaleceria sobre toda a nossa incredulidade. Há algum de vocês que acha que, se seguir a Cristo, sairá perdendo, perdendo seu posto, ou sua reputação? Rirão de você se você deixar o mundo e seguir a Jesus? Ó, e você se afastará por causa dessas pequenas coisas, quando Ele não se afastou, embora o mundo todo escarneceu dele até que Ele disse: "Está consumado"? Não, pela graça de Deus, que todos os cristãos ergam as mãos a Ele, o Altíssimo, o Criador do Céu e da Terra e digam:

Agora, por amor, levo Teu nome; o que era meu ganho,
considero perda!
Derramo desprezo em toda a minha vergonha,
e prego a minha glória em Tua cruz.

"Para mim, o viver é Cristo, e o morrer é lucro". Vivendo, serei dele; morrendo, serei dele. Viverei para Sua honra; servi-lo-ei totalmente, se Ele me ajudar — e, se for preciso, morrerei por amor ao Seu nome!

Este sermão foi pregado no Musical Hall, Royal Surrey Gardens, na manhã de sábado de 30 de janeiro de 1859.

8

A ENTRADA DE CRISTO NO SANTO DOS SANTOS

*Não por meio de sangue de bodes e de bezerros,
mas pelo seu próprio sangue,
entrou no Santo dos Santos, uma vez por todas,
tendo obtido eterna redenção* (Hebreus 9:12).

Sob a antiga aliança, o Senhor foi apresentado ao povo como habitando separado deles, "por trás do segundo véu". Uma espessa tapeçaria pendurada diante do lugar mais sagrado do Tabernáculo ocultava, assim, a luz que simbolizava a presença de Deus. No interior do Santo dos Santos, Jeová habitava separado das pessoas e ninguém entrava nesse recinto sagrado, exceto o sumo sacerdote, e ele, apenas uma vez ao ano. O grande ensinamento era que Deus estava oculto aos homens — o pecado fez uma separação entre o homem e Deus. A forma de aproximação ainda não é manifesta. No entanto, mesmo assim, havia o indício de que um acesso seria estabelecido no futuro. Lembre-se de que tal divisão não era feita de alvenaria, nem mesmo de um artefato de cedro coberto de ouro — era um espesso véu que, uma vez a cada ano, era solenemente erguido, para que o sumo sacerdote pudesse passar sob ele. Isso indicava que homens pecadores ainda teriam a permissão para se aproximarem do Deus Santíssimo através do Cristo de Deus. Isso, digo, estava implícito — se os homens tivessem fé suficiente para observá-lo. Durante 364 dias no ano, a mensagem era: "Não entre". No entanto, em um dia dos 365, o ensino era: "O caminho de acesso ainda será revelado".

Bem, queridos amigos, os sacerdotes da antiguidade, o Santo Lugar e o Santo dos Santos eram apenas "figuras das coisas que se acham nos Céus". Não eram as coisas por si mesmos. Neles, encontramos tipos instrutivos e símbolos, nada mais. Podemos nos regozijar grandemente quando lemos o versículo 11 do capítulo diante de nós! Ele começa com "quando". E que bendito "quando" para você e para mim! Até então, a religião lidava com coisas *exteriores*, tais como carnes e bebidas, purificações e ordenanças carnais e sacerdotes, que só podiam oferecer o sangue de touros e de bodes. Mas a vinda do Messias mudou tudo isso. Passamos de sombra para matéria:

Terminaram todos os tipos e sombras
Da lei cerimonial.

Agora, a graça divina e a verdade de Deus vieram por Jesus Cristo. Continue lendo — "Cristo veio". Como os sinos tocam alegremente — "Cristo veio". Foi a música de Belém — "Cristo veio". Foi a canção de Ana e Simeão — "Cristo veio". Essa será a alegria de toda a Terra, quando, de uma vez, ela entender tamanho privilégio — "Cristo veio". Por muitos anos, as coisas boas ainda estavam por vir, mas agora "Cristo veio" e nós as possuímos. Nenhum filho de Arão está diante de nós, apenas o Cristo, o verdadeiramente Ungido, comissionado do Senhor para apresentar o homem ao seu Deus ofendido.

Ilimitadamente ungido pelo Espírito eterno, o Senhor Jesus Cristo aparece na "plenitude do tempo" a fim de aniquilar o domínio do pecado por meio de Seu próprio sacrifício destruindo, assim, o véu da separação, apresentando-se ao Pai. Se eu tivesse que lhes dizer, hoje, que um Salvador, no devido tempo, nasceria e ofereceria um sacrifício pelo pecado, haveria grande alegria nos noticiários — mas temos algo muito melhor, pois o Ungido veio e cumpriu Sua missão. Ele esteve aqui entre os filhos dos homens; o Deus Encarnado — "Emanuel, Deus conosco", o verdadeiro Sumo Sacerdote para os homens nas coisas concernentes a Deus. Mais uma vez, digo: Que os sinos soem alegremente — "Cristo veio".

Ele é "o sumo sacerdote dos bens já realizados". As coisas que eram em tempos antigos, "coisas que haviam de vir", são coisas presentes agora, pois Jesus trouxe à luz as coisas preciosas da aliança, que reis e profetas desejaram ver. No entanto, mesmo agora, há coisas boas no futuro. "Nem olhos viram, nem ouvidos ouviram, nem jamais penetrou em coração humano o que Deus tem preparado para aqueles que o amam". O Senhor Jesus trouxe todas as coisas boas aos que creem nele, para que se regozijem com alegria indizível e glória plena. As coisas boas que estão por vir existem por causa do Mediador. O próprio Deus andou entre os homens na pessoa do Senhor Jesus que assumiu a nossa natureza em união com Sua divindade. Nosso Emanuel nasceu em Belém, habitou em Nazaré, morreu no Calvário e subiu ao Céu porque Sua obra foi terminada e a recompensa por ela foi concedida.

O ponto principal ao qual chamo sua atenção é este: enquanto nosso Senhor estava aqui, Ele foi tal como o Sumo Sacerdote quando ficava do lado de fora do véu. Quero que vocês se lembrem desse fato. *O lado de fora* é o lugar de homens pecadores. Será que o santo Jesus nunca ficou lá? Sim, ficou. Seu sacrifício oferecido foi, por necessidade, *do lado de fora do véu* e como um sinal disso — "Sofreu fora da porta". É evidente que nosso Senhor sofreu por ter sido abandonado por Deus. O espesso véu ficou pendurado entre Ele e Deus até que Seu grande sacrifício fosse aceito, e em testemunho disso você não ouve aquele grito amargurado, o mais amargurado que lábios humanos já pronunciaram: "Deus meu, Deus meu, por que me desamparaste?". Nosso Sumo Sacerdote, então, permaneceu do lado de fora do véu. Mas, depois de ter apresentado Seu sacrifício, depois de ter sido consumido pelo fogo, Ele passou para o lado de *dentro* do véu e ascendeu ao trono do Deus eterno. Ele adentrou no Céu como sacerdote, em toda a solenidade de um sacrifício realizado. "Ele entrou no Santo dos Santos, uma vez por todas, tendo obtido eterna redenção". Tentarei falar esta manhã sobre essa majestosa entrada. Mas estou muito consciente da minha falta de poder para fazê-lo. O pensamento é superficial, o discurso oscilante diante de um tema tão elevado e tão profundo. Vem, Espírito Santo, e, em Tua infinita compaixão, revela nosso grande Sumo Sacerdote a todos os que o esperam agora!

1. Primeiramente, queridos, chamo sua atenção ao SACRIFÍCIO DE JESUS PARA ENTRAR [no Santo dos Santos]. "Não por meio de sangue de bodes e de bezerros, mas pelo seu próprio sangue". Nesta manhã, teremos como nossa lição o capítulo 16 de Levítico — posso pedir a todos para estudá-lo com cuidado? Ali, lemos que, uma vez por ano, o sumo sacerdote entrava no Santo dos Santos, mas "não sem sangue". Nosso Salvador, como Deus e homem em uma só pessoa, no lugar do pecador, não podia passar pelo véu até que, primeiramente, tivesse oferecido um sacrifício. Mesmo Cristo, só entraria ali mediante o sangue; e esse sangue deveria ser o Seu. Pensemos sobre o Seu sacrifício.

Primeiro, observe o seguinte a respeito do sacrifício apresentado por nosso Senhor: foi um sacrifício único. Jesus ofereceu "seu próprio sangue" — sangue das veias de um homem. Mas que homem!

Lembrem-se do que Ele mesmo disse — "Não quiseste sacrifícios nem ofertas, contudo me deste um corpo para oferecer" [N.E.: Hebreus 10:5 NVT]. O corpo de Cristo foi especialmente preparado por Deus para esse grande sacrifício. Embora falemos corretamente de nosso Senhor como tendo "um corpo como o nosso", ainda não podemos nos esquecer de que, em alguns aspectos, Sua humanidade foi peculiar. Ele era sem mácula. Em Seu nascimento, não recebeu nenhuma mancha do pecado original. Não foi dito à virgem: "Descerá sobre ti o Espírito Santo, e o poder do Altíssimo te envolverá com a sua sombra; por isso, também o *ente* santo que há de nascer será chamado Filho de Deus"? Assim, a pessoa de nosso Senhor foi peculiar entre os homens e é essa personalidade pura que foi apresentada como oferta a Deus. Ele era puro e santo, e, portanto, capaz de carregar o pecado dos outros, já que Ele não tinha nenhum. Deus preparou especialmente o corpo de Cristo para a habitação da divindade, e Ele está diante de nós como um personagem, cuja semelhança nem o Céu nem a Terra possuem. Deus é puro Espírito, mas esta santa Pessoa [Jesus] tem um Corpo — um homem sem pretensões de divindade, um Ser glorioso que não julgou como usurpação o ser igual a Deus. Jesus é Deus e homem em uma só pessoa através da unidade maravilhosa na qual cremos, mas que jamais compreendemos de fato. E como nosso Mediador, pelo Espírito eterno, Cristo ofereceu-se a si mesmo imaculado a Deus. Esse sacrifício exclusivo merece nossa fé exclusiva.

O sacrifício de nosso Senhor foi, no sentido mais elevado, *substitutivo*. O castigo pelo pecado é a morte. E Jesus morreu. Em toda a antiga Lei não há expiação, exceto pela morte de uma vítima. Na verdade, isso é o que Deus disse desde o princípio, inclusive no jardim. A sentença da Lei ainda é esta: "A alma que pecar, essa morrerá". O pecado exige morte. O Senhor Jesus Cristo não veio à Terra para promover reconciliação através da santidade de Sua vida, ou pela seriedade do Seu ensino, mas, sim, por Sua *morte*. O texto afirma: "pelo Seu próprio sangue, [Jesus] entrou no Santo dos Santos". Ele devia morrer no lugar de homens culpados antes que pudesse entrar no Céu por amor a eles. Assim como os bezerros e os bois foram mortos e o sangue deles derramado diante de Deus, da mesma forma Jesus devia ser morto no lugar do pecador. Ó amados, apeguemo-nos à grande verdade de Deus quanto ao sacrifício vicário, pois esse é o principal ensinamento do Livro sagrado. Retirem isso e não vejo nada mais na Bíblia que possa ser chamado de boas-novas. O centro da doutrina de Cristo é a expiação através de Sua morte.

Ele suportou, para que nunca tivéssemos que suportar,
A justa ira de Seu Pai.

A vítima foi morta, mas também foi consumida pelo fogo sagrado sobre o altar de Deus. Nosso Senhor ofereceu-se a si mesmo a Deus, não apenas pela morte de cruz, mas pela consumação da alma que veio do horror de suportar o pecado humano. A tormenta das consequências do pecado irrompeu sobre a cabeça inocente do grande Substituto — a nuvem de trovão descarregou seu terrível conteúdo sobre Sua alma. Ele, colocando-se voluntariamente em nosso lugar, suportou o resultado dessa substituição. Devido ao Seu infinito amor, Jesus tornou-se uma oferta pelo pecado. Não por obrigação, mas, por Sua própria santa escolha, Cristo se ofereceu como sacrifício pelo pecado ao pecador, para que este fosse feito justiça de Deus em Jesus. "Carregando ele mesmo em seu corpo, sobre o madeiro, os nossos pecados". Isso sabemos e a essa grande verdade firmemente nos apegamos. Que outra esperança temos?

O sacrifício que o nosso Senhor ofereceu antes de entrar no Santo dos Santos foi *pessoal*. "Não por meio de sangue de bodes e de bezerros, mas pelo seu próprio sangue". Uma ênfase deveria ser colocada aqui sobre a palavra "próprio". O Senhor Jesus não trouxe diante de Deus os sofrimentos dos outros ou os méritos dos outros, mas a Sua *própria* vida e morte. "Porquanto derramou a sua alma na morte". Repetirei o texto visto anteriormente, porque vale a pena repeti-lo mil vezes. "Carregando ele mesmo em seu corpo, sobre o madeiro, os nossos pecados." "Ele me amou e se entregou por mim." Arão não podia fazer isso — o sangue que ele ofereceu no altar não era o seu. E se Arão pudesse, por qualquer imaginação estranha, ser obrigado a oferecer o seu próprio sangue, ainda assim teria sido apenas por si mesmo, já que essa morte significava para Deus a punição do próprio pecado individual desse sacerdote. Nosso Senhor não devia nada à justiça de Deus por Sua própria conta — Ele era "santo, inculpável, sem mácula, separado dos pecadores". E, portanto, quando Ele assumiu o nosso lugar, foi para que pudesse oferecer, de maneira pessoal e voluntária, Seu próprio sacrifício de sofrimento e de morte entregando todo o Seu ser como sacrifício em nosso lugar. Quando Ele está pendurado desnudo no madeiro, não me atrevo a olhar, mas, com lágrimas nos meus olhos, eu adoro. Reconheço, com o mais profundo amor, como Ele abandonou completamente tudo para me beneficiar, não ficando com absolutamente nada, nem mesmo um trapo ou átomo de si mesmo. "Salvou os outros, a si mesmo não pode salvar." Isso foi, no sentido mais enfático, um sacrifício pessoal.

Desse sacrifício, ninguém poderia participar e, depois de entrar [no Santo dos Santos], ninguém poderia compartilhar desse momento com Ele. Leiam Levítico 16:17: "Nenhum homem estará na tenda da congregação quando ele [sumo sacerdote] entrar para fazer propiciação no santuário, até que ele saia depois de feita a expiação por si mesmo, e pela sua casa, e por toda a congregação de Israel". Mesmo por compaixão, não podemos entrar no santuário interior do sacrifício de Jesus. Em seus recônditos mais íntimos, eles são inacessíveis. Jesus pisa o lagar sozinho. O *Getsêmani* — quem pode estar presente no jardim, ver o suor de sangue e ouvir o profundo gemido daquele poderoso coração? Mesmo os três favorecidos [N.E.: Pedro, Tiago e João] são vencidos pela tristeza e caem no sono.

Quem pode adentrar-te, solitário e escuro Getsêmani?

Mas... e quanto ao Calvário, onde a escuridão era ainda mais densa — visto que até o meio-dia tornou-se meia-noite, como uma insígnia do que estava acontecendo — naquela terrível escuridão que não podemos perscrutar? "Seus sofrimentos desconhecidos" ainda permanecem como uma das melhores expressões descritivas em relação ao que nunca pôde ser descrito. Tudo isso, digo, foi Seu sofrimento pessoal pelos pecados nos quais Ele não tinha participação alguma — esse foi Seu sacrifício de entrada no Santos dos Santos.

Não posso me alongar em qualquer ponto aqui. Mas peço-lhes: valorizem essas verdades de Deus, pois devem ser mais valorizadas do que muito ouro fino. Seu sacrifício foi de valor transcendente. Pensem em quem foi oferecido! O Filho do Altíssimo ofereceu-se a si mesmo a Deus! Como já dissemos, jamais houve alguém como Jesus, pois Ele era Deus e homem em uma só pessoa. E foi essa Pessoa Divina que ofereceu-se como sacrifício fora do Santo dos Santos para que pudesse adentrá-lo. Não posso imaginar um limite de valor para o sacrifício de Cristo — espero que jamais algum de vocês tente fazê-lo. Quando o Senhor se entregou como sacrifício, houve uma maior compensação à justiça de Deus do que se toda a raça humana tivesse sido consumida. Quando o próprio Deus vem a este mundo para ficar no lugar do pecador, a Lei obtém uma vindicação mais completa do que se multidões de culpados tivessem sofrido sua pena. Quando o próprio Legislador suporta a penalidade pela quebra da Lei, esta passa a ser honrosa e é claramente demonstrado que Deus não poupará o culpado, e que toda transgressão deve ser punida. Quando até mesmo o inocente Substituto morre, visto que o pecado é colocado sobre Ele, temos a certeza de que o pecado é extremamente odioso para Deus. Portanto, o sacrifício de nosso Senhor era de valor transcendente.

Que os homens de hoje digam o que quiserem, mas esse sacrifício foi feito por causa da culpa humana. A passagem que li para vocês em Levítico insiste nisso. O sangue foi aspergido no Santo lugar "por causa das impurezas dos filhos de Israel, e das suas transgressões, e de todos os seus pecados". Nosso Senhor Jesus aniquilou o pecado pelo Seu próprio sacrifício. Sua morte não foi apenas um exemplo, nem simplesmente uma demonstração de amor divino. "Eis o Cordeiro de Deus, que tira o pecado do mundo". Sua morte lidou com a nossa impureza — ela nos limpa de todo o pecado. "Ao se cumprirem os tempos, [Jesus] se manifestou uma vez por todas, para aniquilar, pelo sacrifício de si mesmo, o pecado".

E isso fazia referência a Deus. O sacrifício do Dia da Expiação não era visto pelo povo, e o sangue não era aspergido onde as pessoas podiam vê-lo — isso era somente para o Senhor. Deus, o infinitamente amoroso, por causa da própria infinitude do Seu amor, não pode olhar para o pecado sem desagrado, visto que é o pior inimigo do homem. Ele deve punir o pecador quando este se atreve a quebrar a Lei perfeita. O sacrifício é, portanto, necessário para mostrar a ira do Senhor pelo mal e a Sua determinação de ser justo. Cristo não morreu para tornar Deus misericordioso, como alguns nos acusam falsamente de ensinarmos. Mas, porque Deus *foi* misericordioso, Jesus morreu a fim de estabelecer uma passagem inconfundível para a misericórdia divina, sem violar a justiça de Deus. Jesus não morreu para convencer Deus a amar pecadores, pois Ele sempre os amou. Entretanto, para que o amor do Pai fosse exercido em coerência com a santidade, era necessário que a Lei fosse justificada e a ameaça contra o pecado não se tornasse letra morta.

Vejam, então, a oferta para entrar no Santo dos Santos que o nosso Senhor apresentou do lado de fora do véu. Venham e participem de seus efeitos de purificação.

2. Vamos observar agora A MANEIRA DE JESUS ENTRAR [no Santo dos Santos]. Vemos no texto que Jesus "entrou no

Santo dos Santos, uma vez por todas". Muita ênfase deve ser colocada sobre "uma vez por todas".

Foi feito, então, *uma vez por todas*. Uma vez por todas, Ele se ofereceu imaculado a Deus. Uma vez por todas, Ele ergueu o véu e entrou no lugar Santíssimo com o máximo de comunhão com Deus em nosso favor. Isso foi feito! Ó, batam palmas por tamanho regozijo! Deixem suas harpas tocarem bem alto e docemente, com muita alegria. Jesus entrou no Santo dos Santos. O nosso Cabeça e Representante está com Deus. Não é algo que acontecerá no futuro, mas que já aconteceu. O sacrifício de Jesus teve eficácia imediata. Esse exato momento, serviu para abrir o reino dos Céus. Da cruz, o Desamparado adentrou em Seu reino como o amado de Deus. Para provar a total eficácia do Seu sacrifício, Ele foi imediatamente para o Céu de Deus. "Está consumado." Essa é prova de que Jesus entrou de *uma vez por todas* no Santo dos Santos.

Portanto, isso significa que foi uma única vez. Foi apenas uma vez que Jesus entrou oficialmente nos lugares celestiais; pois, por essa única entrada, Ele abriu o caminho e o tornou acessível. A Sua oferta foi feita de *uma vez por todas*, e nenhuma outra mais foi necessária. Pois assim está escrito: "Porque Cristo não entrou em santuário feito por mãos, figura do verdadeiro, porém no mesmo céu, para comparecer, agora, por nós, diante de Deus; nem ainda para se oferecer a si mesmo muitas vezes, como o sumo sacerdote cada ano entra no Santo dos Santos com sangue alheio. Ora, neste caso, seria necessário que ele tivesse sofrido muitas vezes desde a fundação do mundo; agora, porém, ao se cumprirem os tempos, se manifestou *uma vez por todas*, para aniquilar, pelo sacrifício de si mesmo, o pecado". Não, não há uma oferta repetida de Cristo a Deus, nem uma apropriação repetida do Céu em nosso favor. De "uma vez por todas", a obra foi consumada. Judas nos diz que, de "uma vez por todas", a fé foi entregue aos santos — é um ato final tão completo que não necessita de nenhuma repetição. A entrada de nosso Senhor de uma vez por todas no Santo dos Santos garantiu o acesso de Seu povo a Ele. Foi uma vez e não pode haver uma segunda, porque foi extremamente eficaz. E isso é apresentado nos evangelhos — pois, quando nosso Senhor entrou no lugar Santíssimo, o véu "se rasgou em duas partes de alto a baixo". O Santo dos Santos estava aberto — seu invólucro veio abaixo. E se eu disser que esse santuário interior expandiu-se e abrangeu o Santo Lugar, e agora são santos todos os lugares onde corações verdadeiros buscarem ao seu Deus? Se nosso Sumo Sacerdote tivesse simplesmente levantado o véu e entrado, poderíamos supor que o véu tivesse sido apenas afastado novamente — mas, já que o véu do Templo "se rasgou em duas partes de alto a baixo", não há necessidade de Jesus entrar ali novamente. Ele removeu todo impedimento, e agora nenhum véu está entre Deus e Seu povo escolhido. Podemos nos achegar, "confiadamente, junto ao trono da graça". Bendito seja o nome de nosso Senhor que "entrou no Santo dos Santos, uma vez por todas"!

Amados, entendam que Jesus entrou definitivamente no lugar Santíssimo, e isso significa que Ele entrou ali da maneira mais ampla e completa. No Antigo Testamento, quando o sumo sacerdote ministrava diante do propiciatório, ele aproximava-se do símbolo de Deus, mas não necessariamente do próprio Deus. Entretanto nosso Senhor Jesus Cristo, como Mediador, chegou tão perto de Deus que nenhuma proximidade poderia ser maior. Jesus sempre esteve unido ao Pai em Sua divindade — mas, como Deus e homem em uma só pessoa, Cristo está agora para sempre com Deus. Jesus afirmou: "Eu e o Pai somos um". A proximidade do Deus-homem, Jesus Cristo, ao Seu Pai é algo para se pensar com deleite reverente. Pois, lembre-se:

Na pessoa de Seu Filho,
Estamos tão perto quanto Ele.

Cristo foi para a glória do Pai e abriu o caminho para adentrarmos a presença de Deus em proximidade semelhante. O caminho está aberto, o acesso é livre — Deus nos encontra e nos convida a encontrá-lo. Ele espera para falar conosco, como um homem fala com seu amigo. Gostaria de saber como colocar isso diante de vocês, mas não sei. Peço-lhes que pensem sobre isso. Que essas frágeis palavras sejam suficientes para sugerir-lhes a forma da entrada de Jesus no Santos dos Santos conforme é definida na expressão "uma vez por todas ".

3. Agora, em terceiro, consideremos OS OBJETOS PARA JESUS ENTRAR [no Santo dos Santos]. O que nosso Senhor Jesus Cristo fez ao adentrar no Santo dos Santos? Qual é o resultado disso?

Primeiro, significa que Ele fez expiação dentro do Santo dos Santos. Ele purificou os lugares celestiais. Leia o versículo 23 de Hebreus 9 — "Era necessário, portanto, que as figuras das coisas que se acham nos céus se purificassem com tais sacrifícios". Como nos surpreende ler essas palavras! O Céu, em si, foi profanado? Não, isso não pode acontecer. No entanto, se você e eu tivéssemos entrado lá sem expiação pelo sangue, o Céu teria sido profanado. Vejam as multidões de homens e mulheres outrora pecadores que estão diariamente entrando lá para habitar com Deus. Como poderiam chegar lá se os lugares celestiais não tivessem sido preparados para eles? Vejam as multidões de nossas orações e louvores que estão diariamente subindo à presença de Deus! Eles não são todos, em certa medida, impuros, e não teriam profanado o Céu por aceitá-los? Mas o Senhor foi ao Santo dos Santos e aspergiu o Seu sangue sobre o propiciatório para que nossas orações e louvores, sim, e nós também, possamos adentrar [na presença do Pai] sem qualquer impedimento. Mesmo que os culpados sejam levados para habitar com Deus e nossas pobres orações sejam aceitas por Ele, nem nós, nem nossas súplicas levam qualquer profanação ao lugar Santíssimo, pois o sangue expiatório [de Cristo] foi colocado lá antecipadamente. Mesmo depois do Céu ter absorvido para dentro de si muito da pecaminosidade da Terra, ele permanece tão puro como era antes, quando somente Deus e Seus santos anjos habitavam lá. Embora os homens — que no passado estavam mergulhados no pecado — tenham permissão para adentrar na presença de Deus e sentar-se à Sua direita, Deus permanece tão rigorosamente justo como se nenhum culpado tivesse sido perdoado — o grande sacrifício [de Jesus] garantiu isso.

Então, o Senhor entra no Santo dos Santos para nos representar. Leia o versículo 24: "Porque Cristo não entrou em santuário feito por mãos, figura do verdadeiro, porém no mesmo céu, para comparecer, agora, por nós, diante de Deus". Ele foi para lá para se apresentar, por pouco tempo, em nosso favor. Como em um tribunal, quando um homem é representado por seu advogado ou procurador legal, esse homem está no tribunal, mesmo que esteja a quilômetros de distância — assim somos nós, hoje, na posse de nossa herança eterna por meio daquele que comparece diante do Pai por nós. Deus vê Seus santos no Céu na pessoa deste glorioso representante: Jesus. Deus juntamente com Seu Filho "nos ressuscitou, e nos fez assentar nos lugares celestiais em Cristo Jesus". Esse não é um assunto para um sereno regozijo? O Precursor apropriou-se da posse por nós!

Ele está lá para nos aperfeiçoar. Observem Hebreus 10:14: "Porque, com uma única oferta, aperfeiçoou para sempre quantos estão sendo santificados". Por Seu único e definitivo sacrifício, tornou os ofertantes perfeitos. E para mostrar tal perfeição, eles adentram ao lugar Santíssimo. Sua obra foi cumprida, caso contrário, Jesus não estaria no Santo dos Santos — Sua presença lá é prova de que tudo está completo e que o Seu povo está completo nele. Os separados são aceitos, pois Jesus, em quem eles estão firmados, é aceito. Quando Adão foi expulso do jardim do Éden, todos nós também fomos — então agora que o segundo Adão [Cristo] está no paraíso de Deus, nós também estamos lá, em Cristo.

Ele entrou de "uma vez por todas ", também, para permanecer lá. Vejam Hebreus 10:12,13: "Jesus, porém, tendo oferecido, para sempre, um único sacrifício pelos pecados, assentou-se à destra de Deus, aguardando, daí em diante, até que os seus inimigos sejam postos por estrado dos seus pés". Jesus está com Deus no Céu e estará lá até que os propósitos da graça divina sejam cumpridos. Ele realiza uma reunião permanente à destra do Pai em triunfo eterno. Até que nosso Representante seja expulso do Céu, temos esta garantia. E como isso jamais ocorrerá! Olhe para cima, ó crente, e veja onde você está e sempre estará: aceito no amado, achegado pelo sangue de Cristo!

Uma vez mais — Ele está à destra de Deus para nos admitir na mesma proximidade. Leiam Hebreus 10:21,22: "e tendo grande sacerdote sobre a casa de Deus, aproximemo-nos, com sincero coração". Vejam, o Senhor Jesus nos encontra quando oramos e louvamos e Ele apresenta [diante do Pai] a nossa adoração. Quando adormecermos e acordarmos em outra condição, Jesus virá nos encontrar na ampla entrada do Céu e, pelo véu rasgado, nos admitirá no Lar Celestial. Como será quando estivermos com Ele no Seu trono! Contemplarmos a Sua glória para sempre! Não demorará muito para alcançarmos essa felicidade. Alguns de nós estamos, interiormente, ouvindo a canção eterna. Portanto, alegremo-nos — e se o caminho for áspero, lembremo-nos de que ele não pode ser longo. A entrada de Jesus no Santo dos Santos, por quem estamos representados em todos os lugares, garante a nossa entrada na glória de Deus. Portanto, Ele foi antes para que possa nos receber em Casa.

Pensem nisso e certamente terão o maná celestial para se alimentarem — comida por fé e substância por canções. Tu já foste antes de nós, Senhor, e, porque te amamos, regozijamo-nos.

4. Agora, para concluir, vamos rever AS GLÓRIAS DESSA ENTRADA DE JESUS [no Santo dos Santos]. Vimos anteriormente o sacrifício de nosso Senhor para entrar no lugar Santíssimo, a maneira e os objetos para Ele entrar "por trás do segundo véu". E agora vamos meditar sobre a glória da Sua entrada ali, que é esta: "tendo obtido eterna redenção". Nosso Senhor "entrou no Santo dos Santos, uma vez por todas, tendo obtido eterna redenção". Quando Arão entrou com o sangue de bois e bodes, não obteve "eterna redenção". Ele obteve apenas uma purificação simbólica e temporária para o povo... e isso foi tudo.

Nosso Senhor entra porque, primeiro, Sua obra está concluída. Não lemos: "Ele entrou para que pudesse obtê-la", mas "tendo obtido". Alguns leem "tendo *encontrado* a eterna redenção". Ele a encontrou nele mesmo, pois o Senhor não poderia tê-la encontrado em nenhum outro lugar. Nem no Céu, nem na Terra, nem no inferno, poderia ter sido encontrada redenção para a alma dos homens. Mas nosso Senhor encontrou o resgate em Seu próprio grande sacrifício e entrou na glória com este incrível "Eureka" em Sua língua: "Redime-o, para que não desça à cova; achei resgate". Ó glorioso Descobridor! Tu pudeste muito bem encontrá-la, pois ela estava escondida em ti mesmo! Tu obtiveste redenção eterna.

Aquilo que Ele havia obtido era *redenção*. Não há como obter "redenção" fora da Bíblia. Bendigo a Deus por isso. Muitos não podem suportar a palavra, mas ela está lá. E é a redenção por *preço*, também — "uma transação mercantil", como eles profanamente dizem. "Fostes comprados por preço". Redenção é livramento mediante pagamento — nesse caso, resgate por meio daquele que ocupou o lugar do outro e liberou os outros de suas obrigações. Irmãos, quando o Senhor Jesus Cristo morreu, Ele pagou o preço do nosso resgate. E quando Ele entrou no Santo dos Santos, entrou como aquele que não só desejou nos dar redenção, mas como alguém que tinha "obtido eterna redenção". Ele conquistou para nós redenção por preço e por poder. Não sabemos plenamente o que significa a palavra "redenção", pois nós nascemos livres. Mas, se pudéssemos voltar alguns anos atrás e nos misturar com os escravos negros da América, eles poderiam nos contar o que significava redenção se alguma vez, por qualquer sorte, um deles fosse capaz de comprar sua alforria. Vocês que gemeram debaixo da tirania do pecado sabem o que significa redenção em seu sentido espiritual e valorizam o resgate pelo qual foram libertos. Irmãos e irmãs, estamos hoje redimidos de nosso distanciamento em relação ao Senhor Deus — agora não estamos mais do lado de fora do Santo dos Santos. Essa é uma grande redenção. Somos também libertos da culpa, pois Jesus "pelo seu sangue, nos libertou dos nossos pecados". Que tremenda redenção! Fomos resgatados do poder do pecado para que vivamos não mais como seu escravo. Vencemos o pecado pelo sangue do Cordeiro. Isso também é uma grande redenção. Estamos agora salvos da maldição do pecado; pois Ele foi feito "maldição em nosso lugar (porque está escrito: Maldito todo aquele que for pendurado em madeiro". Isto é, de fato, uma magnífica redenção. Estamos livres de toda a escravidão que resulta do pecado. Não somos mais os servos de Satanás, ou escravos do mundo — tampouco estamos sujeitos à escravidão por medo da morte. Este último inimigo será destruído e nós sabemos disso. O Filho nos libertou e, de fato, somos livres. Ele adentrou os lugares celestiais com isso por causa de Sua fama eterna, pois Ele obteve a redenção para o Seu povo.

E agora, pensem na natureza dessa redenção; pois aqui está um ponto formidável. Ele obtere "eterna" redenção. Se vocês estudarem cuidadosamente o contexto dos versículos do texto que vimos, encontrarão a palavra "eterna" três vezes — há "eterna redenção", o "eterno Espírito" e uma "eterna herança". Por que a redenção é considerada *eterna*? A palavra "eterna" é ampla... e apesar de toda a compressão e corte que os homens dão a ela hoje em dia — façam o que fizerem —, eles não podem reduzi-la a um ponto final. Cristo obtere *eterna* redenção — uma redenção que entrou em *eterna* legitimação.

Falo do Senhor Deus com grande reverência, quando digo que essa redenção existia desde a eternidade em Seus pensamentos. E se este mundo foi criado miríades de anos atrás — como provavelmente foi

— contudo, nas épocas seguintes, nem planta nem animal foi criado sem respeitar o ultimato divino que é redenção! Nenhum fóssil em rocha fora moldado sem vínculo com o Senhor Jesus Cristo e Sua eterna redenção. Cristo é a imagem de Deus e todas as coisas têm vestígios dessa imagem. De cada ação da divindade, um dedo aponta para Jesus, o sacrifício expiatório. A redenção é o impulso da criação e a articulação da providência. O tom de todas as vozes que Deus criou é Deus em Cristo Jesus. Nele o esplendor transcendente da divindade foi contemplado da melhor maneira. Velada na humanidade, Ele suportou a culpa humana para que pudesse aboli-la e apresentar a Deus uma Igreja lavada pelo sangue. As coisas criadas servem como plataforma para as coisas redimidas — a criação temporária dá lugar à redenção eterna. Na aliança eterna, o Senhor mantinha sempre o olhar em Seu selo, que é o sangue do seu Fiador. Nos decretos divinos, tudo é moldado e formado de acordo com a obra da Pessoa maravilhosa em quem habita corporalmente toda a plenitude da divindade. Os conselhos eternos de Deus sempre mantiveram o olhar na justiça e na redenção eternas por meio do Filho eterno do Pai. A redenção não é novidade para Deus — nem um recurso para arrebatar o mundo de um acidente inesperado, nem um remendo para um propósito danificado. A redenção é o centro do plano divino; o foco da manifestação de Deus, o cume da montanha da revelação. Nisto consiste o amor! Nela está Deus!

Quando nosso Senhor entrou no lugar Santíssimo, por meio de Seu sacrifício, Ele lidou também com as coisas eternas e não meramente com questões de relevância temporal. Ele ofereceu a si mesmo por meio do Espírito Eterno e, por essa oferta, anulou a nossa dívida eterna e nos ordenou que entrássemos livremente nessa posse predestinada. O pecado, a morte, o inferno — não são coisas temporais; a expiação lida com essas coisas e, portanto, é uma redenção eterna. Permita-me, com essa reflexão, alegrar o coração de qualquer um aqui que esteja sobrecarregado com o pecado: a redenção de Cristo trata com o pecado passado de forma completa. Até onde podemos voltar para rastrear o mal? Podemos voltar até o primeiro anjo apóstata; mas, no que *nos* diz respeito, voltamos até o pai Adão, e, assim, o nosso pecado retorna em correntes lamacentas para aquela culpa primitiva, que trouxe uma mancha em nossa natureza. A redenção eterna removeu de nós quaisquer consequências que possam vir sobre nós por causa de nossa parte na queda. A mancha da hereditariedade é lavada por sermos criados de novo em Cristo Jesus. De cada alma que tem, pela fé, parte integrante nessa redenção, toda antiga maldição da raça acabou. Vocês não têm motivos para temer o passado. Nada está enterrado lá que possa se levantar para acusá-los. Quem intentará acusação contra aquele para quem Cristo obteve eterna redenção?

Bem, espere pela eternidade. Contemplem a vista que não tem fim! Eterna redenção cobre todo o perigo desta vida mortal e todos os perigos além, se houver algum. Vocês não sabem o quanto deverão ser tentados e provados antes que venha o fim. Talvez vocês cheguem a viver até uma idade avançada e temem a decadência do intelecto e o aumento das enfermidades. E isso pode acontecer. No entanto, sejam felizes porque Ele obteve eterna redenção para vocês. Não há a possibilidade de que vocês vivam mais longamente do que a redenção de Cristo; tampouco poderão ser atacados por qualquer tentação para a qual Ele não tenha provido escape.

Saltem para o fim. Pensem no futuro da profecia. Antecipem o estrondo das sete trombetas, o derramamento das temidas taças! Vocês não precisam temer nenhum deles, pois o seu Senhor obteve eterna redenção. Estamos sendo informados de que grandes coisas acontecerão naquele dia e hora. Creio nessas previsões tanto quanto creio nas profecias dos ciganos de Norwood [N.E.: Região próxima a Londres onde havia grande concentração e ciganos praticando a quiromancia entre os séculos 17 e 18] e nada mais. Mas, se elas fossem todas verdadeiras, qual motivo existe lá para que o crente tenha medo? Nosso Senhor obteve eterna redenção para o Seu povo e descansaremos satisfeitos, mesmo que a estrela Absinto caia, as águas se tornem em sangue e todas estas coisas sejam dissolvidas.

Quando a profecia for totalmente cumprida e passarmos para o temido futuro, não temeremos a morte já que o nosso Senhor obteve eterna redenção. "Castigo eterno" são palavras de terror indizível, mas são totalmente cheias de "eterna redenção". Não temam, ó vocês que colocam sua confiança no Senhor Jesus como seu Sacrifício e Sumo Sacerdote! Não há nada no mistério da eternidade que precisa assustá-los. Vocês podem se lançar sem medo no profundo e deixar as margens deste ser presente já que têm eterna redenção. Como estarão perdidos se um resgate eterno foi pago por vocês? Ó, pulem de alegria, vocês que são fiéis a Jesus! Pois Ele obteve eterna redenção para vocês! Ele não entraria no Santo dos Santos e iria a Seu Pai antes que tivesse consumado totalmente sua redenção. Ele ficou aqui até que pudesse clamar exultante: "Está consumado". E então, mas não até então, Ele entregou o espírito e entrou na presença de Seu Pai. Alegrem-se por vocês não terem pouca redenção, mas a eterna redenção. Isso não é de hoje, ou de amanhã, mas do passado e do futuro eterno.

Para concluir, deixem-me perguntar, meus amados ouvintes, um por um: você tem essa eterna redenção? Você crê no Senhor Jesus? Aquele que nele crê tem a vida eterna, e esse é o resultado da eterna redenção! Você crê no Filho de Deus? Ter fé nele é a maior de todas as obras, assim como nosso Senhor disse: "A obra de Deus é esta: que creiais naquele que por ele foi enviado". Todas as outras obras são como a palha na eira se recusarmos crer no grandioso feito de amor e de sabedoria de Deus! Se o mais nobre feito de Deus for rejeitado, estaremos rejeitando o próprio Deus. Ele se manifestou no sacrifício de Cristo como em nenhum outro lugar. E se virarmos as costas para a cruz, se nos recusarmos a crer no Deus Encarnado que morreu por causa do pecado humano, demonstramos uma destrutiva rebelião de coração contra Deus.

Nenhum pecado pode se igualar ao pecado de recusar a misericórdia de Deus. Se você confessá-lo e aceitar a grande Oferta pelo Pecado, tal como ela lhe foi apresentada, você será trazido para perto de Deus. Se você, também, pela fé, puder mergulhar o dedo neste sangue e aspergi-lo sobre o propiciatório, como Cristo, seu Sumo Sacerdote, o fez, então você também estará no Santo dos Santos com Jesus. Você poderá entrar no lugar mais santo de todos! Não, você já entrou lá por meio de Jesus, e você está lá permanentemente, porque Ele habita lá para sempre. O seu Substituto, o Cabeça da Aliança, o Seu Representante, está na glória, e lá você estará em breve! Portanto, se você crê em Jesus Cristo, o Filho de Deus, com todo o seu coração, console-se com essas palavras. Já que o véu foi rasgado, não se esconda de Deus que se revela a você. No futuro, você estará com o Senhor onde Ele está. Alegre-se por que, neste exato momento, Ele está com você onde você está.

Que o Senhor abençoe esta congregação, e que todos nós possamos nos encontrar no Santo dos Santos em torno do grande Precursor, a quem amamos e adoramos! Amém.

Este sermão foi pregado no Metropolitan Tabernacle, em Newington, na manhã de domingo de 17 de março de 1889.

9

NOSSO SENHOR NO VALE DA HUMILHAÇÃO

*Reconhecido em figura humana,
a si mesmo se humilhou, tornando-se obediente
até à morte e morte de cruz* (Filipenses 2:8).

Paulo deseja unir os santos em Filipos nos laços sagrados do amor. Para fazer isso, ele os leva à cruz. Amados, na cruz há cura para todas as doenças espirituais. No Salvador, há alimento para todas as virtudes espirituais. Jamais vamos a Ele com frequência demais. O Senhor nunca é um poço seco ou uma videira da qual todos os cachos foram retirados. Não pensamos nele o suficiente. Somos pobres porque não vamos à região do ouro que se encontra em torno da cruz. Estamos frequentemente tristes, porque não vemos a brilhante luz que resplandece da constelação da cruz. Os raios dessa constelação nos trariam alegria instantânea e descanso se os víssemos. Se qualquer admirador da alma dos homens fizesse por eles o melhor possível, ele constantemente os levaria para perto de Cristo. Paulo sempre fez isso — e ele está fazendo isso aqui.

O apóstolo sabia que, para estabelecer concórdia, você precisa, primeiro, gerar humildade de espírito. Os homens não discutem quando suas ambições chegam ao fim. Quando cada um está disposto a ser o menor; quando todos desejam colocar seus companheiros em lugar mais elevado do que a si próprios — há um fim para o espírito faccioso. Cismas e divisões ficaram no passado. Assim, a fim de desenvolver humildade, Paulo, sob a influência do Espírito de Deus, falou sobre a *humildade de Cristo*. Ele queria que *nos* humilhássemos, então, o apóstolo nos conduz para ver o nosso Mestre humilhado. Ele nos leva a esses degraus íngremes que o Senhor da glória desceu à Sua humilhação e nos convida a parar enquanto, nas palavras de nosso texto, ele nos direciona ao Cristo humilhado — "Reconhecido em figura humana, a si mesmo se humilhou, tornando-se obediente até à morte e morte de cruz".

Antes de Paulo escrever isso, ele tinha indicado, em uma ou duas palavras, a altura da qual Jesus veio originalmente. O apóstolo declara sobre o Senhor: "pois ele, subsistindo em forma de Deus, não julgou como usurpação o ser igual a Deus". Você e eu não fazemos ideia de quão alta honra é ser igual a Deus! Como podemos, portanto, mensurar a descida de Cristo, quando os nossos *pensamentos* mais elevados não podem compreender a altura de onde Ele veio? A profundidade a que Ele desceu é incomensuravelmente abaixo de qualquer ponto que já alcançamos — e a altura da qual Ele veio é inconcebivelmente acima dos nossos pensamentos mais elevados! No entanto, não se esqueçam da glória que Jesus deixou por um tempo. Lembrem-se de que Ele é o Deus verdadeiro e habitava no mais alto Céu com o Pai. Mas, embora Ele fosse infinitamente rico, se fez pobre por amor a nós para que, pela Sua pobreza, pudéssemos ser enriquecidos.

O apóstolo, tendo mencionado o que Jesus era, por outro golpe de sua caneta, o revela em nossa natureza humana. Ele afirma que o

Senhor "a si mesmo se esvaziou, assumindo a forma de servo, tornando-se em semelhança de homens". Essa encarnação é uma tremenda maravilha; visto que o Deus eterno uniria a Si mesmo nossa natureza humana e nasceria em Belém, viveria em Nazaré e morreria no Calvário por nós!

Entretanto nosso texto não fala tanto da humilhação de Cristo em se tornar homem quanto de Sua humilhação depois que Ele assumiu nossa natureza. "Reconhecido em figura humana, a si mesmo se humilhou". Ele parece não parar sua descida até que chegue ao ponto mais baixo — obediência até à morte e essa morte a mais vergonhosa de todas — a "morte de cruz". Não disse eu corretamente que, como você não pode alcançar a altura da qual Ele veio, não pode igualmente imaginar a profundidade a que Ele desceu? Aqui, na distância imensurável entre o Céu de Sua glória e a vergonha da Sua morte, há espaço para a sua gratidão! Você pode subir nas asas da alegria, pode mergulhar nas profundezas da autonegação, mas em nenhum dos casos você vai chegar à experiência de Seu divino Senhor, que assim, por você, veio do Céu à Terra, para que Ele pudesse levá-lo da Terra ao Céu!

Bem, se a força me é dada para o exercício, quero primeiro orientá-los, enquanto consideramos *os fatos da humilhação de nosso Senhor*. E, em segundo, após tê-los considerado, quero que aprendam com eles algumas lições práticas e úteis.

1. Antes de tudo, CONSIDERE OS FATOS DA HUMILHAÇÃO DE NOSSO SENHOR.

Paulo fala primeiro *do ponto do qual Ele desce* — "Reconhecido em figura humana, a si mesmo se humilhou". Meu Senhor gracioso, tu já vieste de longe o suficiente, não paras onde estás? Na forma de Deus, tu foste — na forma de homem, tu és. Isso é um rebaixamento indescritível! Tu *ainda* te humilharás? Sim, diz o texto: "reconhecido em figura humana, a si mesmo se humilhou". No entanto, certamente alguém teria pensado que Ele já teria se humilhado o suficiente! Ele era o Criador e o vemos aqui na Terra como uma criatura — o Criador, que fez o céu e a Terra, sem quem nada do que foi feito se fez, e ainda assim Ele se encontra no ventre da virgem! Nasce e é embalado onde o touro se alimenta! O Criador é também uma criatura! O Filho de Deus é o Filho do Homem. Estranha combinação! A condescendência poderia ir mais longe para que o infinito se unisse à criança, e o onipotente à fragilidade de um bebê recém-nascido?

No entanto, isso não é tudo. Se o Senhor da vida e glória deve se unir a uma criatura, e o Altíssimo e Poderoso deve tomar sobre si a forma de um ser criado, mesmo assim por que Ele assume a forma de *homem*? Havia outras criaturas mais brilhantes do que as estrelas! Havia seres espirituais mais nobres, serafins e querubins, filhos da alvorada, anjos perante o trono eterno de Deus! Por que não assumiu a natureza *deles*? Se Ele devia estar unido a uma criatura, por que não se uniu aos anjos? Mas, "evidentemente, não socorre anjos, mas socorre a descendência de Abraão". Um homem é apenas um verme, uma criatura de muitas enfermidades. A morte escreveu em sua testa com o terrível dedo. Ele é corruptível e deve morrer. Será que o Cristo assumiu essa natureza sobre si para que Ele também devesse sofrer e morrer? Exatamente isso! Mas visto que o Salvador chegou tão longe, sentimos como se quase devêssemos nos colocar no caminho a fim de impedi-lo de ir ainda mais longe. Jesus já não tinha se rebaixado o suficiente? O texto diz que não; Ele foi além, pois, "reconhecido em figura humana, a si mesmo se humilhou".

O que Cristo não fará por nós que fomos dados a Ele por Seu Pai? Não há medida para o Seu amor — você não pode compreender a Sua graça. Ó, como devemos amá-lo e servi-lo! Quanto mais Ele se rebaixa para nos salvar, mais alto devemos elevá-lo em nossa reverência de adoração! Bendito seja o Seu nome. Ele se rebaixa, rebaixa-se, rebaixa-se; quando atinge o nosso nível e se torna homem, Ele ainda se rebaixa, rebaixa-se, e desce mais... indo ainda mais fundo — "reconhecido em figura humana, a si mesmo se humilhou".

Bem, vamos observar, em seguida, a maneira pela qual Ele se rebaixou após se tornar homem — "a si mesmo se humilhou". Devemos admitir que Cristo desceu tanto para nivelar-se a nossa humanidade, contudo Sua humanidade poderia ter sido, quando nasceu, embalada delicadamente. Ele poderia ter sido um dentre aqueles que nascem em salões de mármore e vestidos de púrpura e linho fino. Entretanto, preferiu não ser. Se lhe aprouvesse, Jesus poderia ter nascido homem e não um bebê. Ele poderia ter saltado o período de desenvolvimento gradual da infância para a juventude e da juventude à idade adulta — mas Ele não o fez. Quando você o vê em casa em Nazaré, o Filho aprendiz, obediente aos Seus pais, fazendo os pequenos serviços da casa, como qualquer outra criança, você declara o que o nosso texto afirma: "a si mesmo se humilhou". Lá, o Senhor viveu na pobreza, com Seus pais, começando Sua vida como filho de um carpinteiro e, suponho eu, correndo para brincar com Seus amigos. Tudo isso é muito. Os evangelhos apócrifos o representam como tendo feito coisas estranhas enquanto ainda era criança, mas os verdadeiros evangelhos nos dizem muito pouco sobre os Seus dias de infância. Jesus ocultou Sua divindade atrás de Sua infância. Quando menino, Ele subiu a Jerusalém e ouviu os doutores da Lei, e embora os tenha surpreendido por Suas perguntas e respostas, Jesus foi para casa com Seus pais e se sujeitou a eles, pois, "a si mesmo se humilhou". De forma alguma, era desobediente, como uma criança mimada e precoce. Ele se conteve, pois determinou que, sendo encontrado em forma de homem, se humilharia.

Ele cresceu, e o tempo de se apresentar aos homens chegou. Mas não posso passar por cima dos 30 anos de Seu silêncio, sem sentir que ali estava um maravilhoso exemplo de como Ele se humilhou. Conheço jovens que pensam que um período de dois ou três anos de instrução é tempo demais para eles. Assim, querem sair pregando imediatamente — saindo correndo, como, por vezes, eu lhes digo — tal qual frangos com a casca de ovo em suas cabeças! Eles querem sair para lutar antes de terem colocado adequadamente suas armaduras! Mas não foi assim com Cristo — 30 longos anos se passaram e ainda não havia o Sermão do Monte. Quando Cristo, de fato, mostrou-se ao mundo, veja como Ele se humilhou! Ele não bateu na porta dos sumos sacerdotes, ou procurou os proeminentes rabinos e os eruditos escribas! Não, o Senhor tomou para si, como companheiros, pescadores do lago infinitamente inferiores a Ele, mesmo se o considerarmos apenas como um homem! Jesus era intrépido e pleno de vigor em Sua mente, assim eles mal conseguiam acompanhá-lo, mesmo que Ele moderasse Seus passos por compaixão da fraqueza deles. Jesus preferiu se associar a homens humildes, pois a si mesmo se humilhou.

Quando Cristo saiu a pregar, Seu estilo não era do tipo que objetivava o ajuntamento da elite — Ele não se dirigiu a alguns poucos especialmente cultos. *Aproximavam-se de Jesus todos os escribas e fariseus para o ouvir.* Estou citando corretamente? Não, não — *Aproximavam-se de Jesus todos os publicanos e pecadores para o ouvir.* Eles formavam uma plateia com quem Jesus se sentia à vontade — e quando eles se reuniam com o Mestre, e as criancinhas se dispunham a ouvi-lo, o Senhor então derramava a plenitude de Seu coração, pois a si mesmo se humilhou. Ah, queridos amigos, mas esta não foi a mais profunda humilhação do Senhor Jesus! Ele permitiu que *Satanás* o tentasse. Sempre imaginei como Sua mente pura e santa, como Sua natureza real poderia entrar em conflito com o príncipe das trevas, o demônio imundo, cheio de mentiras. Cristo permitiu que Satanás o colocasse à prova, e a pureza impecável teve que suportar a proximidade da infame vilania! Jesus venceu, pois o príncipe deste mundo veio e não encontrou nada nele. Mas Ele se humilhou quando, no deserto, no pináculo do Templo e no cume da alta montanha, Ele permitiu que o diabo o atacasse três vezes.

Pessoalmente, em Seu corpo, Jesus sofreu fraqueza, fome, sede. Em Sua mente, Ele sofreu repreensão, injúria, falsidade. Ele era constantemente "o Homem de Dores". Vocês sabem que, quando o líder da igreja apóstata é chamado de "o homem de pecado", é porque está sempre pecando. E quando Cristo é chamado de "o Homem de Dores", é porque Ele estava sempre passando por sofrimentos. Como é surpreendente que Ele devia se humilhar, de modo a ser afligido com as dores comuns de nossa humanidade, mas foi assim! "Reconhecido em figura humana", Ele concordou ainda em ser desmentido, ser chamado de bêbado e beberrão de vinho, ter Seus milagres atribuídos à ajuda de Belzebu e ouvir os homens dizerem: "Ele tem demônio e enlouqueceu; por que o ouvis?".

"A si mesmo se humilhou". Em Seu coração, frequentemente havia grandes lutas. E essas lutas o levavam à oração. Ele até perdeu a consciência da presença de Deus, para que clamasse em dolorosa angústia: "Deus meu, Deus meu, por que me desamparaste?". Tudo isso foi porque Ele ainda se humilhou. Não sei como falar a vocês sobre este grande tema! Dou-lhes palavras, mas peço ao Espírito Santo que os supra com pensamentos corretos sobre este grande mistério! Já disse que tomar a forma de homem foi condescendência o suficiente para Cristo. Mas depois disso, Ele ainda continuou a descer as escadas do amor condescendente, humilhando-se ainda mais e mais!

Mas observe, agora, *a regra de Sua descida*. Vale a pena observar: "a si mesmo se humilhou, tornando-se *obediente*". Conheci pessoas tentando se humilhar por meio do culto de si mesmas. Estive na cela de um monge, quando ele estava fora dela, e vi o chicote com o qual ele se flagelava todas as noites antes de ir dormir. Pensei que era bem possível que o homem merecesse tudo o que sofreu — e então não derramei nenhuma lágrima por causa daquilo. Aquela era a forma *dele* de se humilhar através de um determinado número de açoites. Conheci pessoas praticando a humildade voluntária. Elas falavam em linguagem muito humilde e se desprezavam com palavras, embora estivessem sendo o tempo todo tão orgulhosas como Lúcifer! A forma de humilhar-se de nosso Senhor foi através da *obediência*. Ele não inventou nenhum método de se tornar ridículo! Ele não colocou sobre si nenhuma roupa que atraísse a atenção para Sua pobreza. Ele simplesmente obedeceu a Seu Pai e, vejam vocês, não há humilhação como a obediência — "Eis que o obedecer é melhor do que o sacrificar, e o atender, melhor do que a gordura de carneiros". Obedecer é melhor do que usar um vestido especial, ou reduzir suas palavras a uma forma peculiar de alguma suposta humildade! A obediência é a melhor humildade: colocar-se aos pés de Jesus e tornar sua vontade ativa apenas quando souber qual é a vontade de Deus para você. Isso é ser verdadeiramente humilde!

De que forma, então, o Senhor Jesus Cristo, em Sua vida, obedeceu? Respondo: sempre houve sobre Ele o espírito de obediência ao Seu Pai. Ele podia dizer: "eis aqui estou, no rolo do livro está escrito a meu respeito; agrada-me fazer a tua vontade, ó Deus meu; dentro do meu coração, está a tua lei". Ele sempre foi, enquanto esteve aqui, subserviente ao grande propósito de Seu Pai em enviá-lo à Terra! Jesus veio para fazer a vontade daquele que o enviou e realizar a Sua obra. O Senhor aprendeu qual era essa vontade, em parte por meio das Sagradas Escrituras. Constantemente, Cristo é encontrado agindo de certa maneira, "para se cumprir as Escrituras". Ele moldou Sua vida segundo as profecias que foram dadas a respeito dele. Assim, Jesus fez a vontade do Pai.

Além disso, havia dentro dele o Espírito de Deus que o conduzia e orientava, para que Ele pudesse dizer: "Eu faço sempre o que agrada ao Pai". Então, o Senhor esperava em Deus continuamente em oração. Embora infinitamente mais capaz de ficar sem oração do que nós, entretanto, Ele orava muito mais do que nós! Com menos necessidade do que nós, Jesus tinha maior prazer na oração do que temos e, assim, aprendeu a vontade de Deus como homem e a cumpriu, sem que omitisse ou transgredisse em um único ponto uma única vez.

Ele fez a vontade de Deus, também, obedientemente, seguindo o que Ele sabia ser o grande projeto do Pai ao enviá-lo. Ele foi enviado para salvar e se ocupou em salvar — buscando e salvando o que estava perdido. Ó, queridos amigos, quando entramos em uníssono com Deus; quando desejamos o que Ele deseja; quando vivemos para o grande objetivo que enche o coração de Deus; quando deixamos de lado nossos desejos e caprichos — e até mesmo os nossos desejos lícitos, para que possamos fazer apenas a vontade do Pai, e viver apenas para a Sua glória — então, estaremos verdadeiramente nos humilhando!

Assim, mostrei-lhes que Jesus desceu depois que se fez homem e indiquei a vocês o modo e a regra de Sua descida. Agora, vamos olhar, com temor e reverência, *para o abismo para onde Ele desceu*. Aonde Ele chegou, enfim, naquela terrível descida? Qual era o fundo do abismo? Era *morte* — "a si mesmo se humilhou, tornando-se obediente até à morte e morte de cruz". Nosso Senhor morreu espontaneamente. Você e eu, a menos que o Senhor venha logo, morreremos, estejamos nós dispostos ou não — "aos homens está ordenado morrerem uma só vez". Cristo não precisava morrer, embora estivesse disposto a entregar Sua vida. Ele disse: "Tenho autoridade para a entregar e também para reavê-la. Este mandato recebi de meu Pai". Jesus morreu de bom grado, mas, ao mesmo tempo, Ele não morreu por Suas próprias mãos. Ele não tirou Sua própria vida como um suicídio — Ele morreu *por obediência*. Esperou até que Sua hora chegasse, quando foi capaz de dizer: "Está consumado". E, inclinando Sua cabeça, entregou o espírito. Jesus se humilhou, de modo a morrer *voluntariamente*.

O Senhor também provou a obediência da Sua morte pela resignação dela, segundo o registro de Isaías: "como ovelha muda perante os seus tosquiadores, ele não abriu a boca". Ele jamais proferiu uma palavra amarga ao sacerdote ou ao escriba, ao governador judeu ou ao soldado romano. Quando as mulheres choraram e lamentaram, Jesus lhes disse: "Filhas de Jerusalém, não choreis por mim; chorai, antes, por vós mesmas e por vossos filhos". Ele foi totalmente gentil. Ele não tinha uma palavra hostil sequer mesmo para Seus assassinos. O Senhor se entregou para levar nossos pecados, sem murmurar contra a vontade de Seu Pai, ou contra a crueldade de Seus adversários. Como Jesus foi paciente! Se Ele diz: "Tenho sede", não é o brado petulante de um homem doente com febre — há uma dignidade régia sobre as palavras de Cristo. Mesmo as palavras "Eloí, Eloí, lamá sabactâni", com a ousadia indizível e angústia que elas contêm, não apresentam sequer um traço de impaciência! Ó, que morte foi a de Cristo! Ele foi obediente nela, e, não só até o momento de morrer, mas obediente naquele último ato de terror! Sua vida obediente abraçou a hora de Sua partida.

Contudo, como se a morte já não fosse suficientemente humilhante, o apóstolo acrescenta: "e morte de cruz". Essa era o pior tipo de morte. Era uma morte violenta. Jesus não adormeceu *suavemente*, como bons homens frequentemente o fazem, cujo fim é pacífico. Não, Ele morreu sob mãos assassinas. Judeus e gentios juntos e, com mãos cruéis, o pegaram, o crucificaram e o mataram. Foi, também, uma morte extremamente dolorosa de prolongada agonia. As partes do corpo nas quais os nervos são mais numerosos foram perfuradas com rudes pregos de ferro. O peso do corpo devia cair sobre a parte mais frágil da estrutura. Sem dúvida, os pregos rasgaram cruelmente Sua carne, enquanto Ele estava pendurado no madeiro. Um corte na mão geralmente resulta em tétano e morte, e as mãos de Cristo foram *pregadas* na cruz. Ele morreu com a dor mais aguda no corpo e na alma. Foi, também, uma morte muitíssimo vergonhosa. Ladrões foram crucificados com Ele. Seus adversários ficaram escarnecendo dele. A morte de cruz era reservada aos escravos e aos mais vis dos criminosos — nenhum cidadão romano podia ser condenado à morte daquela forma — pendurado entre a Terra e o céu, como se nenhum destes dois o quisesse, rejeitado entre os homens e desprezado por Deus! Foi também uma pena de morte. Jesus morreu não como um herói na batalha nem como alguém que perece ao resgatar seus companheiros de um incêndio ou inundação — Ele morreu como um *criminoso*. O Senhor foi pendurado na cruz do Calvário. Foi também uma morte maldita. O próprio Deus a chamou assim — "Maldito todo aquele que for pendurado em madeiro". Cristo tornou-se maldição por nós! Sua morte foi punitiva, no sentido mais elevado. Ele "carregou em seu corpo, sobre o madeiro, os nossos pecados".

Não tenho a força mental, física e espiritual para falar com vocês, de forma correta, sobre este assunto tão maravilhoso como o de nosso Senhor no Vale da Humilhação. Houve momentos para mim quando só precisei do dedo de uma criança para me apontar para o Cristo e encontrei o suficiente em vê-lo, sem quaisquer palavras humanas. Espero que seja assim para vocês esta noite. Convido-os a se sentarem e verem o seu Senhor, obediente "até à morte e morte de cruz". Tudo isso Ele fez para que pudesse completar sua própria humilhação. Ele se humilhou até este ponto mais baixo, "até à morte e morte de cruz".

2. E se vocês tiverem esta imagem claramente diante de seus olhos, quero que, neste segundo ponto, APRENDAM ALGUMAS LIÇÕES PRÁTICAS COM A HUMILHAÇÃO DO NOSSO SENHOR.

A primeira é aprender a ter *firmeza de fé no sacrifício expiatório*. Se o meu Senhor pôde se humilhar a fim de tornar-se homem e se, quando Ele atingiu uma posição tão baixa, Jesus ainda desceu mais, e mais, e mais, até que se tornou obediente "até à *morte* e morte de cruz", sinto que deve haver um poder sobre essa morte que é tudo o que posso exigir. Jesus, ao morrer, reivindicou a Lei e a justiça. Vejam, irmãos e irmãs, se Deus pode punir o pecado em Seu próprio Filho amado, isso significa muito mais do que nos enviar para o inferno! Sem derramamento de sangue não há remissão de pecado, mas o sangue de Cristo foi derramado e assim *há* remissão! Suas feridas liberaram o Seu sangue da vida. Um grande corte abriu caminho para o coração do Senhor. Antes disso, todo o Seu corpo havia se tornado um volume de sangue gotejante, quando, no *Getsêmani*, o Seu suor era, por assim dizer, grandes gotas de sangue pingando no chão. Meu Senhor, quando estudo o Teu sacrifício, vejo como Deus pode ser "justo e o justificador daquele que tem fé em Jesus". A fé nasce na cruz de Cristo! Não apenas a levamos *à* cruz, mas a *encontramos* lá. Não posso imaginar meu Deus suportando toda essa dor em um corpo humano, até à morte na cruz, e depois duvidar. Bem, a dúvida se torna mais difícil do que a fé quando a cruz é visível! Quando Cristo é apresentado evidentemente crucificado entre nós, cada um de nós deveria declarar: "Senhor, eu creio, pois Tua morte dissipou minha incredulidade".

A próxima lição que quero que vocês aprendam com a humilhação de Cristo é esta: cultivar um grande *ódio pelo pecado*. O pecado matou Cristo. Que Cristo mate o pecado. O pecado o fez se humilhar demais — então, arranquem o pecado, não permitam que ele tenha um trono em seu coração. Se ele estiver presente em seu coração, mantenha-o recluso em buracos e cantos sem jamais descansar até que ele seja absolutamente expulso. Procurem colocar o pé em cima de seu pescoço e o extermine. Cristo foi crucificado — que seus desejos sejam crucificados! E que cada desejo errado seja pregado com Ele no madeiro do criminoso. Se vocês puderem dizer com Paulo: "Mas longe esteja de mim gloriar-me, senão na cruz de nosso Senhor Jesus Cristo, pela qual o mundo está crucificado para mim, e eu, para o mundo", com ele vocês também serão capazes de exclamar: "Quanto ao mais, ninguém me moleste; porque eu trago no corpo as marcas de Jesus". O escravo marcado de Cristo é o homem livre do Senhor!

Aprendam outra lição, que é a *obediência*. Amados, se Cristo a si mesmo se humilhou e se tornou obediente, quão obedientes eu e você devemos ser? Não devemos parar por nada quando soubermos que é a vontade do Senhor. Admira-me que você e eu levantemos uma questão ou procuremos um momento de procrastinação em nossa obediência a Cristo. Se for da vontade do Senhor, que se faça e se faça imediatamente. Se for necessário se desfazer alguma ligação afetuosa, ou causar uma enxurrada de lágrimas, assim seja. Ele se humilhou e se tornou obediente. Será que a obediência me humilharia? Será que ela me rebaixaria em relação à estima dos homens? Será que me tornaria objeto de zombaria? Será que ela traria desprezo ao meu honroso nome? Será que eu seria expulso da sociedade na qual tenho sido admirado se eu fosse obediente a Cristo? Senhor, essa é uma pergunta que não vale a pena ser feita! Tomo a Tua cruz com alegria, pedindo graça para que eu seja perfeitamente obediente pelo poder do Teu Espírito!

Em seguida, aprendam outra lição, que é *negar a si mesmo*. Cristo a si mesmo se humilhou? Venham, irmãos e irmãs, vamos praticar a mesma arte sagrada! Já ouvi alguns dizendo: "Fui insultado. Não fui tratado com o devido respeito. Entro e saio e não sou notado. Prestei exímio serviço e não há um parágrafo no jornal sobre mim". Ó, querido amigo, seu Mestre se *humilhou*, mas parece-me que *você* está tentando se *exaltar*! Na verdade, você está no caminho errado! Se Cristo desceu, desceu e desceu, não devemos procurar a todo custo estar subindo, subindo e subindo! Espere até que Deus o exalte, o que Ele fará em Seu próprio tempo. Enquanto isso, cabe a você, durante o tempo que está aqui, humilhar-se a si mesmo! Se você já está em uma posição humilde, não deveria se contentar com isso, já que *Ele* se humilhou? Se você está agora em um lugar onde não é notado, onde há pouca consideração por sua pessoa, esteja muito satisfeito com isso. Jesus chegou exatamente onde você está; logo você pode muito bem ficar onde está, onde Deus o colocou. Jesus teve que se humilhar e se esforçar para chegar até onde você se encontra. Não é o Vale da Humilhação um dos lugares mais doces em todo o mundo? O grande geógrafo do País Celestial, John Bunyan, não nos conta que o Vale da Humilhação é um lugar tão frutífero como qualquer lugar por onde o corvo voa e no qual o nosso Senhor anteriormente tinha Sua casa de campo onde Ele amava andar naqueles prados, pois Ele considerava o ar agradável? Fiquem aí, irmãos e irmãs! "Eu gostaria de ser conhecido", alguém diz. "Eu gostaria de ter o meu nome reconhecido pelo público". Bem, se vocês tivessem essa sorte, se sentissem como eu, rogariam para serem *desconhecidos* e para que seus nomes fossem esquecidos, pois não há prazer nisso! Parece-me que a única maneira feliz, se Deus permitisse que escolhêssemos, é ser desconhecido, e andar por este mundo como peregrinos e estrangeiros, para a terra onde o nosso verdadeiro semelhante habita, e ser conhecido lá como tendo sido seguidores do Senhor.

Creio, também, que devemos aprender com a humilhação de nosso Senhor a ter *desprezo pela glória humana.* Suponha que eles viessem a você e dissessem: "Vamos coroá-lo rei!". Você pode muito bem dizer: "Mesmo? A única coroa que vocês tinham para o meu Mestre foi uma coroa de espinhos. Não aceitarei de vocês um diadema". "Nós o louvaremos". "O quê? Vocês *me* louvarão? Vocês que cuspiram na querida face do Senhor? Não preciso de nenhum de seus louvores". Para um cristão, ser difamado é uma honra maior do que ser aplaudido. Sim, não me importo de onde vem, direi isso — se ele for caluniado e insultado por causa de Cristo, nenhuma canção em sua honra, nenhum artigo em seu louvor pode trazer-lhe um décimo de honra! Isso é ser um verdadeiro cavaleiro da cruz, ter sido ferido na luta, ter voltado adornado com cicatrizes pelo amor do amado nome de Cristo! Ó desprezado, olhe para a glória humana como uma coisa que é manchada, não dourada, mas corroída porque essa glória não veio para seu Senhor.

E, ó amados, creio que, quando meditamos sobre essa história de Cristo se humilhar, devemos sentir o nosso *amor por nosso Senhor crescer vigorosamente!* Não o amamos nem a metade do que deveríamos. Quando leio as frases de Bernardo, metade católico romano, mas completamente santo, sinto como se eu não tivesse *começado* a amar ao meu Senhor! E quando consulto as cartas de Rutherford [N.E.: Samuel Rutherford foi um autor e teólogo presbiteriano escocês do século 17.] e vejo o brilho de seu coração em relação ao seu divino Mestre, poderia bater em meu peito ao pensar que tenho um coração de pedra, onde deveria haver um coração de carne! Se vocês ouvissem George Herbert [N.E.: Poeta, orador e sacerdote anglo-galês do século 17.] cantar sua pitoresca e estranha poesia, repleta de amor para seu amado Senhor, vocês poderiam muito bem pensar que são principiantes na escola do amor! Sim, e se vocês beberem do espírito de McCheyne [N.E.: Robert Murray McCheyne foi um grande ministro do evangelho e pregador escocês do século 19.] podem ir para casa e esconder a cabeça e dizer: "Não sou digno de cantar:

Jesus, amante da minha alma,

pois não retribuo o amor do Senhor como deveria". Venham, busquem Suas feridas e deixem seus corações serem feridos! Venham, olhem para Seu coração que derramou sangue e água, e entreguem seus corações a Ele! Coloquem todo o seu ser entre os doces temperos de todo-suficiente mérito de Jesus, incendeiem tudo com afeição ardente e deixem essa fragrância subir como incenso diante do Senhor!

Por último, que nos inflamemos com o forte desejo de honrar a Cristo. Se Ele se humilhou, vamos honrá-lo. Toda vez que Ele parece colocar de lado a coroa, que a coloquemos em Sua cabeça. Toda vez que o ouvimos ser difamado — e os homens continuam a difamá-lo — que falemos por Jesus bravamente:

Vocês que são homens, agora sirvam-lhe,
Contra inimigos incontáveis.
Que sua coragem cresça com o perigo,
E a força oponha-se à força

Vocês, às vezes, não ficam indignados quando veem a maneira que a Igreja que professa a Cristo trata a Sua pessoa e a Sua verdade? Ela ainda o está trancando do lado de fora, até que Sua cabeça esteja molhada de orvalho e Seus cabelos com as gotas da noite. Proclamem a Jesus Rei diante de Seus falsos amigos! Proclamem-no e digam que a Sua Palavra é infalivelmente verdadeira e que somente o Seu precioso sangue pode purificá-los do pecado! Posicionem-se mais corajosamente visto que muitos Judas parecem ter saltado do abismo para trair Cristo novamente. Sejam firmes, como paredes de granito, no dia em que os outros virarem suas costas e fugirem rapidamente como covardes.

Que Deus os ajude a honrar Aquele que se humilhou, que se tornou obediente "até à morte e morte de cruz"! Que o Senhor possa aceitar essas minhas palavras humildes e abençoá-las para o Seu povo, tornando-as o meio de conduzir algum pobre pecador a vir e confiar nele! Amém.

Este sermão foi pregado no Metropolitan Tabernacle, em Newington, na quinta-feira, 5 de junho de 1890.

10

MORTE E VIDA EM CRISTO

*Ora, se já morremos com Cristo, cremos
que também com ele viveremos, sabedores de que,
havendo Cristo ressuscitado dentre os mortos,
já não morre; a morte já não tem domínio sobre ele.
Pois, quanto a ter morrido, de uma vez para sempre
morreu para o pecado; mas, quanto a viver,
vive para Deus. Assim também vós considerai-vos
mortos para o pecado, mas vivos para Deus,
em Cristo Jesus* (Romanos 6:8-11).

Os apóstolos nunca se distanciaram dos fatos simples da vida, da morte, da ressurreição, da ascensão, da exaltação e da segunda vinda de Cristo. Essas coisas, das quais eles foram testemunhas, constituíam o fundamento de todos os seus discursos. Newton [N.E.: John Newton (1725-1807), pastor anglicano inglês] disse, muito apropriadamente, que os dois pilares de nossa religião são a obra de Cristo *por* nós, e Sua obra *em* nós por meio do Espírito

Santo. Se vocês quiserem encontrar os apóstolos, certamente os descobrirão entre esses dois pilares; ou estarão discorrendo sobre o efeito da paixão em nossa justificação ou sua consequência igualmente maravilhosa na nossa morte para o mundo e nossa novidade de vida em Deus. Que repreensão deve ser para aqueles que, nos tempos modernos, estão sempre se esforçando atrás de novidades. Pode haver muito do espírito ateniense entre as congregações, mas isso não deve ser desculpa para que seja tolerado entre os ministros; nós, de todos os homens, devemos ser os últimos a desperdiçar o nosso tempo na busca por algo novo. Nosso negócio, meus irmãos e irmãs, é o antigo trabalho de lábios apostólicos: declarar Jesus, que é o mesmo ontem, hoje e eternamente. Somos espelhos que refletem os acontecimentos do Calvário, telescópios que manifestam as glórias distantes do Redentor exaltado. Quanto mais próximos nos mantivermos da cruz, creio que mais próximos ficaremos de nossa verdadeira vocação. Quando aprouver ao Senhor mais uma vez restaurar à Sua Igreja um fervoroso amor por Cristo, e, quando mais uma vez tivermos um ministério que não seja apenas "temperado" com Cristo, mas no qual Jesus constitua a sua totalidade e essência, então, as igrejas se reavivarão — então virá o tempo definido para favorecer Sião! O formoso cedro que foi plantado junto a ribeiros na antiguidade, que estendeu amplamente os seus galhos e tornou-se, nestes dias modernos, como uma árvore diminuída pela arte chinesa a qual é plantada junto a ribeiros como antes, mas não floresce. Que Deus, o Espírito Santo, nos dê, mais uma vez, a pregação ousada e clara do Cristo crucificado com toda a simplicidade e sinceridade, e a árvore diminuta se tornará em uma floresta gigante, cada broto expandirá em folhagens, e o cedro se tornará uma alta torre novamente, até que as aves do céu se alojem em seus ramos! Não preciso lhes oferecer nenhuma desculpa, então, para pregar sobre essas questões que absorveram todo o tempo dos apóstolos e que derramarão bênçãos incontáveis sobre as gerações que estão por vir.

1. OS FATOS REFERIDOS NESSES QUATRO VERSÍCULOS CONSTITUEM O GLORIOSO EVANGELHO QUE PREGAMOS.

a) O primeiro fato aqui, muito claramente indicado, é *que Jesus morreu*. Ele, que era divino, e, portanto, imortal, inclinou Sua cabeça para a morte! Aquele, cuja natureza humana estava aliada à onipotência de Sua natureza divina, teve o prazer de submeter-se voluntariamente à espada da morte. Ele, que era puro e perfeito — e, portanto, não merecia a morte, que é o salário do pecado —, condescendeu, no entanto, em entregar-se a si mesmo para morrer em nosso lugar. Essa é a segunda nota na escala do evangelho. A primeira nota é a encarnação — Jesus Cristo tornou-se homem; os anjos pensaram que isso era digno de suas canções e fizeram os Céus tocarem ao som das melodias da meia-noite. A segunda nota é essa, digo, que, sendo encontrado em forma de homem, humilhou-se a si mesmo, tornando-se obediente até à morte e morte de cruz. Ele morreu como *um sacrifício*. Creio que, depois de tantos cordeiros dos rebanhos dos homens terem seu sangue derramado ao pé do altar, isto foi um estranho espetáculo: ver o Cordeiro de Deus trazido àquele mesmo altar para ser sacrificado! Ele é sem mácula ou defeito ou qualquer coisa semelhante; Ele é o primogênito do rebanho; Ele é o único do Grande Mestre — um Cordeiro real e celestial! Tal Cordeiro nunca fora visto antes. Ele é o Cordeiro que é adorado no Céu e que deve ser adorado em todo o mundo. Será que a cabeça santa condescenderá para sentir o machado? Será que essa vítima gloriosa realmente será morta? É possível que o Cordeiro de Deus se submeterá verdadeiramente à morte? Ele o faz sem relutância; no matadouro, fica mudo diante dos executores; entrega o sangue quente do Seu coração na mão do carrasco, para que Ele possa expiar a ira de Deus. Que o Céu ecoe com música e que o inferno se encha de confusão! Jesus, o Filho Eterno de Deus, o Cordeiro Pascoal de Jeová morreu! Suas mãos foram traspassadas; Seu coração foi partido; para provar como a lança havia certeiramente atingido o alvo, o fluido vital saiu de forma abundante, até o chão — Jesus morreu! Se houver qualquer dúvida sobre isso, haverá dúvida sobre a sua e a minha salvação; se houver alguma razão para questionar esse fato, então poderemos questionar a possibilidade da salvação! Mas Jesus morreu, e o pecado foi eliminado. O sacrifício sobe como fumaça ao Céu — Jeová sente o aroma suave e se agrada — por meio de Cristo, a vítima — em aceitar as orações, as ofertas e as pessoas de Seu povo. Ele não morreu apenas como vítima. Ele morreu como *o Substituto*! Fomos compelidos como soldados à grande guerra, mas não poderíamos ir, pois éramos fracos, teríamos caído em batalha e deixado nossos ossos para serem devorados pelos cães do inferno. Mas Cristo, o poderoso Filho de Deus, tornou-se o substituto por nós; Ele entrou no campo de batalha; aguentou a primeira investida do adversário no deserto — por três vezes repeliu o cruel demônio e todo o seu exército, golpeando Seus agressores com a espada do Espírito, até que o inimigo fugiu, e anjos serviram o exaurido Vencedor.

O conflito não acabara, o inimigo apenas tinha se retirado para forjar nova artilharia e recrutar suas forças dispersas para uma batalha ainda mais terrível. Durante três anos, o grande Substituto protegeu o campo contra os contínuos ataques da guarda avançada do inimigo, mantendo-se vencedor em cada batalha. Nenhum adversário ousou mostrar o rosto, ou se o inimigo atirou uma flecha nele de longe, nosso Substituto a pegou com Seu escudo e riu de Seus opositores com desprezo! Os demônios foram expulsos de muitos que estavam possuídos; legiões inteiras foram obrigadas a buscar refúgio em uma manada de porcos, e o próprio Lúcifer caiu como um raio do Céu pelo poder do Senhor. Finalmente chegou o tempo quando o inferno havia reunido todas as suas forças — e agora também chegara a hora em que Cristo, como nosso Substituto, deveria levar Sua obediência ao máximo patamar; Ele deve ser obediente até à morte! Ele havia sido o Substituto até aquele momento; Cristo lançaria ao chão Seu caráter vicário? Será que Ele agora renunciaria nossas responsabilidades e declararia que seguiríamos sozinhos? Não Ele! Jesus se comprometeu e devia ir até o fim. Suando grandes gotas de sangue, Cristo não recuou frente ao terrível ataque. Ferido nas mãos e nos pés, Ele ainda manteve Sua posição, e, no entanto, por uma questão de *obediência*, inclinou a cabeça para morrer, mas eliminou a morte naquela morte! Ele colocou o pé sobre o pescoço dos dragões, esmagou a cabeça da antiga serpente e venceu nossos adversários tornando-os como o pó da eira. Sim, o bendito Substituto morreu. Digo que, se houver questionamentos sobre isso, então talvez *nós* tenhamos que morrer — mas, visto que Ele morreu por nós, o crente não morrerá! A dívida foi paga até o último ceitil. A conta está paga. O inventário foi feito. As balanças da justiça estão em nosso favor, a espada de Deus está embainhada para sempre, e o sangue de Cristo a selou em sua bainha. Somos livres, pois Cristo foi sujeitado! Vivemos, pois Jesus morreu! Morrendo, assim, como o sacrifício, e como o Substituto, é um consolo sabermos que Ele também morreu como *Mediador entre Deus e o homem*. Havia um grande abismo, de modo que, se quiséssemos nos achegar a Deus, não podíamos, nem Ele poderia se aproximar de nós se quisesse fazê-lo. Não havia nenhuma maneira de preencher esse abismo, a menos que fosse encontrado alguém que, como Cúrcio [N.E.: Métio Cúrcio, 360 a.C., cavaleiro romano que para salvar Roma lançou-se montado em seu cavalo numa fenda que, segundo a tradição, não se fecharia a menos que Roma depositasse nela seu bem mais precioso.] pulasse dentro dele. Jesus vem, trajado de Suas vestes pontifícias, vestido com o peitoral, com o éfode — sacerdote para sempre, segundo a ordem de Melquisedeque. Seu caráter soberano não é esquecido, pois Sua cabeça é adornada com uma coroa brilhante, e Ele tem o manto do profeta sobre Seus ombros. Como descreverei as glórias incomparáveis do Profeta-Rei, o Sacerdote real? Será que Ele se lançará no abismo? Sim! Ele mergulha dentro da sepultura, o abismo está cerrado! Há uma ponte sobre o abismo, e Deus pode ter comunhão com o homem! Vejo diante de mim o pesado véu que oculta dos olhos mortais o lugar onde brilha a glória de Deus. Nenhum homem pode tocar esse véu ou deverá morrer. Existe algum homem que possa rasgá-lo? Esse homem pode se aproximar do propiciatório. Ó, que o véu que separa nossa alma daquele que habita entre os querubins possa ser rasgado de alto a baixo! Arcanjo forte, você se atreveria a rasgá-lo? Se tentasse fazer esse trabalho, sua imortalidade seria perdida, e você expiraria.

Mas Jesus vem, o Rei imortal, invisível, com Suas mãos fortes rasga o véu de cima a baixo — e agora os homens se aproximam com confiança, pois, quando Jesus morreu, um caminho vivo foi aberto! Cantai, ó Céus, alegra-te, ó Terra! Agora não há muro de separação, pois Cristo o derrubou! Cristo tirou as portas da morte, colunas, grades e tudo mais e, como outro Sansão, levou-os sobre Seus ombros. Esta, então, é uma das grandes mensagens do evangelho: o fato de que Jesus morreu! Ó, você que deseja ser salvo, creia que Jesus morreu! Creia que o Filho de Deus expirou! Confie nessa morte para salvá-lo e você será salvo! Não é nenhum grande mistério; não precisa de palavras cultas ou frases requintadas. Jesus morreu — o sacrifício queima; o substituto sangra; o Mediador preenche o abismo! Jesus morre; creiam e vivam!

b) Mas *Jesus ressuscita* — isso não é mera parte do evangelho. Ele morre; eles o colocam em um sepulcro novo; elas preparam Seu corpo com especiarias aromáticas; Seus adversários cuidam para que Seu corpo não seja roubado. A pedra, o selo, a guarda, tudo prova a sua vigilância. Aha! Aha! O que vocês fazem, homens? Vocês podem aprisionar a imortalidade em um túmulo? Não duvido que os demônios do inferno também tenham vigiado o sepulcro, imaginando o que tudo aquilo poderia significar. Mas, o terceiro dia chega, e com ele o mensageiro do Céu! Ele toca a pedra, e ela rola. Ele se senta sobre ela, como se estivesse desafiando o Universo inteiro a colocar tal pedra de volta. Jesus acorda como um homem poderoso de Seu sono, retira a faixa de Sua cabeça, deixa-a, retira as mortalhas nas quais o amor o envolveu e também as deixa, pois Ele tivera muito descanso. Não estava com pressa. Não estava prestes a sair como um criminoso que escapa da prisão, mas como Aquele cujo tempo de libertação da prisão chegou. Ele legalmente e sem pressa deixa Sua cela; Cristo é elevado às alturas, brilhante, reluzente, glorioso e justo; Ele vive! Jesus morreu uma vez, *mas Ele ressuscitou dos mortos*. Não há nenhuma necessidade para se alongar aqui. Apenas fazemos uma pausa para observar que essa é uma das mensagens mais jubilosas em todo o evangelho, para que vocês vejam, irmãos e irmãs, os ricos mistérios que, como as muitas sementes da romã, estão todas enclausuradas na maçã de ouro da ressurreição! A morte foi vencida! Aqui se encontra um Homem que, por Seu próprio poder, foi capaz de lutar contra a morte e derrotá-la! O sepulcro está aberto; há um Homem capaz de quebrar os seus ferrolhos e espalhar seus tesouros! E assim, irmãos e irmãs, tendo libertado a si mesmo, Ele também é capaz de libertar outros. O pecado também foi manifestadamente perdoado. Cristo esteve na prisão como refém, mantido ali como fiador. Agora que Ele está livre para sair, é uma declaração em nome de Deus que Ele não tem nada contra nós! Nosso Substituto foi liberto. *Nós* fomos libertos! Ele, que se comprometeu a pagar a nossa dívida, pode ir embora livre. Vamos embora livres nele! "Ressuscitou por causa da nossa justificação." Não! Mais ainda: à medida que Ele se levanta dos mortos, nos dá a promessa de que o inferno está conquistado! Este era o grande objetivo do inferno: manter Cristo sob o seu calcanhar. "Tu lhe ferirás o calcanhar." Eles mantiveram o calcanhar de Cristo, Sua carne mortal, sob o seu poder, mas aquele calcanhar ferido saiu ileso! Cristo não teve nenhum ferimento com Sua morte; Ele estava tão glorioso, mesmo em Sua natureza humana, como estava antes de morrer. "Pois não deixarás a minha alma na morte, nem permitirás que o teu Santo veja corrupção." Amados, nisto triunfaremos: o inferno foi vencido, Satanás foi colocado em confusão e todas as suas hostes caíram diante do Emanuel! Pecadores, creiam nisso; é o evangelho da sua salvação. Creiam que Jesus de Nazaré ressuscitou dos mortos e confiem nele, confiem nele para salvar sua alma! Por Ele ter derrubado as portas da sepultura, confiem nele para levar os seus pecados, para justificar a sua pessoa, para vivificar o seu espírito, e para ressuscitar o seu corpo morto — em verdade, em verdade lhes digo, vocês serão salvos!

c) Agora atingimos uma terceira nota, sem a qual o evangelho não seria completo. Embora Jesus tenha morrido, *Ele está vivo agora.* Não retornou à sepultura depois de 40 dias; Ele partiu da Terra, mas de outra maneira. Do alto do monte das Oliveiras, subiu e uma nuvem o recebeu ocultando-o aos olhos dos discípulos e, até agora, Ele vive! Está assentado à destra de Seu Pai — brilhante como o Sol — vestido em majestade; a alegria de todos os espíritos glorificados, Ele é o maior deleite de Seu Pai. Lá está assentado, Senhor da providência — em Seu cinto estão as chaves do Céu, da Terra e do inferno. Lá está assentado esperando a hora em que Seus inimigos estarão sob o escabelo de Seus pés. Creio que o vejo, também, como quem vive para interceder; Ele estende Suas mãos feridas, aponta para Seu peitoral com os nomes do Seu povo e, por amor de Sião, não se cala e, por amor de Jerusalém, não descansa nem de dia nem de noite, mas sempre intercede: "Ó Deus! Abençoa a Tua herança; reúne Teus desterrados; desejo que aqueles que tu me deste estejam comigo onde eu estiver". Crente, esse é um cacho de cânfora para vocês, um saquitel de mirra — sejam extremamente consolados —

Ele vive! O grande Redentor vive!
Que alegria a bendita segurança traz!

Trêmulo penitente, permita que o Salvador vivo o encoraje. Exerça a fé apenas nele, pois Ele é imortal. Vive para ouvir sua oração

— clame a Jesus — Ele vive para apresentar essa oração diante da face de Seu Pai. Coloque-se em Suas mãos; Ele vive para reunir aqueles que comprou com o Seu sangue, para torná-los membros do Seu rebanho visto que outrora foram por Ele adquiridas. Pecador, você acredita nisso de verdade? Em caso afirmativo, descanse sua alma nele, e faça-a brilhar em confiança — e, então, você será salvo!

d) Só mais uma nota e nossa canção do evangelho não precisa elevar-se mais. Jesus morreu; Ele ressuscitou; está vivo; e *vive para sempre!* Ele vive para sempre. Não morrerá novamente. "A morte já não tem domínio sobre ele". Gerações seguirão gerações, mas Seus cabelos negros jamais branquearão com o passar dos anos. "Como vindo do próprio seio da alva, será o orvalho da tua mocidade" (ARC). A enfermidade pode visitar o mundo e encher as sepulturas, mas nenhuma enfermidade ou praga pode tocar o Salvador imortal. O choque da última catástrofe deve sacudir tanto o Céu quanto a Terra, até as estrelas cairão como folhas murchas da figueira, mas nada moverá o Salvador imutável. Ele vive para sempre! Não há nenhuma possibilidade de que Ele seja superado por uma nova morte —

Basta de lança sangrenta,
Nada mais de cruz e cravos.
Pois o próprio inferno treme ante o Seu nome,
E todo o Céu o adora.

Não seria uma doutrina estranha, na verdade, se alguém sonhasse que o Filho de Deus ofereceria novamente Sua vida em sacrifício? Ele não morrerá outra vez. Isso também revela outra parte de nosso precioso evangelho — agora, está certo que Ele vive para sempre — que nenhum inimigo pode vencê-lo! Ele confundiu demais os Seus inimigos e os afugentou do campo de batalha de forma que nunca mais tentarão atacá-lo novamente. Isso prova, também, que a vida eterna do Seu povo é certa. Deixe Jesus e Seu povo morrerem; permita Cristo deixar o Céu, e, ó vocês glorificados, todos vocês devem esvaziar seus tronos, e deixar as suas coroas de lado, e suas harpas intocadas pelos dedos que as despertarão para a harmonia. Ele vive para sempre! Ó, descendência de Abraão, vocês estão salvos com uma salvação eterna pelas fiéis misericórdias de Davi! Sua posição tanto na Terra quanto no Céu foi eternamente confirmada! Deus é honrado, os santos são consolados, e os pecadores são encorajados, pois "Ele também pode salvar totalmente os que por ele se chegam a Deus, vivendo sempre para interceder por eles".

Bem, Deus permita que sua fé seja capaz de obter descanso em uma dessas quatro âncoras. *Jesus morreu,* você que treme; se Ele morreu e tomou suas dores, Sua expiação não o salvará? Descanse nisso. Milhões de almas descansaram em nada mais do que na morte de Jesus — e isso é um fundamento muito sólido — nenhuma tempestade do inferno pode abalá-lo. Agarre bem Sua cruz — segure-a, e ela o segurará! Você não pode depender de Sua morte e ser enganado. Experimente, sinta o gosto, veja e você descobrirá que o Senhor é bom e que ninguém pode confiar no Salvador que morreu sem estar com Ele no Paraíso. Mas, se isso não é suficiente para você, *Ele ressuscitou!* Creia nisso. Ele provou ser vitorioso sobre os seus pecados e sobre o seu adversário; você não pode, portanto, depender dele? Sem dúvida, há milhares de santos que encontraram o mais rico consolo no fato de Jesus ter ressuscitado dos mortos. Ele ressuscitou para nossa justificação. Pecador, firme-se nisso. Tendo ressuscitado, *Ele vive*; não é um Salvador morto, um sacrifício morto; Ele é capaz de ouvir o nosso clamor e apresentar o Seu próprio. Dependa do Salvador vivo — dependa dele AGORA. Ele *vive para sempre*, e, portanto, não é tarde demais para Ele salvá-lo. Se você clamar ao Salvador, Ele ouvirá sua oração, mesmo que seja no último momento da sua vida, pois vive para sempre. Mesmo que os confins da Terra tenham chegado, e você seja o último homem, até o momento, Ele vive eternamente para interceder diante da face de Seu Pai. Ó, não vague de um lado para outro buscando encontrar qualquer outra esperança! Aqui estão quatro grandes pedras para você. Construa sua esperança sobre elas! Você não precisa desejar fundações mais certas do que estas — Ele morreu, Ele ressuscitou, Ele vive, Ele vive para sempre! Digo-lhe, alma, essa é a minha única esperança, e embora eu me incline sobre esta com todo o meu peso, ela não se quebra. Essa é a esperança de todo o povo de Deus, e esperamos contentes nela. Rogo que venha agora e descanse nisso. Que o Espírito de Deus traga muitos de vocês a Cristo! Não temos nenhum outro evangelho. Você o considerou uma coisa difícil, algo acadêmico, uma disciplina que uma faculdade devia lhe ensinar, que a universidade devia lhe dar. Não é uma disciplina para o aprendizado escolar. Seus filhinhos o sabem, e seu filho pode ser salvo por isso. Você sem instrução, que dificilmente consegue ler a Bíblia, você pode compreender isso! Ele morreu; há a cruz. Ele ressuscitou; há o sepulcro aberto. Ele vive; há o Salvador intercessor. Ele vive para sempre; existe o mérito perpétuo. Dependa dele! Ponha sua alma em Suas mãos e será salvo!

Se eu o tiver trazido a uma altura suficiente no principal ponto do meu discurso, agora você pode dar mais um passo e ir para algo mais alto. Não quero dizer mais elevado quanto ao real *valor*, porém mais elevado quanto ao conhecimento, porque se baseia no fato da experiência.

2. Os grandes fatos mencionados em nosso texto representam A GLORIOSA OBRA QUE TODO CRENTE SENTE EM SEU INTERIOR.

No texto, vemos morte, ressurreição, vida e vida eterna. Você observa que o apóstolo apenas menciona isso para mostrar nossa participação nelas. Lerei o texto novamente: "Ora, se já morremos com Cristo, cremos que também com ele viveremos, sabedores de que, havendo Cristo ressuscitado dentre os mortos, já não morre; a morte já não tem domínio sobre ele. Pois, quanto a ter morrido, de uma vez para sempre morreu para o pecado; mas, quanto a viver, vive para Deus. Assim também vós considerai-vos mortos para o pecado, mas vivos para Deus, em Cristo Jesus".

Bem, então, parece que, como Cristo estava, nós também estamos *mortos*. Estamos mortos para o pecado porque o pecado *não pode mais nos condenar*. Todos os pecados que o povo de Deus já cometeu não ousam acusá-lo, muito menos podem condenar aqueles por quem Jesus morreu. O pecado pode amaldiçoar um incrédulo, mas não tem poder nem para murmurar a metade de uma maldição contra um homem em Cristo. Não posso reclamar uma dívida de um devedor morto, e, embora eu seja um devedor à Lei, estando eu morto, a Lei não pode reivindicar qualquer coisa de mim; nem o pecado pode infligir qualquer punição sobre mim. Aquele que está morto, como diz o versículo anterior, está livre do pecado; estando mortos para o pecado, estamos livres de toda a sua jurisdição! Não temos sua maldição; resistimos ao *seu poder*. O verdadeiro crente, no dia em que Ele foi a Cristo pela primeira vez, morreu tanto para pecado quanto para seu poder; o pecado esteve sentado em um alto trono em seu coração, mas a fé o derrubou e o lançou no pó; e embora ainda sobreviva para nos importunar, seu *poder dominante* está destruído! Desde o dia do nosso novo nascimento, se somos, de fato, verdadeiros cristãos, estamos mortos para todos os prazeres do pecado. Madame Ilusão [N.E.: Personagem de *A Peregrina*, de John Bunyan. Editora Mundo Cristão, 2013] já não pode nos enfeitiçar; o verniz e o dourado foram apagados dos palácios do pecado; resistimos aos mais hábeis encantamentos do pecado; ele pode gorjear música doce, mas o ouvido morto não será movido por suas melodias. Guarde seus sabores agridoces, ó Terra, para aqueles que não conhecem iguarias melhores! Nossas bocas não encontram sabor algum em suas delícias; estamos mortos para os subornos do pecado. Amaldiçoamos o ouro que nos teria comprado para sermos falsos e abominamos o conforto que poderia ter sido a recompensa da iniquidade. Também estamos mortos para as suas ameaças. Quando o pecado nos amaldiçoa, somos tão pouco movidos por suas maldições como por suas promessas! Um crente está mortificado e morto para o mundo. Ele pode cantar com Cowper:

Tenho sede, mas não como antes tinha
De compartilhar das delícias vãs da Terra.
Todas as Suas feridas, Emanuel, proíbem
Que procure meus prazeres lá.
Foi a visão de Sua querida cruz
Que primeiramente desmamou minha alma das coisas terrenas,
E me ensinou a estimar como escória
A alegria dos tolos e a pompa dos reis

Estou compelido, no entanto, a dizer que esta mortificação *não* está completa. Não estamos tão mortos para o mundo como deveríamos estar. Em vez de dizer aqui o que o cristão *é*, creio que posso sim dizer o que ele *deveria ser*, pois onde devo procurar por homens que estão mortos para o mundo hoje em dia? Vejo cristãos confessos tão amantes de riquezas; vejo-os quase tão amantes de alegria e vaidade; não vejo aqueles que usam o nome de Jesus, cuja roupa está tão cheia de vaidade como a do mundano, cuja conversa não tem mais aroma de Cristo nela do que a do pecador declarado? Encontro muitos que estão conformados com este mundo e que mostram apenas pouca renovação de suas mentes. Ó, quão pequena é a diferença hoje entre a Igreja e o mundo! Deveríamos ser, em um sentido espiritual, sempre Dissidentes — dissidentes do mundo — nos sobressaindo e protestando contra ele! Devemos ser Não-conformistas para o dia final do mundo, não nos conformando às suas formas e vaidades, mas andando fora do arraial, levando o opróbrio de Cristo. Será que alguns de vocês se lembram do dia em que morreram para o mundo?

Seus amigos pensaram que vocês estivessem loucos! Eles disseram que vocês não sabiam nada sobre a vida, então seus amigos ímpios os colocaram no sepulcro, e outros deles rolaram uma grande pedra em oposição a você. A partir daquele dia, eles os interditaram. Agora vocês não são mais convidados como eram anteriormente. O selo foi colocado sobre vocês — eles os chamam por algum epíteto pejorativo, e, no que diz respeito ao mundo, vocês são como o Cristo morto! Foram postos em seus túmulos e excluídos da vida do mundo; eles não os querem mais em suas folias — vocês estragariam a festa. Vocês agora se tornaram como os tais metodistas — hipócritas mesquinhos, como os ímpios dizem — que eles os enterraram fora da vista! Eles rolaram a pedra, e a selaram, e colocaram guardas na porta para mantê-los lá. Bem, e que coisa abençoada é, pois, se estão mortos com Cristo, vocês também viverão com Ele!

Portanto, se estivermos mortos com Cristo, que *vivamos com Ele.* É puramente miséria estar morto para o mundo sem que estejamos vivos para Deus. A morte é algo negativo e algo negativo no mundo não é de grande utilidade por si só. Um protestante é menos que ninguém se ele apenas protesta contra o erro. Precisamos de um *proclamador*, um que proclame a verdade de Deus, bem como proteste contra o erro, e assim, se estivermos mortos para o pecado, devemos ter, também, a vida de Cristo! E creio, amados, que nós — e não é uma questão de teoria para nós — creio que sabemos que em nós há uma nova vida para a qual éramos anteriormente estranhos. Para o nosso corpo e nossa alma, foi acrescentado um *espírito*, uma centelha de *vida espiritual*. Assim como Jesus teve uma nova vida após a morte, nós também temos uma nova vida após a morte, pela qual, creio eu, levantaremos da sepultura. Mas temos de prová-la! Jesus provou Sua ressurreição por meio de sinais infalíveis. Você e eu também devemos provar a todos os homens que saímos da sepultura do pecado. Talvez, nossos amigos não nos reconhecerem quando "ressuscitamos" dos mortos. Como Maria, eles nos confundiram com outra pessoa;

eles disseram: "O quê? Este é o William que costumava ser autoritário, orgulhoso, mal-humorado, dominador? Ele tolera nossas piadas e zombarias com tanta paciência?". Eles supuseram que éramos outras pessoas e não estavam longe da razão, pois nos tornamos novas criaturas em Cristo Jesus! Conversamos com alguns dos nossos amigos, e eles consideraram nossa conversa tão diferente do que costumava ser, que fez com que o coração deles ardesse em seu interior — exatamente como os discípulos de Jesus Cristo no caminho para Emaús. Mas eles não conheciam nosso segredo; eram estranhos à nossa nova vida. Vocês se lembram, cristãos, de como vocês inicialmente se revelaram a seus irmãos e irmãs, a Igreja? No partir do pão, eles os conheceram; naquela noite, quando a mão direita da comunhão lhes foi estendida, a vida nova foi notoriamente reconhecida e eles disseram: "Entra, bendito do SENHOR, por que estás aí fora?". Espero que, nessa ressurreição da vida, vocês desejem provar a todos os homens que esta não é a vida comum que viviam anteriormente — uma vida que os fez servir a carne e a suas concupiscências — mas que vocês vivem agora com alvos mais altos e intenções mais puras, baseados em uma regra mais celestial e com a perspectiva de um resultado mais divino. Como estamos mortos com Cristo, queridos irmãos e irmãs, espero que também, de algum modo, tenhamos aprendido a *viver* com Ele!

Mas agora lembre-se *de que Cristo vive para sempre e nós também.* Cristo, ressuscitado dos mortos, não morrerá de novo; a morte não tem mais domínio sobre Ele. O versículo 14 é maravilhosamente semelhante: "Porque o pecado não terá domínio sobre vós; pois não estais debaixo da lei, e sim da graça". O pecado nos fez morrer uma vez em Adão, mas não devemos ser mortos por isso novamente! Se Cristo pudesse morrer agora, nós poderíamos morrer; mas já que Cristo não pode morrer outra vez, então o crente nunca poderá voltar novamente ao seu antigo pecado. O cristão não morre mais por causa do pecado — vive, e o pecado não tem mais domínio sobre ele! Ó, este é um tema muito prazeroso! Não sei como expressar a alegria que o meu próprio coração sente com a sensação de segurança decorrente do fato de que Cristo não morrerá outra vez. A morte não tem domínio sobre Ele, e o pecado não tem mais domínio sobre mim, se eu estiver em Cristo. Suponham, meus irmãos e irmãs, suponham por um momento, que Cristo pudesse morrer novamente. Tragam a sua música fúnebre! Deixem que os sons abafados dos tambores toquem a marcha fúnebre! Que os Céus se revistam de pano de saco, e que a Terra verde seja vestida de escuridão, porque a expiação, a grande esperança da Terra, está incompleta! Cristo deve morrer novamente! Os adversários que pensávamos estarem derrotados reuniram forças novamente! A morte não está morta; a sepultura não está aberta; não haverá ressurreição! Os santos tremem. Mesmo no Céu, eles temem e tremem. As coroas sobre as cabeças glorificadas estão tremendo. Os corações que estão transbordando de felicidade eterna estão cheios de ansiedade, pois o trono de Cristo está vazio! Anjos cessaram suas canções. O uivo do inferno silenciou os brados do Céu — os demônios estão celebrando os dias santos e gritam de alegria: "Jesus morrerá novamente! Jesus morrerá novamente! Preparem suas flechas! Esvaziem suas aljavas! Aproximem-se, legiões do inferno! O famoso Conquistador deve lutar, e sangrar, e MORRER NOVAMENTE! Ainda o venceremos!". Deus foi desonrado, os fundamentos dos Céus foram removidos, e o trono eterno estremece com o choque de Cristo sujeito a uma segunda morte! É uma blasfêmia supor isso? Claro que sim! Entretanto, meus irmãos e irmãs, seria igualmente blasfêmia supor que um verdadeiro crente voltasse aos seus antigos desejos e morresse novamente pelo pecado, porque isso seria supor que a expiação de Cristo fora incompleta! Posso provar que isso envolve as mesmas coisas. Isso supõe um sacrifício inacabado, pois, se o sacrifício estiver concluído, então aqueles por quem ele foi oferecido devem ser salvos! Isso supõe que o inferno triunfou — Cristo comprara a alma e o Espírito a renovara — mas o diabo varre o sangue de Cristo, expulsa o Espírito do Deus vivo e fica com a vitória para si! Um *santo* perece? Então, a promessa de Deus não é verdadeira, e a palavra de Cristo é falsa: "Eu dou às minhas ovelhas a vida eterna; jamais perecerão". Se *um* santo perece, as fundações são removidas, a justiça eterna é apenas um nome, a honestidade divina é suspeita, os propósitos de Deus são frustrados, e a coroa de soberania rola no lamaçal! Chorem, anjos! Espantem-se, ó Céus! Sacudam, ó montes, com terremoto! E inferno, venha e rebele-se, porque o próprio Deus deixou de ser Deus já que Seu povo perece! "Porque eu vivo, vós também vivereis" é uma necessidade divina! E se o pecado pode outra vez ter domínio sobre o crente, então, vejam bem, a morte pode voltar a ter domínio sobre Cristo! Mas isso é impossível; portanto, alegrem-se e sejam felizes, servos de Deus!

Vocês verão que, assim como eles vivem, como Jesus Cristo, *eles vivem para Deus*. Isso completa o paralelo. "Quanto a viver, vive para Deus". Nós também! Os 40 dias que Cristo passou na Terra, Ele viveu para Deus confortando Seus santos, manifestando Sua pessoa, declarando preceitos do evangelho. Para os poucos dias que temos para viver aqui na Terra, devemos viver para confortar os santos, para apresentar a Cristo, e para pregar o evangelho a toda criatura. E agora que Cristo ascendeu, Ele vive para Deus. O que isso significa? Ele vive, meus irmãos e irmãs, para manifestar o caráter divino. Cristo é a revelação permanente do Deus invisível. Olhamos para Cristo e vemos justiça, verdade, poder, Amor. Vemos nele a plenitude dos atributos divinos. Cristão, você deve viver para Deus — Ele deve ser visto em você! Você deve manifestar o coração divino com compaixão, longanimidade, benignidade, bondade, domínio próprio. Você deve manifestar Deus — vivendo para Ele. Cristo vive para Deus, pois Jesus completa o propósito divino ao interceder por Seu povo e através da continuação da obra de Seu povo no Céu. Você deve viver pelo mesmo propósito, pregando para que os pecadores possam ouvir e para que os eleitos possam viver — ensinando para que os escolhidos possam ser salvos; ensinando através de sua vida, por meio de suas ações, para que a glória de Deus possa ser conhecida e Seus decretos cumpridos. Jesus vive para o Pai, deleitando-se em Deus. Nenhuma língua pode contar a alegria imensurável de Cristo em Seu Pai. Viva da mesma forma, cristão! Deleite-se no Senhor! Seja abençoado. Seja feliz! Alegre-se no Senhor sempre, e novamente digo, alegre-se! Nosso Redentor vive para Deus, isto é, Ele vive em comunhão constante com Deus. Você não pode fazer o mesmo também pelo Espírito Santo? Você está morto para o pecado — cuide para que possa viver para sempre em comunhão com o Pai e com Seu Filho, Jesus Cristo.

Bem, proferi enigmas para alguns de vocês. Quantos de vocês entendem essas coisas? Se qualquer um está incomodado porque entendeu a primeira parte e confia na morte de Cristo, mas não entende a segunda parte — ah, amado, um dia, você entenderá! Se você está descansando na morte de Cristo, essa morte ainda será poderosa em sua vida. Mas você que sabe algo a respeito disso, rogo que se esforce ainda mais. Peça ao Senhor para mortificá-lo completamente, para enchê-lo com a vida divina e ajudá-lo a perseverar até o fim. Ore para que você possa viver para Deus e somente para Ele!

3. Tendo-lhes conduzido até aqui, há apenas outro passo a ser dado, e depois finalizaremos. Notemos que os fatos dos quais falamos são PROMESSAS DA GLÓRIA QUE SERÁ REVELADA EM NÓS.

Cristo morreu. Possivelmente, morreremos. Talvez não; estaremos vivos na volta do Filho do homem. Mas pode ser que venhamos a morrer. Não creio que devemos estar tão certos da morte como alguns cristãos estão, porque a volta do Senhor é muito mais certa do que a nossa morte! Nossa morte não é certa, pois Ele pode voltar antes de morrermos. No entanto, suponha que morramos — Cristo ressuscitou e assim acontecerá conosco —

O que os nossos pecados inatos exigem
É que nossa carne veja o pó,
No entanto, como o Senhor nosso Salvador ressuscitou,
Assim será com todos os Seus seguidores!

Meus irmãos e irmãs, não pensem no cemitério com lágrimas, nem meditem sobre o caixão e a mortalha com pensamentos sombrios. Vocês apenas peregrinam aqui por um breve tempo, e para vocês não parecerá um momento; seu corpo dormirá, e se os homens dormem durante toda uma noite, parece somente uma hora para eles, um momento muito curto. O tempo de sono é esquecido, e, para seu corpo adormecido, não parecerá tempo algum — enquanto para sua alma glorificada não parecerá muito tempo, porque vocês estarão tão cheios de alegria que toda uma eternidade dessa alegria não seria muito longa! Mas vocês ressuscitarão. Não creio que obtemos alegria suficiente de nossa ressurreição. Provavelmente será o nosso momento mais feliz, ou melhor, o início da vida mais feliz que jamais conheceremos! O Céu não é o lugar mais feliz; o Céu agora é feliz, mas não é a *perfeição* da felicidade, porque lá está apenas a *alma*, embora a alma esteja cheia de deleite. Mas o Céu que *está por vir* — quando ambos, *o corpo e a alma*, estiverem lá — excede a todo pensamento! A ressurreição será o dia do nosso casamento; corpo e alma foram separados, e eles se reunirão para se casarem novamente com uma aliança de ouro, para não mais se divorciarem, mas como um corpo indissoluvelmente unido para subir até o grande altar da imortalidade e lá se casar com Cristo para todo o sempre! Virei novamente a esta carne, não mais uma carne que pode se deteriorar, nem ossos que doem; voltarei a estes olhos e a estes ouvidos, todos eles canais para um novo deleite! Não digam que isso é uma visão materialista da questão. Somos, pelo menos, metade matéria e, enquanto houver material sobre nós, devemos sempre esperar alegria que não apenas nos dará deleite espiritual, mas até mesmo deleite material. Este corpo ressuscitará! "Acaso poderão reviver estes ossos?" é a pergunta do incrédulo. "Eles viverão" é a resposta de fé. Ó, que esperemos nosso fim com alegria e nossa ressurreição com arrebatamento. Jesus não foi detido como prisioneiro, e, portanto, nenhum verme pode nos deter; nenhuma sepultura, nenhum túmulo pode destruir nossa esperança. Ressurreto Ele vive, e ressuscitaremos para viver para sempre. Antevejam, meus irmãos e irmãs, esse dia feliz — nenhum pecado, nenhuma tristeza, nenhum cuidado, nenhuma deterioração, nenhuma dissolução próxima! Ele vive para sempre em Deus — assim também você e eu, ao lado do Eterno, envoltos por Seu brilho, glorificados em Sua glória, transbordantes com Seu amor! Creio que, diante dessa perspectiva, podemos bem dizer:

Ó, que comece esse dia tão esperado,
Rompa o dia sobre estes reinos de desgraça e pecado.

Podemos muito bem clamar para que Ele ordene aos Seus carros que se apressem e tragam o momento de júbilo! Ele vem! Ele vem, crentes! Alegrem-se com alegria indizível! Vocês têm apenas um pouco de tempo para esperar e, quando caírem no sono, pularão

De camas de poeira e de barro silencioso,
Para reinos de dias eternos

E vocês

Longe de um mundo de tristeza e pecado,
Com Deus eternamente encerrado,
Serão sempre abençoados!

Que o Senhor acrescente Sua bênção, por amor a Jesus. Amém.

Este sermão foi pregado no Metropolitan Tabernacle, em Newington, na manhã de domingo de 5 de abril de 1863.

11

A PALAVRA DA CRUZ

Porque não me enviou Cristo para batizar, mas para pregar o evangelho; não com sabedoria de palavra, para que se não anule a cruz de Cristo. Certamente, a palavra da cruz é loucura para os que se perdem, mas para nós, que somos salvos, poder de Deus (1 Coríntios 1:17,18).

Observe bem que, no versículo 17, Paulo havia renunciado à "sabedoria de palavra". Ele diz que foi enviado para "pregar o evangelho; não com sabedoria de palavra, para que se não anule a cruz de Cristo". Está muito claro, portanto, que há uma excelência, elegância e eloquência de linguagem que privaria o evangelho de seu devido efeito. Jamais ouvi falar que a cruz de Cristo foi ineficaz por causa da grande simplicidade de discurso, nem mesmo pela robustez da linguagem — mas é a "sabedoria de palavra" que se diz ter este poder destruidor. Ó, terrível sabedoria de palavras! Que Deus nos livre de fazermos tentativas para usá-la, pois devemos sinceramente evitar toda e qualquer coisa que possa ser tão perniciosa em sua influência quanto tornar a cruz de Cristo sem nenhum efeito. A "sabedoria de palavras" faz mal, por vezes, escondendo as verdades de Deus que deveriam ser estabelecidas da maneira mais clara possível. A doutrina da expiação através do sangue, que é a essência da palavra da cruz, é desagradável para muitas mentes e, portanto, certos pregadores tomam cuidado para não a declarar muito explicitamente. *Prudentemente*, como *eles* chamam — *astuciosamente*, como o *apóstolo Paulo* a chamaria —, eles suavizam as características desagradáveis do grande sacrifício esperando que, por meio de belas frases, possam remover um pouco o "escândalo da cruz". Mentes orgulhosas opõem-se à substituição, que é o limite da doutrina e, portanto, são adotadas teorias que deixam de fora a ideia de colocar o pecado sobre o Salvador e torná-lo maldição por nós. O autossacrifício é apresentado como possuidor de uma alta e heroica influência pela qual somos estimulados à autossalvação, mas o sofrimento do Senhor como o Justo pelos injustos não é mencionado! A cruz, em tal caso, não é, absolutamente, a cruz pela qual pecadores autocondenados podem ser consolados e os inflexíveis podem ser subjugados, mas algo bem diferente.

Os que assim ocultam uma verdade divina indesejada imaginam fazer discípulos, enquanto estão apenas prestando homenagem à incredulidade e consolando homens em sua rejeição da propiciação divina para o pecado! Seja o que for que o pregador possa ter em seu coração, ele será culpado do sangue das almas, se ele não proclamar claramente o verdadeiro sacrifício pelo pecado. Demasiadas vezes a "sabedoria de palavras" deixa de explanar o evangelho. É possível refinar uma doutrina até que a essência dela desapareça. Você pode retirar tais belas distinções para que o verdadeiro significado seja filtrado. Alguns teólogos dizem que devem adaptar a verdade de Deus ao avanço da época, o que significa que eles devem assassiná-la e arremessar seu cadáver aos cães! É dito que a filosofia avançada do século 19 exige uma teologia progressiva para que se mantenha atualizado — o que significa dizer simplesmente que uma mentira popular deve tomar o lugar de uma verdade divina que os ofende. Sob o pretexto de ganhar os intelectos privilegiados da época, "a sabedoria de palavras" tem aos poucos nos colocado em negação desses princípios essenciais pelos quais os mártires morreram! As defesas para o evangelho, nas quais a essência dele é ocultada ao incrédulo, são piores do que a infidelidade. Odeio essa defesa do evangelho que o joga ao chão para preservá-lo da destruição. A "sabedoria de palavras", no entanto, é mais frequentemente usada com a intenção de *adornar* o evangelho e fazê-lo parecer um pouco mais belo do que ele seria em sua forma natural. Eles pintam a rosa e esmaltam o lírio, adicionam brancura à neve e brilho ao Sol! Com suas desventuradas velas, eles nos ajudam a ver as estrelas! O cúmulo da maldade!

A cruz de Cristo é sublimemente simples — adorná-la é desonrá-la. Não existe nenhuma declaração debaixo do céu mais musical do que esta: "Deus estava em Cristo reconciliando consigo o mundo, não imputando aos homens as suas transgressões". Todos os sinos que se poderia tocar para torná-los mais harmoniosos só acrescentariam um tilintar à sua melodia celestial, que é, em si mesma, tão doce que encanta os harpistas diante do trono de Deus! A doutrina de que Deus desceu à Terra em natureza humana — e nessa natureza levou os nossos pecados, as nossas dores e fez expiação por nossas transgressões através da Sua morte na cruz — é, em si, poesia inigualável, a perfeição de tudo o que é enobrecedor em pensamento e credo! No entanto, a tentativa é feita para *adornar* o evangelho como se ele precisasse de algo para recomendá-lo à compreensão e ao coração.

O resultado é que as mentes dos homens são desviadas para longe do evangelho, seja para o pregador ou para algum assunto completamente insignificante. Os ouvintes levam para casa porções encantadoras de poesia, mas se esquecem do precioso sangue! Eles se lembram das elaboradas metáforas tão delicadamente articuladas, mas se esquecem das cinco chagas e deixam de olhar para o Senhor Jesus e serem salvos! A verdade de Deus é enterrada sob as flores! Irmãos, retiremos de nossos sermões tudo o que afasta a mente humana da cruz! Um olhar para Jesus é melhor do que o mais atento olhar para nossas preciosidades de discurso! Um dos antigos artistas descobriu que certos vasos que ele havia retratado sobre a mesa da Ceia atraíam mais atenção do que a face do Senhor, a quem ele havia pintado sentado na cabeceira da mesa da festa e, portanto, ele os retirou imediatamente. Meus irmãos, que façamos o mesmo sempre que algo em nós faça que a nossa mente se afaste de Jesus. Cristo deve estar sempre em primeiro plano, e nossos sermões devem conduzir as pessoas a Ele, ou farão mais mal do que bem. Devemos pregar Cristo crucificado e apresentá-lo como o Sol no Céu, como a única Luz dos homens!

Alguns parecem imaginar que o evangelho não contém em si mesmo força suficiente para se espalhar e, portanto, sonham que, se é para ter poder entre os homens, deve ser através da forma lógica em que ele é colocado — nesse caso toda a glória é para a *lógica* — ou através da bela maneira com a qual é declarado — nesse caso toda a glória é para a *retórica*. Há uma noção vigente de que deveríamos buscar o auxílio do prestígio, ou talento, ou novidade, ou entusiasmo, pois o evangelho em si, a doutrina da cruz, é impotente em suas mãos e aleijada dos pés. Ela deve ser sustentada pelo poder exterior e levada adiante, como por uma enfermeira, onde quer que vá. Razão, elocução, arte, música, ou alguma outra força deve apresentá-lo e apoiá-lo, ou então ele não avançará — assim alguns imaginam injuriosamente. Essa não é a noção de Paulo! Ele fala da cruz de Cristo como sendo, *ela mesma*, o poder de Deus e diz que deve ser pregada "não em sabedoria de palavras", para que o poder não seja atribuído à referida sabedoria de palavras e a cruz de Cristo seja considerada como não tendo poder independente, ou, em outras palavras, ineficaz! Assim, Paulo não degradaria a cruz nem por um momento e, portanto, embora qualificado para disputar com eruditos e filósofos, desprezou o deslumbramento de argumentos e sofismas. E, embora ele pudesse falar com magistral energia — que suas epístolas sejam testemunhas disso — ainda assim, ele usou grande clareza de discurso, para que a força de seu ensinamento pudesse se apoiar na própria doutrina, e não em sua linguagem, estilo ou pregação.

Paulo tinha zelo pela honra da cruz e não a propagava através de qualquer força, mas de sua própria, como ele mesmo diz: "A minha palavra e a minha pregação não consistiram em linguagem persuasiva de sabedoria, mas em demonstração do Espírito e de poder, para que a vossa fé não se apoiasse em sabedoria humana, e sim no poder de Deus" (1 Coríntios 2:4,5). Depois de limparmos nosso caminho da sabedoria de palavras, chegamos agora à palavra de sabedoria. O apóstolo pregou a cruz e nosso primeiro assunto deve ser a palavra da cruz. Muitos dão à cruz uma má reputação e por isso o nosso segundo ponto deve ser a palavra daqueles que a desprezam — eles a chamam de loucura. E então, em terceiro, pensaremos na palavra aplicada à cruz por aqueles que nela creem — ela é para eles "o poder de Deus". Que o Espírito Santo possa usá-la como o poder de Deus a todos nós hoje!

1. Primeiramente, então, falaremos sobre "A PALAVRA DA CRUZ". Empresto o termo da Versão Revista e Atualizada, que coloca dessa forma: "A palavra da cruz é loucura para os que se perdem, mas para nós, que somos salvos, poder de Deus". Isso é, a meu ver, uma tradução precisa. O original não é "a *pregação* da cruz", mas "a *palavra* da cruz". Essa interpretação nos dá um título para o nosso primeiro ponto e, ao mesmo tempo, coloca diante de nós exatamente o que o evangelho é: "a palavra da cruz". Da qual, primeiramente, reúno informações de que a cruz tem um ensinamento ou palavra uniforme. Devemos *sempre* pregar a palavra da cruz e a cruz

não tem muitas palavras, mas apenas uma. Não há dois evangelhos nem dois deuses — não há duas expiações nem dois salvadores. Há apenas um evangelho como há um só Deus, e há apenas uma expiação como há um Salvador. Outros evangelhos não são tolerados entre cristãos sinceros. O que o apóstolo diz? "Se nós ou mesmo um anjo vindo do céu vos pregar evangelho que vá além do que vos temos pregado, seja ele candidamente ouvido e silenciosamente aceito fraternalmente"? Nada disso! Citarei as Escrituras. Paulo diz: "Seja anátema". Ele não tem mais tolerância do que isso com ele, pois Paulo amava a alma dos homens, e tolerar veneno espiritual é auxiliar e cooperar com assassinato de almas! Não há evangelho debaixo do Céu a não ser o evangelho de Jesus Cristo!

Mas o que dizer de outras vozes e outras palavras? Elas não são vozes do Céu, nem palavras de Deus, porque Ele não falou uma coisa em um lugar e outra coisa noutro! Tampouco está de acordo com Espírito do evangelho que deva haver uma forma de evangelho para os primeiros seis séculos e outra forma para o século 19. Não está escrito: "Jesus Cristo, ontem e hoje, é o mesmo e o será para sempre"? Se a expiação estivesse em *andamento*; se o grande sacrifício não estivesse completo, então eu poderia entender que deveria haver atualizações na pregação dele. Mas, uma vez que Cristo, na cruz, afirmou "Está consumado" e, em seguida, inclinando a cabeça, entregou o espírito, não pode haver nenhum acréscimo a mais nesse *fato* ou nessa *doutrina*! Visto que a palavra do Senhor, que descreve que a expiação é tão completa que aquele que acrescenta algo a ela receberá as pragas descritas nas Escrituras, entendo que não existe tal coisa como uma palavra progressiva da cruz, mas que o evangelho de hoje é o mesmo que foi proclamado por Paulo nos primórdios [da Era Cristã]! A palavra da cruz, uma vez que é a Palavra expressa de Deus, permanece para sempre! Gerações de homens vêm e vão como o crescimento anual da erva do campo, mas a palavra do Cordeiro permanece eternamente a mesma em todos os lugares, a mesma para todas as nacionalidades, a mesma para todo temperamento e tipo de mente!

"Porque ninguém pode lançar outro fundamento, além do que foi posto". Dessa palavra entendo, então, que a doutrina da expiação é uma palavra em oposição a muitas outras palavras que estão constantemente sendo proferidas. Pregamos Cristo crucificado, e Sua voz da cruz é: "Olhai para mim e sede salvos". Mas outra voz clama alto: "Faça isso e viverá". Nós a conhecemos — é a voz da antiga aliança que o Senhor Jesus removeu, lançando fora a primeira aliança para que Ele pudesse estabelecer a segunda. A doutrina da salvação pelas obras, salvação pelos sentimentos, e salvação pela religiosidade exterior *não* é a palavra da cruz, pois ela fala de forma completamente diferente! A chamada para a salvação pelas obras é uma voz estranha dentro do rebanho da Igreja — e as ovelhas de Cristo não a seguem, porque não reconhecem a voz dos estranhos. A palavra do evangelho coloca desta maneira: "Pois esta palavra está mui perto de ti, na tua boca e no teu coração". Isto é, a palavra de *fé* que pregamos — que "Se, com a tua boca, confessares Jesus como o Senhor e, em teu coração, creres que Deus o ressuscitou dentre os mortos, serás salvo". "Creia e viva" é a palavra da cruz! Muito menos consideramos a palavra de cerimonialismo e sacerdotal que ainda permanece entre nós. Tínhamos pensado que era um eco sem vida do passado morto, mas, infelizmente, é uma voz poderosa e está constantemente aumentando seu volume. O sacerdócio conclama: "Confesse a *mim* e terá perdão! Realize *esta* cerimônia e submeta-se a *este* outro rito e receberá uma bênção sagrada através de homens ordenados pelo Céu!"

Não reconhecemos essa voz, pois é a voz de falsidade! Aquele que crê em Cristo Jesus tem a vida eterna! Somos completos nele e não conhecemos nenhum sacerdote exceto esse Sumo Sacerdote, que, por Seu único sacrifício, aperfeiçoou para sempre os que foram separados! Vozes aqui e ali são ouvidas como murmúrios vindos dentre os túmulos — esses são os murmúrios da superstição dizendo: "Eis aqui", e "Eis, ali", e um homem teve essa revelação e outro aquela. Mas por nenhum desses temos qualquer respeito, pois Deus falou e nossa pregação, a partir de agora, não é nada além de "a palavra da cruz", que não é outra senão a palavra do Filho de Deus crucificado que nos amou e se entregou por nós! Irmãos, que ouçamos esta palavra da cruz, pois, de fato, meu texto diz: "Que a cruz fale por si". Essa deve ser a nossa pregação! Ordenamos que o raciocínio e a especulação segurem a língua para que a própria cruz possa falar! Deixamos que a cruz profira a sua própria palavra. Primeiro, ela clama que Deus deve ser justo. A terrível voz da justiça, em sua certeza e severidade, ecoa através do mundo nos suspiros, gritos e gemidos de morte do Filho do Altíssimo! Jesus levou o pecado do homem sobre si mesmo e deve morrer por ele, pois onde quer que o pecado esteja, Deus deve exterminá-lo! O Juiz de toda a Terra deve fazer o certo e é certo que o pecado implique sofrimento! A justiça suprema deve visitar a iniquidade com *morte* e, portanto, Jesus na cruz, embora completamente inocente e indescritivelmente amável, deve *morrer a morte* — abandonado por seu Pai, porque a iniquidade de todos nós foi colocada sobre Ele.

A cruz clama aos filhos dos homens: "Ó, não façam esta coisa abominável que Deus odeia, porque Ele, de forma alguma, poupará o culpado". Deus deve revelar Seu braço e desembainhar Sua espada no Céu para destruir o pecado onde quer que este seja encontrado, pois Ele o fere, mesmo quando é imputado ao Seu único Filho! A cruz troveja mais terrivelmente do que o próprio Sinai contra o pecado humano! Como ela abate o coração dos homens para que ouçam sua voz! Como ela separa os homens de seus pecados, assim como a voz do Senhor quebra os cedros do Líbano e estilhaça a rocha, deixando-a em pedaços! Se Deus fere o Perfeito que leva os nossos pecados, como não ferirá o culpado que rejeita Seu amor? Permita a cruz falar novamente, e o que ela diz com a voz ainda mais alta? Deus ama os homens e se deleita em misericórdia! Embora Ele ame a justiça e odeie a maldade, Ele ama tanto os filhos dos homens que oferece o Seu unigênito para morrer a fim de que os pecadores possam viver! O que mais Deus poderia ter feito para provar Seu amor à humanidade? "Deus prova o seu próprio amor para conosco pelo fato de ter Cristo morrido por nós, sendo nós ainda pecadores". O amor dentro dessa ação gloriosa não precisa de palavras, ele fala por si mesmo! Deus teve apenas um Filho, um com Ele mesmo por união mística, e o enviou aqui para baixo a fim de assumir a nossa natureza, para que, sendo encontrado em forma de homem, Ele pudesse morrer em nosso lugar — Jesus fez-se *pecado* por nós para que pudéssemos ser feitos *justiça* de Deus nele! "Porque Deus amou o mundo de tal maneira que deu o seu Filho unigênito, para que todo o que nele crê não pereça, mas tenha a vida eterna." A palavra da cruz é "Deus é amor". Ele não deseja a morte do pecador, mas que este se volte para o Senhor e viva!

O que a cruz diz em seguida? Veja bem, não estamos falando do *crucifixo*. O crucifixo representa Cristo *na* cruz, mas Ele não está mais nela; Ele concluiu Sua obra sacrificial e subiu para Sua glória. Se ainda estivesse na cruz, Ele não poderia nos salvar! Nós agora anunciamos a cruz onde Ele morreu, mas que agora vive e reina pleno de capacidade para salvar! Que a cruz anuncie e declare que o único sacrifício é aceito e a expiação está completa! O pecado foi eliminado, a obra da reconciliação foi realizada e Jesus subiu ao alto até o trono do Pai para interceder pelo culpado. Cristo, ressuscitado dos mortos, não morrerá outra vez! A morte não tem mais domínio sobre Ele! Jesus ressuscitou para nossa justificação, e somos aceitos nele —

Nada mais de lança sangrenta,
Nada mais de cruz e cravos.
Pois o próprio inferno treme perante o Seu nome,
E todo o Céu o adora.

Que a cruz fale do resgate pago e da expiação aceita. A Lei é magnificada, a justiça é satisfeita, e a misericórdia não está mais retida pelas exigências insatisfeitas de julgamento. "Deus estava em Cristo reconciliando consigo o mundo, não imputando aos homens as suas transgressões, e nos confiou a palavra da reconciliação", que também é a palavra da cruz. Quando deixamos que a cruz fale ainda mais, a ouvimos dizer: "Venham e sejam bem-vindos! Homens culpados, venham e sejam bem-vindos à festa da misericórdia, pois Deus tanto justificou Sua Lei como demonstrou o Seu amor. E agora, para o principal dos pecadores, há perdão gratuito e pleno que não necessita de coisa alguma para ser obtido, pois a cruz concede bênçãos inestimáveis sem preço!". "Quem quiser receba de graça a água da vida". Perdão gratuito, justificação gratuita, perfeita purificação, salvação plena — essas são dádivas da graça atribuídas ao indigno assim que ele crê em Cristo Jesus e confia a si mesmo a Ele. Essa é a palavra da cruz! O que mais podemos desejar ouvir? Podemos ser perdoados de uma forma que não violará as reivindicações da justiça! Deus é justo e justificador daquele que crê! Ele é misericordioso e justo para nos perdoar os pecados. Ó, que eu saiba me aquietar e deixar que a própria cruz fale com seus tons incomparáveis de misericórdia e majestade, amor e sangue, morte e vida, punição e perdão, sofrimento e glória! Ela fala trovejando e em ternura! Se apenas ouvirmos o que a cruz tem a dizer, é uma palavra pela qual a parte mais íntima do coração de Deus é revelada. Agora falo ainda mais a palavra da cruz, pois em nome daquele que foi pregado na cruz, apelo à fé em Sua expiação. A morte de Cristo não foi coisa comum. A dignidade da Sua natureza a tornou o evento de todos os tempos! Aquele que morreu na cruz era o "Deus de Deus" [N.E.: Credo niceno.], e também homem, e Seu sacrifício não deve ser negligenciado ou rejeitado impunemente. Tal maravilha divina exige o mais cuidadoso de nossos pensamentos e uma alegre confiança. Fazer ofensa ao sangue do Filho de Deus é pecar com vingança! Deus *exige* fé em Seu Filho e, especialmente, em

Seu Filho que morreu por nossa causa! Devemos crer em cada palavra que Deus falou, e, acima de tudo, na palavra da cruz. Duvidaremos da boa fé e do amor de Deus, quando Ele deu Seu filho como refém por Sua palavra e ofereceu o unigênito como sinal de Sua graça?

Ó, homens, independentemente de com o que vocês brinquem, não desrespeitem o Filho de Deus! Seja qual for a pressuposição que vocês façam, não pisem, contudo, sobre a cruz de Jesus! Esse é o pensamento mais elevado de Deus! O centro de todos os Seus pensamentos, o cume mais alto do poderoso monte da divina benevolência! Não façam pouco disso ou se afastem dele! Rogo a vocês que... Não, eu lhes *ordeno* que, em nome daquele que foi morto e agora vive, olhem para o Salvador que morreu e vivam! Se vocês não o fizerem, responderão por isso naquele dia em que o Senhor há de vir sobre as nuvens do Céu para vingar-se dos Seus adversários!

Assim, coloco diante de vocês a palavra da cruz; que o Espírito Santo abençoe essa mensagem.

2. Em segundo, temos a desagradável tarefa de escutar A PALAVRA DAQUELES QUE A DESPREZAM. Eles chamam a doutrina da expiação de "loucura". Inúmeros homens chamam a doutrina da salvação pelo sangue de Cristo de "loucura". É seguramente a *sabedoria* de Deus e o *poder* de Deus, mas eles se apegam à primeira afirmação e não reconhecem a sabedoria do maravilhoso plano. Portanto, não é de se admirar que eles nunca sentem o seu poder! Não, é loucura para eles — algo abaixo de seu desprezo. E por que loucura? "Porque", eles dizem, "veja como as pessoas comuns a abraçam. Todos podem compreendê-la. Vocês creem que Jesus é o Substituto de vocês e cantam com os mais pobres dos pobres:

Eu creio, eu crerei
Que Jesus morreu por mim;

E, na cruz,
Ele derramou Seu sangue
Para do pecado me livrar"

Eles dizem: "Essa é uma bela cantiga para homens educados. Bem, as crianças cantam e são capazes de crer nela e falar dela. *Puf!* Isso é pura loucura! Não queremos nada tão vulgar e tão comum. Vocês não sabem que entendemos uma crítica de alta classe e lemos os melhores pensadores de todos os tempos? Vocês não acham que creremos da mesma forma como creem os simples camponeses ou criadas?". Ah eu! Algumas pessoas se consideram tão sábias! Será que toda verdade que pode ser compreendida por mentes simples deve ser deixada de lado como se fosse loucura? Nada vale a pena saber, exceto o pensamento moderno de um grupo seleto da humanidade? Os fatos bem conhecidos da natureza são loucura porque são acessíveis a todos? É certo que toda a sabedoria do mundo habita nos cavalheiros refinados que zombam de tudo e realizam críticas?

Esses leitores superficiais da alta literatura são os árbitros da verdade? Gostaria que sua cultura lhes tivesse ensinado modéstia! Aqueles que se glorificam e zombam dos outros geralmente não são sábios, pelo contrário! E aqueles que chamam os outros de tolos podem estar olhando no vidro e não para fora da janela. Aquele que é verdadeiramente sábio tem algum respeito pelos outros e o mais profundo respeito pela Palavra de Deus. Mas por que *você* considera o evangelho da cruz loucura? É porque esta nossa religião, esta doutrina da cruz, não é o rebento da *razão*, mas o dom da Revelação. Todos os pensadores dos séculos continuaram a pensar, mas eles nunca inventaram um plano de salvação em que a justiça e a misericórdia divina seriam igualmente notáveis. A cruz não estava em todos os seus pensamentos. Como poderia ser isso? Como pensamento, ele se originava na mente infinita e não poderia ter se originado em nenhum outro lugar! A doutrina da cruz não é uma especulação, mas uma

Revelação divina — e, por essa razão, os eruditos não podem suportá-la. É *Deus* dizendo aos *homens* algo que eles não poderiam saber de outra forma! E isso não se adéqua aos profundos pensadores que não podem suportar que lhes digam alguma coisa, mas devem pensar em tudo, evoluindo a partir de sua consciência interior, ou das profundezas de suas vastas mentes. Bem, visto que do interior do homem não pode sair coisa alguma que não esteja nele, e como o amor supremo de Deus nunca esteve em algo tão desagradável quanto um homem não regenerado, acontece que a doutrina da expiação não se originou no homem, mas foi ensinada a ele por Deus às portas do Éden.

O plano que combina justiça e amor jamais foi inventado pela imaginação humana. Já que o homem tem uma aversão tal à grande expiação, ele não poderia ter sido o autor desse projeto e, de fato, *não* foi o autor dele — o próprio Deus o revela em uma linguagem que bebês podem entender e, portanto, o *orgulho* carnal o chama de "loucura". Além disso, o homem carnal o considera loucura, porque esse plano o torna um tolo — e, pode acreditar no que digo: qualquer coisa que prove que você, ou eu, seja um tolo imediatamente nos fará acreditar ser uma grande tolice! Nossa consciência é néscia e, portanto, retaliamos aqueles que nos dizem verdades desagradáveis. "O quê? Não sou ninguém, afinal? Trajo-me no melhor terno preto, adornado por uma gravata branca! Tão religioso e tão respeitável, tão cuidadoso, tão estudioso, tão profundo — será que sou um João Ninguém? Você ousa *me* dizer: 'Em verdade vos digo que, se não vos converterdes e não vos tornardes como crianças, de modo algum entrareis no reino dos céus?' Meu caro senhor, você não sabe o que está falando! Ora, eu sou professor, filósofo, doutor em teologia, e, portanto, você não pode realmente dizer que devo receber a verdade como uma criança! Tal conversa é loucura!" Claro que eles dizem isso! Sempre consideramos que eles diriam isso! Regozijei-me quando li os jornais céticos e vi como eles zombam do antigo evangelho! A Bíblia *disse* que os homens carnais não poderiam receber coisas espirituais

— como é verdadeira essa afirmação! Está escrito: "nos últimos dias, virão escarnecedores". Aqui estão eles apressando-se para provar, por sua conduta, as coisas que eles negam!

Lamentamos que alguém possa zombar e, ainda assim, em certa medida, nós nos alegramos em encontrar tal confirmação da verdade de Deus nos lábios de seus inimigos. Enquanto durar o mundo, homens ímpios desprezarão uma revelação que eles não são capazes de entender. Está além de sua alçada e, portanto, os pregadores dela parecem ser tagarelas e suas doutrinas parecem loucura. Mas, em cada feito, pode parecer loucura para eles, pois trata de temas com os quais não se importam. Se eu fosse capaz de explicar a uma plateia geral como obter lucro ilimitado na Bolsa de Valores, ou em algum outro mercado, o mundo todo ouviria com muitíssima atenção! E se eu explicasse claramente o meu argumento, eu seria considerado um pregador muito inteligente, um homem que valeria a pena ouvir. No entanto, quando o sermão é apenas sobre a Palavra de Deus, a eternidade, a alma e o sangue de Jesus, a maioria das pessoas vira as costas; elas não *têm* certeza de que têm alma e se recusam a discutir sobre a suposição de uma existência futura por considerá-la uma fábula antiga [N.E.: 1 Timóteo 4:7.]. Quanto à eternidade, sua filosofia não tem espaço para isso, e elas não se preocupam com isso. Alguém disse argumentando outro dia: "Creio que morrerei como um cão". No calor do momento, eu não consegui dar-lhe resposta melhor do que dizer: "Se eu soubesse que você era um cão, teria trazido um osso". Como eu tinha a certeza de que ele viveria para sempre, fui para falar com ele sobre assuntos concernentes a um ser imortal. Porém, como descobri que ele morreria como um cão, o que eu poderia fazer por ele senão conceder tal alegria que a criatura pudesse desfrutar?

Esses homens chamam de loucura o evangelho, porque zelam pela oportunidade de ganho pessoal e cuidam mais do corpo do que da alma. Um de seus sábios disse: "Por que você prega tanto sobre o mundo vindouro? Por que não pregar sobre o mundo de agora?

Ensine essas pessoas a tratar seus esgotos — isso lhes é muito mais necessário do que a crença em Jesus Cristo". Bem, questões sanitárias *são* importantes e se qualquer um de vocês sente que não tem mais nada pelo que viver a não ser tratar esgotos, gostaria que vivessem muito e terminassem o mais rápido que pudessem! Enquanto isso, como estamos convencidos da necessidade de outras coisas além de drenagem e, como muitos de nós esperamos, em breve viajaremos alegremente para um lugar onde não há esgotos para tratar, olharemos para essas coisas que dizem respeito à nossa vida futura cuidando para que elas também nos sejam úteis para a vida que temos agora!

Eles chamam de loucura a palavra da cruz porque consideram todas as verdades de Deus, com as quais ela lida, ninharias insignificantes. "Alma", dizem eles, "que importa se temos uma alma ou não? O que é o pecado senão o erro de uma pobre criatura que não entende?". De todas as coisas, o Deus eterno é a maior ninharia para os homens incrédulos. É meramente um nome pelo qual jurar, só isso. Eles admitem que possa haver uma grande força motriz na natureza, ou energia coextensiva com a existência da matéria e, portanto, admitem o teísmo ou panteísmo, mas não tolerarão um Deus pessoal a quem sejam obrigados a obedecer! E, além disso, o panteísmo é apenas uma máscara para o ateísmo. Esses homens não terão nenhum Deus pessoal que os ame e a quem possam amar. Deus é insignificante para eles, e, portanto, quando falamos de Deus, do pecado e do Céu como sendo verdadeiros — e o Criador sabe que eles são as *únicas* coisas reais — então, eles imediatamente murmuram: "Loucura!". Quanto a nós, lamentamos a sua loucura e rogamos para que o Senhor os ensine melhor. Tendo entrado no reino das coisas espirituais por meio de um novo nascimento, conhecemos a realidade e poder da palavra da cruz.

Agora, irmãos, digo-lhes que não precisam levar em conta esses senhores que declaram o evangelho como loucura porque eles não são testemunhas competentes. Eles não são qualificados para formar um juízo sobre o assunto. Não desvalorizo suas habilidades em outros assuntos, mas é certo que um homem cego não pode julgar as cores, um homem surdo não julga os sons e um homem que nunca foi despertado para a vida espiritual não pode ter qualquer julgamento quanto às coisas espirituais! Como poderia? Eu, por exemplo, senti o poder do evangelho e afirmo isso. Outro homem declara que não estou falando a verdade. Por que não? Porque *ele próprio* não experimentou esse poder! Isso parece razoável? Você não ouviu falar do irlandês que, quando cinco homens juraram que o viram cometendo um roubo, respondeu que poderia arranjar 50 pessoas que não o viram roubar? Teria havido qualquer poder naquela evidência contrária? E se todo o mundo, exceto dois homens, dissesse: "Nós não sentimos o poder da cruz", *isso* seria alguma evidência contra o fato afirmado pelos dois? Acho que não! Deve-se acreditar em dois homens honestos que testemunham sobre um fato, apesar de 20 mil pessoas serem incapazes de dar tal testemunho! Os que não são espirituais são testemunhas incompetentes — colocam-se fora do tribunal, pois no início afirmam que não estão cientes dessas coisas a respeito das quais prestamos testemunho! Sua afirmação é que eles nunca se sujeitaram às influências espirituais, e acreditamos no que eles dizem, mas não acreditamos neles quando vão mais longe e portanto afirmam que o que temos visto, provado e com o que temos lidado é tudo uma ilusão! A respeito disso, eles não são testemunhas eficazes.

E rogo a vocês para observarem que aqueles que chamam de loucura o evangelho da cruz são, se olharmos bem, provas de sua própria loucura e dos tristes resultados da incredulidade. Os cristãos nos dias de Paulo sentiram que o evangelho os tinha libertado da escravidão da idolatria e do vício e, quando ouviram outros que eram cativos sob essas ilusões lhes dizendo que a força libertadora era loucura, olharam para eles e sorriram para o absurdo de tal declaração. Eles perceberam que aqueles homens estavam perecendo! Que calamidade é para um homem estar perecendo! A casa está desocupada, seu piso sem rastros, seu braseiro não conhece grande brilho. Sofre de negligência, está perecendo. Homens que não estão vivendo para Deus estão jogando fora a finalidade de sua existência e, como casas abandonadas, estão caindo em ruínas — estão perecendo! Enquanto desocupadas pelo bem, tais mentes estão rodeadas por poderes do mal. Lá está uma árvore. Tenho visto muitas dessas — ao redor de seu tronco, a hera se torceu, agarrando-a como uma enorme píton e esmagando-a em seus sulcos. A árvore está perecendo! Sua própria vida está sendo sugada pelo parasita que a sufoca. Multidões de homens têm sobre eles paixões, e pecados, e falhas que estão devorando suas vidas — eles estão perecendo! Suas almas e caráter são como madeira consumida por podridão seca! Permanece na estrutura da casa, mas está perecendo. Homens ímpios são devorados por seu próprio orgulho, consumidos por autoconfiança. Homens incrédulos são comparáveis a um navio que está à deriva rumo à destruição — seu cabo rompeu-se — está se aproximando das pedras, ficará em pedaços, está perecendo!

Aqueles que não creem em Jesus estão à deriva em direção a uma firme *eternidade* de miséria! Estão perecendo diariamente e, ainda, enquanto perecem, condenam os meios de salvamento! Marinheiros requintados se afogando, zombando do barco salva-vidas! Imagine um homem enfermo fazendo pouco do único remédio! Eles chamam de "loucura" aquilo que temos experimentado e provado. Temos apenas que lhes responder: "Loucos são vocês, enquanto permanecerem cativos dos seus pecados, vítimas da loucura. Enquanto desperdiçarem suas vidas e enquanto estiverem rumo à destruição, vocês são prova de que a loucura não está na cruz, mas em vocês que a rejeitam". A palavra da cruz é loucura aos que perecem, a ninguém mais! Que o coração deles seja transformado pelo poder da Palavra de Deus para que então vejam toda a sabedoria na palavra da cruz!

3. Vamos, em terceiro lugar, observar A PALAVRA DAQUELES QUE CREEM. O que eles dizem sobre a cruz? Eles a chamam de poder, o poder de Deus! Quanto mais estudamos o evangelho, mais ficamos surpresos com a exibição singular de sabedoria que ele contém, mas não falaremos muito sobre esse assunto, pois não somos qualificados para sermos juízes da sabedoria. Mas dizemos isto — a palavra da cruz é poder! Tem sido o poder de Deus para nós! Esse poder tem agido em nós como nada antes! A obra da cruz tem sido, em muitos de nós, tão notável que mesmo os espectadores devem ter se surpreendido com isso. O fenômeno da conversão é um fato. Homens e mulheres são totalmente transformados, e toda a sua maneira de viver fica alterada. É inútil negar o fato, pois os exemplos surgem diante de nós todos os dias! Incrédulos se tornam devotos, imorais se tornam puros, desonestos se tornam honestos, blasfemos se tornam graciosos, e lascivos se tornam santos! Os maus caminhos são de repente abandonados e penitentes se esforçam em busca da virtude. Vemos pessoas em todos os níveis da sociedade submetidas a uma transformação radical — pessoas autossuficientes sentem-se humilhadas pela descoberta de sua indignidade, e outras, que estavam mergulhadas em imoralidade, renunciam seus prazeres viciosos e buscam a felicidade no servir a Deus. Como você explica isso? Nós, que somos os objetos de tal transformação explicamos desta forma: é obra da doutrina da cruz, e o poder que realiza a transformação é o poder de Deus! Nenhuma força inferior à divina poderia ter operado tão grande transformação. A palavra da cruz nos livrou do amor ao pecado; nenhum pecado agora nos domina — quebramos todos os vínculos com os hábitos perversos.

Cometemos pecado, mas lamentamos e odiamos o pecado, e nos odiamos por cometê-lo! Fomos libertos da servidão da corrupção e nos tornamos livres para servir ao Senhor. Também fomos libertos do medo que antigamente nos prostrava — um medo horrível que nos escravizava e nos fazia tremer diante de nosso Pai e nosso Amigo.

Tínhamos pensamentos rudes sobre Deus e fugíamos dele, mas disso estamos agora libertos, pois agora o amamos e nos deleitamos nele! E quanto mais nos aproximamos dele, mais felizes somos. Fomos libertos, também, do poder de Satanás. Aquele príncipe do mal tem grande poder sobre os homens, e antes éramos levados cativos à sua vontade. Mesmo agora ele nos ataca, mas o vencemos pelo sangue do Cordeiro. Também somos diariamente libertos de nós mesmos, do mundo e de todas as coisas que poderiam nos encantar. Estamos sendo salvos — sim, *somos* salvos. Todos os dias uma força salvadora está agindo sobre nós, para nos libertar da escravidão da corrupção. Sentimos e sabemos! Estamos ligados ao reino de Deus e nada pode nos deter! Estamos sujeitos à pureza, à suprema perfeição — sentimos a vida eterna dentro de nós, impulsionando-nos para cima e para frente, além de nós mesmos e de nossos arredores! Sentamos aqui como águias acorrentadas à rocha pela fragilidade do nosso corpo, mas a aspiração dentro de nós nos diz que nascemos para voar entre espíritos puros e glorificados. Sentimos que o Céu nasceu dentro de nós — nascido pela palavra da cruz por meio do Espírito.

Poderíamos contar as histórias de alguns aqui presentes, ou, melhor ainda, eles mesmos poderiam contá-las — histórias de transformações repentinas, mas completas, maravilhosas, duradouras — mudanças das trevas para a luz, da morte para a vida! Com que alegria poderíamos mantê-los com detalhes de quando nosso ser foi sustentado durante nossas tentações quase avassaladoras — e continuou nos fazendo avançar no serviço de Cristo, quando estávamos completamente sem forças caso a palavra da cruz não tivesse derramado novo vigor em nós! Estamos prontos a morrer em desespero até que tenhamos olhado para a cruz e então as nuvens tenham cedido ao brilho! Uma visão do Salvador que sangra e um toque de Sua mão nos tornaram homens, mais uma vez, e levantamos nossa cabeça como se estivéssemos dentre os mortos! Sob o poder da cruz, *ainda* avançamos de força em força! Há poder na palavra da cruz para fazer um homem se transformar em algo mais nobre do que ele jamais sonhou. Não sabemos o que será até vermos nosso Senhor e Salvador como Ele é!

Bem, irmãos e irmãs, o poder com o qual Deus criou o mundo não foi maior do que o poder com o qual Ele nos fez novas pessoas em Cristo Jesus! O poder com que Ele sustenta o mundo não é maior do que o poder com o qual sustenta o Seu povo sob provação e tentação! E até mesmo a ressurreição dos mortos no fim do mundo não será maior demonstração de poder divino do que a ressurreição de almas mortas de suas sepulturas espirituais! Essas maravilhas do poder divino estão sendo realizadas em nossa própria experiência todos os dias da semana, inteiramente por meio da cruz. Eu questiono a vocês que são verdadeiramente convertidos: Vocês foram convertidos através da sabedoria do homem? Eu pergunto aos que são guardados de pecar: Vocês são levados à santidade pelo poder da oratória, da retórica, ou da lógica? Eu pergunto àqueles que estão desesperados: Vocês são avivados por palavras melodiosas e frases rítmicas? Ou vocês devem tudo a Jesus crucificado? Qual é a sua vida, meus irmãos, senão a cruz? De onde vem o pão para sua alma senão da cruz? Qual é a sua alegria senão a cruz? Qual é o seu prazer, qual é o seu Céu senão o Bendito, uma vez crucificado por vocês, que sempre vive para interceder por vocês? Agarrem-se à cruz, então! Coloquem ambos os braços em torno dela! Agarrem-se ao Crucificado e jamais o deixem partir! Venham novamente para a cruz neste momento e descansem lá, agora e para sempre! Então, com o poder de Deus repousando sobre vocês, vão adiante e apregoem a cruz! Contem a história do Cordeiro que sangra! Repitam esse conto maravilhoso e nada mais!

Não importa como vocês farão isso, apenas proclamem que Jesus morreu pelos pecadores. A cruz segurada pela mão de um bebê é tão poderosa quanto se um gigante a segurasse! O poder está na própria palavra, ou melhor, no Espírito Santo que age por ela e com ela. Irmãos, creiam no poder da cruz para a conversão daqueles que os cercam! Não digam sobre qualquer homem que ele não pode ser salvo. O sangue de Jesus é onipotente! Não falem que uma área é muito depravada, ou de qualquer classe de homens que estão muito corrompidos. A palavra da cruz recupera os perdidos! Creiam que ela é o poder de Deus e vocês assim o descobrirão. Creiam no Cristo crucificado, preguem corajosamente em Seu nome e verão coisas grandes e jubilosas. Não duvidem do triunfo final do cristianismo! Não permitam que uma desconfiança perturbe sua alma. A cruz deve vencer! Deve florescer com uma coroa — uma coroa compatível com a pessoa do crucificado e a amargura de Sua agonia. Sua recompensa será igual às dores do Salvador. Confiem em Deus e levantem alto Seu estandarte, e, com Salmos e cânticos, avancem para a batalha, pois o Senhor dos exércitos está conosco, o Filho do Altíssimo lidera nossa vanguarda! Avante com o toque da trombeta de prata e brados daqueles que se apropriam do despojo! Que o coração de nenhum homem falhe consigo mesmo! Cristo morreu! A expiação está completa! Deus está satisfeito! A paz é proclamada! O Céu brilha com provas de misericórdia já concedidas a dez mil vezes dez mil! O inferno está tremendo! O Céu adorando; a Terra à espera! Avancem, santos, a vitória é certa! Vocês vencerão através do sangue do Cordeiro!

Este sermão foi pregado no Metropolitan Tabernacle, em Newington, na manhã de domingo de 31 de julho de 1881.

12

TRÊS CRUZES

*Mas longe esteja de mim gloriar-me,
senão na cruz de nosso Senhor Jesus Cristo,
pela qual o mundo está crucificado para mim,
e eu, para o mundo* (Gálatas 6:14).

Sempre que repreendemos outras pessoas, devemos estar preparados para nos isentar de cometer a mesma ofensa. O apóstolo estava repreendendo aqueles que desejavam gloriar-se na carne. Ao denunciar os falsos mestres e censurar seus seguidores de mente fraca, ele usou uma linguagem incisiva, enquanto apelou para fatos simples e manteve sua posição com fortes argumentos. E isso, ele fez sem medo de ser atacado por um movimento de flanco e ser acusado de ele próprio fazer as mesmas coisas. Muito apropriadamente, portanto, ele contrasta seu assertivo propósito com a falsidade plausível deles. Eles estavam prestes a promover um espetáculo carnal, mas Paulo não recuou frente ao mais profundo opróbrio contido na confissão cristã. Antes, muito pelo contrário, longe de se intimidar, ele considerou como honra o ser desprezado por amor a Cristo, exclamando: "Mas longe esteja de mim gloriar-me, senão na cruz de nosso Senhor Jesus Cristo". Os gálatas, e todos os outros que o conheciam, sabiam muito bem como o apóstolo falava a verdade, pois sua vida, bem como seu ensinamento, comprovava essa afirmação, e nenhum de seus inimigos podia negar isso. Não havia, em todo o seu ministério, qualquer doutrina que Paulo exaltasse mais do que a de "Cristo crucificado". Nem qualquer experiência que abordasse com mais ternura do que a "comunhão com Cristo em Seus sofrimentos". Nenhuma outra regra de conduta que ele considerasse mais segura do que seguir os passos daquele que "suportou a cruz, não fazendo caso da ignomínia, e está assentado à destra do trono de Deus". O exemplo de Paulo concorda com seu preceito. Queira Deus, pela Sua graça, que haja sempre em nós a mesma consistência transparente. Às vezes, quando percebemos um mal e protestamos contra ele tão corajosa e conscientemente como podemos, sentimos que o nosso protesto é muito obscuro para ter muita influência. Será esse então o melhor recurso para nós mesmos a fim de nos abstermos do mal resolutamente, e, assim, pelo menos em uma pessoa, derrubar o seu poder? Se você não pode converter um homem do seu erro através de um argumento, você pode, pelo menos, provar a sinceridade do seu argumento por meio de seu próprio comportamento. E assim, se nenhuma fortaleza for conquistada, pelo menos você a controlará e poderá fazer mais; sua fidelidade poderá ganhar mais do que seu zelo. Assuma o compromisso fielmente em seu próprio coração e diga francamente ao seu próximo: "Você pode fazer o que quiser, mas, quanto a mim, Deus me livre de remover os antigos marcos, ou buscar novos caminhos, por mais convidativos que sejam, ou desviar-me daquilo que eu sei ser o bom caminho". Uma resolução determinada desse tipo, totalmente respeitada, muitas vezes tem mais peso e exerce mais influência sobre a mente de um indivíduo, especialmente a de um vacilante, do que uma série de argumentos. Suas ações vão falar mais alto do que suas palavras.

 O apóstolo, no caso em questão, inflama-se com emoção ao pensar em alguém que tenha a pretensão de estabelecer uma ordenança carnal à frente da cruz, desejando gloriar-se na circuncisão ou qualquer outra instituição exterior. A ideia de uma cerimônia que reivindica ser mais importante do que a fé em Jesus o provocava, até que seu coração ficou cheio de indignação, e vociferou: "Longe esteja de mim!". Paulo jamais usou o nome sagrado com leviandade, mas, quando o seu interior inflamou-se, ele chamou Deus para testemunhar a favor dele, pois não poderia e nem havia se gloriado em nada, a não ser na cruz. Na verdade, existe para cada crente sincero algo chocante e revoltante em colocar qualquer coisa antes de Jesus Cristo, seja o que for, um ídolo de superstição ou um brinquedo de ceticismo, quer fruto de tradição ou a flor da filosofia. Você precisa de novas Escrituras para complementar as verdadeiras palavras de Deus? Precisa de um novo Salvador que possa superar Aquele que o Pai enviou? Precisa de um novo sacrifício que possa salvá-lo de pecados os quais Seu sangue expiatório não pôde expiar? Precisa de uma música moderna para substituir a música "Digno é o Cordeiro que foi morto"? "Ó gálatas insensatos!", disse Paulo. Ó tolos protestantes, estou inclinado a dizer! Poderíamos continuar, nestes tempos, a falar calorosamente aos muitos grupos ao nosso redor — os ritualistas amorosos, os racionalistas inflados e a arrogante escola do pensamento moderno. Não me admiro com a indignação de Paulo. Apenas desejo que alguns, que pensam tão pouco sobre as discrepâncias doutrinárias, como eles as chamam, pudessem apenas sentir um pouco de sua santa indignação quando ele viu os primeiros sintomas do abandono da simplicidade e sinceridade piedosas. Você não percebe que um pouco de dissimulação de um querido irmão levou Paulo a opor-se a ele? Quando um grupo inteiro virou as costas à cruz de Cristo, isso o fez arder de indignação. Paulo não podia tolerar aquilo.

A cruz era o centro de suas esperanças; seu amor se entrelaçava em torno dela. Lá, ele havia encontrado paz para a sua consciência perturbada. Que Deus o livre de ele permitir que a cruz seja pisoteada. Além disso, ela era o tema de seu ministério. "Cristo crucificado" já tinha provado o poder de Deus para salvação de toda alma que cria na mensagem vivificadora como proclamada por Paulo em cada cidade. Ele pergunta se qualquer um de vocês lançaria um insulto à cruz — você que se converteu; você, diante de cujos olhos Jesus Cristo foi evidentemente crucificado? Como seus olhos brilham, seus lábios tremem e seu coração se inflama dentro dele, com que veemência ele protesta: "Mas longe esteja de mim gloriar-me, senão na cruz de nosso Senhor Jesus Cristo". Paulo estende suas asas de águia e se eleva imediatamente na eloquência, enquanto ainda seus olhos penetrantes olham ferozmente para todos os inimigos da cruz, a quem ele deixa muito abaixo. Muitas vezes em suas epístolas você observa isso. Ele queima, brilha, cavalga, voa e fica purificado tão logo seus pensamentos estejam em comunhão com o Senhor Jesus, esse manso e paciente Sofredor, que ofereceu-se a si mesmo como sacrifício pelos nossos pecados. Quando sua língua começa a falar da obra gloriosa que o Cristo de Deus realizou pelos filhos dos homens, ela encontra uma súbita liberdade e se torna como "uma gazela solta; que profere palavras formosas". Que possamos ter algo desse brilho dentro do nosso peito esta noite e sempre que pensarmos em nosso Senhor. Deus nos livre de termos o coração frio quando chegamos perto de Jesus. Deus nos livre de jamais olharmos de forma desanimada e uma alma letárgica as doces maravilhas dessa cruz na qual nosso Salvador amou e morreu.

Nesse espírito, então, abordemos o nosso texto; percebemos imediatamente três crucificações. Elas são o resumo do texto. "Mas longe esteja de mim gloriar-me, senão na cruz de nosso Senhor Jesus Cristo". Isto é, *Cristo crucificado*. "Por quem", ou "pelo que" (leia do jeito que você preferir), "o mundo está crucificado para mim". Isto é, *um mundo crucificado*. "E eu, para o mundo", isto é, *o próprio Paulo*, ou *o crente, crucificado com Cristo*. Vejo novamente o Calvário diante de mim com suas três cruzes — Cristo no centro e, em cada lado dele, uma pessoa crucificada. Um que morre para sentir a segunda morte, e outro que morre para estar com o Senhor no paraíso. Prossigamos em olhar para essas três cruzes.

1. Primeiro, então, a parte principal de nosso assunto está em CRISTO CRUCIFICADO, em quem Paulo se gloriava. Chamo sua atenção para a expressão: "Mas longe esteja de mim gloriar-me, senão na cruz". Alguns autores populares e oradores conhecidos, quando têm que declarar uma verdade, consideram necessário revesti-la em linguagem muito delicada. Eles, talvez, não pretendam esconder o seu propósito e entorno, mas, de qualquer forma, não querem que os ângulos salientes e as superfícies explícitas da verdade sejam muito perceptíveis e, portanto, lançam um manto sobre ela; eles têm o cuidado de embainhar a Espada do Espírito. O apóstolo Paulo poderia ter terminado aqui se assim tivesse escolhido, mas ele desdenha o artifício. Ele apresenta a verdade "da pior forma possível", como seus adversários dizem — "em toda a sua natural monstruosidade", como o judeu teria dito. Pois ele não diz: "Mas longe esteja de mim gloriar-me, senão na *morte* de Cristo", mas na *cruz*. Você não percebe, creio eu — não podemos fazê-lo nestes dias —, como o uso da palavra "cruz" irritaria os ouvidos refinados na Galácia e em outros lugares. Naqueles dias, significava o madeiro do criminoso, o cadafalso do carrasco. E o apóstolo, portanto, não hesita em colocá-lo assim. "Senão no cadafalso no qual meu Mestre morreu". Nós nos acostumamos tanto a associar o nome da "cruz" com outros sentimentos que ele não nos transmite esse senso de desgraça que sobrevinha àqueles que ouviram Paulo falar. Uma família ficaria sensivelmente abalada se um de seus membros fosse enforcado, e o

mesmo aconteceria, naturalmente, com alguém que ficasse sabendo que o seu líder foi crucificado. Paulo assim coloca, ousadamente, e dessa maneira faz que soe estridentemente brusco, embora isso possa ser considerado como pedra de tropeço para alguns e loucura para outros. Mas ele não a encobrirá. Ele se gloria na *"cruz"*!

Por outro lado, sinceramente suplico que observem como ele parece contrastar a glória da pessoa com a vergonha do sofrimento, pois não é simplesmente a morte de Cristo, nem de Jesus, nem de Jesus Cristo, nem *do* Senhor Jesus Cristo, mas de *"nosso Senhor Jesus Cristo"*. Cada palavra tende a apresentar a excelência da pessoa do Senhor Jesus Cristo, a majestade de Seu caráter, e o interesse que todos os santos têm nele. *Foi* uma cruz, mas foi a cruz de nosso Senhor — que o adoremos! Foi a cruz de nosso Senhor Jesus, o Salvador — que o amemos! Foi a cruz de nosso Jesus Cristo, o Messias ungido — que o reverenciemos! Sentemo-nos aos Seus pés e aprendamos com Ele! De certo, cada pessoa pode dizer: "Foi a cruz do *meu* Senhor Jesus Cristo", mas conferimos maior doçura e superioridade a essa questão quando declaramos: "Foi a cruz de *nosso* Senhor Jesus Cristo". Ó sim, gostamos de pensar no contraste entre o Cristo precioso e a dolorosa cruz, o Filho de Deus e o vergonhoso cadafalso. Jesus era Emanuel, Deus conosco, e mesmo assim morreu a morte do criminoso no amaldiçoado madeiro. Paulo apresenta essa vergonha com grande nitidez e a glória com grande clareza. Ele não hesita em nenhuma situação: quer declarasse os sofrimentos de Cristo quer a glória que a sucederia.

No entanto, o que ele quis dizer com a cruz? Claro que ele não se importava em nada com um pedaço específico de madeira no qual aquelas mãos e pés benditos foram pregados, pois era mero materialismo e foi aniquilado da mente. Ele quer falar da gloriosa doutrina da justificação — justificação gratuita — por meio do sacrifício expiatório de Jesus Cristo. Isto é o que Paulo quer dizer com a cruz: a expiação do pecado que o nosso Senhor Jesus Cristo realizou mediante Sua morte, e o dom da vida eterna concedido livremente a todos que, pela graça, são conduzidos a confiar nele. Para Paulo a cruz significava exatamente o que a serpente de bronze significou para Moisés. Como a serpente de bronze no deserto foi a esperança para os "picados" pelo pecado, e tudo o que Moisés teve que fazer foi mandá-los olhar para ela e viver, assim a cruz de Cristo hoje — a expiação de Jesus Cristo — é a esperança da humanidade, e nossa missão é continuamente clamar: "Olhe para Ele e viva! Olhe para Ele e viva!". É essa doutrina, o evangelho do *Cristo crucificado*, da qual a presente Era, com toda a sua aclamada cultura e todas as suas vãs filosofias, zomba tanto; é nessa doutrina que nos gloriamos. Não temos vergonha de colocá-la tão precisamente. Gloriamo-nos na substituição, no sacrifício vicário de Jesus em nosso lugar. Ele foi "aquele que não conheceu pecado, ele o fez pecado por nós; para que, nele, fôssemos feitos justiça de Deus". "Todos nós andávamos desgarrados como ovelhas; cada um se desviava pelo caminho, mas o Senhor fez cair sobre ele a iniquidade de nós todos". "Cristo nos resgatou da maldição da lei, fazendo-se ele próprio maldição em nosso lugar (porque está escrito: Maldito todo aquele que for pendurado em madeiro)". Cremos na imputação do pecado à pessoa inocente, o Cabeça e o Representante de nossa aliança; no Substituto que suportou a sentença do pecado e na purificação pela fé daqueles por quem Ele suportou a morte por causa do pecado.

Bem, gloriamo-nos nisso. Gloriamo-nos na cruz de Cristo, não como os homens às vezes se vangloriam em um credo que receberam por tradição de seus antepassados, pois aprendemos essa verdade — cada um por si próprio por meio do ensino interior do Espírito Santo — e, portanto, é muito preciosa a nós. Nós nos gloriamos nela não com vã altivez, mas para a satisfação interior de nosso próprio coração, provamos essa satisfação pela consagração devota de nossa vida a fim de tornar a cruz de Cristo conhecida. Confiamos nossa alma à sua verdade. Se for uma fábula, nossas esperanças estão naufragadas para sempre, todo nosso ser embarcou nesse empreendimento. Estamos bem preparados para correr esse risco, contentes em perecer se essa salvação falhar conosco. Vivemos fundamentados nessa fé. É nosso alimento e nossa bebida. Tire isso e não haverá nada na Bíblia que valha a pena. Tornou-se para nós a parte mais essencial da nossa confiança, nossa esperança, nosso descanso, nossa alegria. Em vez de ter vergonha de anunciá-la, desejamos que pudéssemos estar em algum lugar onde todos os habitantes da Terra pudessem nos ouvir e nós a trovejaríamos dia e noite. Longe de nós nos envergonharmos de reconhecê-la. Nós a consideramos nossa maior honra e consideramos nossa maior satisfação contá-la a todos, à medida que temos oportunidade, entre os filhos dos homens.

Mas por que nos alegramos na cruz de Cristo? Por que nos gloriamos nela? A resposta é tão ampla que não posso fazer mais do que olhar para suas múltiplas reivindicações sobre a nossa gratidão. Gloriamo-nos nela por mil razões. Falhamos quando nada vemos na doutrina da expiação pela qual devemos nos gloriar. Ouvimos um grande número de cães latindo contra ela, mas os cães ladrarão em vão, e, portanto, não nos importamos com seus uivos à luz do luar. O latido deles, por vezes, perturba, mas nunca nos assustou. Ainda não ouvimos uma queixa contra o nosso Senhor, ou um argumento contrário ao Seu sangue expiatório que tenha afetado a nossa fé nem um pouquinho. As Escrituras a afirmam, o Espírito Santo testifica sobre a cruz de Cristo, e seu efeito sobre nossa vida interior nos assegura disso. A analogia entre jejuns e festas judaicas e nossa fé cristã a endossa. Há um abismo sobre o qual ninguém ainda foi capaz de construir uma ponte sem utilizar-se dela. A cruz de Cristo ilumina nossa consciência, alegra nosso coração, inspira nossa devoção, e eleva nossas aspirações. Estamos unidos a ela e nos gloriamos diariamente nela.

Nós nos gloriamos na cruz de Cristo, porque a consideramos uma exposição incomparável dos atributos de Deus. Encontramos nela o amor de Deus estabelecendo um caminho pelo qual Ele possa salvar a humanidade, auxiliado por Sua sabedoria, de forma que esse plano fosse aperfeiçoado e pudesse ser executado sem a violação da verdade e da justiça. Na cruz de Cristo, vemos uma estranha combinação do que uma vez parecia ser dois atributos opostos: justiça e misericórdia. Vemos como Deus é soberanamente justo, tão justo como se Ele não tivesse misericórdia e, no entanto, infinitamente misericordioso na dádiva de Seu Filho. Misericórdia e justiça, de fato, tornam-se advogados do mesmo lado e irresistivelmente apelam pela absolvição do pecador que crê. Jamais poderemos dizer qual dos atributos de Deus brilha mais gloriosamente no sacrifício de Cristo. Eles, individualmente, encontram um alto trono de glória na pessoa e obra do "Cordeiro de Deus, que tira o pecado do mundo". Já que se tornou, por assim dizer, o espelho que reflete o caráter e a perfeição de Deus, é justo que devamos nos gloriar na cruz de Cristo e ninguém poderá nos impedir de nossa vanglória.

Gloriamo-nos na cruz como a manifestação do amor de Jesus. Ele era amoroso visto que veio à Terra, demonstrando amor ao alimentar os famintos, curando os doentes, ressuscitando os mortos. Ele amou durante toda a Sua vida; era a caridade encarnada, o Príncipe dos filantropos, o Rei das almas bondosas. Mas ó, Sua morte! — Sua morte cruel e vergonhosa — suportando, como cremos que suportou, a ira divina por causa do pecado, sujeitando-se à maldição, embora nele não houvesse pecado algum — isso mostra o amor de Cristo nas maiores alturas; portanto, gloriamo-nos nela e jamais ficaremos envergonhados por fazê-lo.

Nós nos gloriamos na cruz porque também é a derrota do pecado. Não havia outra maneira de pôr fim ao pecado e estabelecer a reconciliação devido à iniquidade. Perdoar as transgressões sem executar a sentença teria sido contrário a todas as advertências de Deus. Não teria apaziguado as exigências da justiça, nem satisfeito a consciência do pecador. Não há paz de espírito que possa ser desfrutada sem perdão, e a consciência declara que nenhum perdão pode ser obtido sem expiação. Teríamos nos distraído a nós mesmos pelo medo de que fosse apenas um indulto, e não uma remissão, mesmo se as promessas mais consoladoras houvessem sido concedidas sem estarem seladas com o sangue expiatório. Os instintos da natureza convencem homens dessa verdade, pois o mundo inteiro tem associado sacrifício com religião. Quase todo tipo de adoração que já surgiu entre os filhos dos homens teve o sacrifício como sua característica mais proeminente; o crime deve ser vingado, o mal e o pecado clamam da terra e uma vítima é requerida para impedir a vingança. O coração anseia por algo que possa acalmar a consciência; esse anseio é uma relíquia da antiga verdade aprendida pelo homem em tempos primitivos. Bem, Cristo tornou Sua alma uma oferta pelo pecado, quando Ele suportou os nossos pecados em Seu próprio corpo sobre o madeiro. Ao expirar, Ele bradou: "Está consumado!". Ó, maravilhosa graça! O perdão está agora livremente anunciado entre os filhos dos homens, o perdão do qual vemos a justiça e a eficácia. Tão distante quanto o oriente está do ocidente, assim Deus removeu nossas transgressões por meio da morte de Cristo. Isso, e somente isso, eliminará o pecado. Portanto, nessa cruz de Cristo nós nos gloriamos, sim, e apenas nela nos gloriaremos para sempre.

A cruz de Cristo eliminou os nossos pecados, bendito seja Deus, de modo que essa carga e fardo não pesam mais sobre nós! Não falamos ao acaso agora. Ela soprou esperança, paz e alegria em nosso espírito. Estou certo de que ninguém saberá como se gloriar na cruz a menos que tenha tido um conhecimento experimental com o seu poder de soprar a paz. Falo do que sei e testemunho o que senti. O fardo do meu pecado estava tão pesado sobre mim que eu teria preferido morrer imediatamente a ter que viver. Muitos dias, e muitas noites, senti as chamas do inferno na angústia do meu coração, porque eu conhecia minha culpa, mas não via nenhuma maneira justa de perdão. No entanto, em um momento a carga saiu de cima de mim, e senti um amor transbordante pelo meu Salvador. Caí maravilhado a Seus pés por Ele ter retirado o meu pecado e lhe dado um fim. Esse ato incomparável de amor conquistou o meu coração para Jesus. Naquela mesma hora, Ele transformou a minha natureza e restaurou a minha alma. Mas ó, que alegria eu tive! Aqueles que submergiram nas profundezas do desespero e ressuscitaram em um momento para as alturas de paz e de alegria indizível podem lhe dizer que eles devem gloriar-se na cruz de Cristo e no poder dela para a salvação. Bem, senhores, temos que crer de acordo com nossa própria consciência. Não podemos contradizer esse testemunho interior. Apenas desejamos que outras pessoas tenham sido profundamente convencidas do pecado e realmente conduzidas à cruz para sentirem seus fardos caírem de seus ombros assim como nós o experimentamos, e então que elas também, gloriem-se na cruz de Cristo. Desde então, temos ido com esse remédio em nossas mãos até as almas que estão à beira do desespero e jamais vimos tal remédio falhar. Muitas e muitas vezes falei com pessoas tão deprimidas de espírito que pareciam estar na iminência de um internamento em um hospício, visto o seu senso de pecado ser tão pesado. No entanto, nunca soube que a incomparável música do nome de Jesus, em qualquer caso, tenha falhado em retirar a alma de seu esmorecimento. "Contemplai-o e sereis iluminados, e o vosso rosto jamais sofrerá vexame". Homens que pensavam não haver esperança para eles teriam continuado desesperadamente em pecado, mas, ao ler essa palavra "esperança" escrita em linhas vermelhas no corpo moribundo do Salvador, levantaram-se em confiança, firmaram-se na paz e, a partir de então, começaram a viver de um jeito novo. Gloriamo-nos na cruz por causa da paz que ela traz para cada consciência perturbada que a recebe pela fé. Nosso próprio caso provou para nossa própria alma a sua eficácia, e o que vimos nos outros confirmou a nossa confiança.

No entanto, não nos gloriaríamos tanto na cruz se não estivéssemos convencidos de que ela é o maior poder moral em todo o mundo. Gloriamo-nos na cruz porque ela alcança o coração dos homens, quando nada mais pode alcançá-lo. A história do amor do Salvador moribundo impressionou, muitas vezes, aqueles a quem todas as palestras morais no mundo nunca poderiam ter tocado. Julgados e condenados pelo raciocínio irrefutável de suas próprias consciências, eles não tinham controle suficiente sobre suas paixões para se livrarem do cativeiro em que foram aprisionados pelas tentações que os atacavam a cada passo até que tivessem se achegado à cruz de Jesus. E do perdão, obtiveram esperança, e da esperança, obtiveram força para dominar o pecado. Quando viram o seu pecado recair sobre Jesus, eles o amaram e odiaram o pecado que o fez sofrer tão gravemente como seu substituto. Então o Espírito Santo veio sobre eles e decidiram, com força divina, expulsar o pecado pelo qual o Salvador morreu. Começaram uma nova vida, sim, e continuaram nela sustentados por esse mesmo poder sagrado que no início os constrangeu, e, agora, esperam ser aperfeiçoados por ele através do poder de Deus. Onde estão os triunfos da infidelidade em resgatar os homens do pecado? Onde estão os troféus da filosofia em conquistar o orgulho humano? Você nos trará prostitutas que se tornaram castas, ladrões que foram recuperados, homens irados de temperamento animal que se tornaram inofensivos como cordeiros por meio de palestras científicas? Que os nossos filantropos amadores que sugerem tanto e fazem tão pouco produzam alguns exemplos de transformações morais que aconteceram através de seus sofismas. Não, eles fazem beicinho e deixam os mais pobres para a Cidade Missionária [N.E.: Movimento iniciado em janeiro de 1826 em Glasgow, Escócia, em que uma agência interdenominacional trabalha junto a igrejas e outras instituições cristãs para prover o bem-estar espiritual e material dos necessitados] e a Mulher Bíblia. É a cruz que humilha os altivos, exalta os caídos, refina o contaminado e dá um novo começo àqueles que estão desamparados e desesperados. Nada mais pode fazê-lo. O mundo afunda cada vez mais no pântano de seu próprio egoísmo e pecado. Somente esta alavanca maravilhosa da expiação, simbolizada pela cruz de Cristo, pode levantar a nossa raça deplorável ao lugar de virtude e honra que deveria ocupar.

Gloriamo-nos na cruz de Cristo por tantos motivos, que não posso esperar para enumerá-los. Embora ela enobreça nossa vida, em nossa morte, nos revigora com esperança. Agora, a morte não nos aterroriza, pois Cristo morreu. Nós, como Ele, podemos dizer: "Pai, nas Tuas mãos entregamos nosso espírito". Seu sepultamento perfumou a sepultura. Sua ressurreição abriu caminho para a imortalidade. Ele ressuscitou e deixou uma lâmpada para trás a qual mostra a saída da escuridão do sepulcro. O paraíso que Ele imediatamente previu para si e para o penitente pregado ao Seu lado nos mostrou o quão rápida é a transição de dores mortais para alegrias imortais. "Ausente do corpo, presente com o Senhor" é o futuro encorajador. Glória a Cristo para sempre por termos essa doutrina do "Cristo crucificado" para anunciar!

2. A segunda cruz exibe O MUNDO CRUCIFICADO. O apóstolo diz que o mundo foi crucificado para ele. O que ele quer dizer com isso? Ele considerava o mundo pregado como um criminoso e pendurado numa cruz para morrer. Bem, creio que ele quer dizer que o caráter do mundo foi condenado. Ele contemplou o mundo que pensava muito de si mesmo, e disse: "Não o considero grande coisa, pobre mundo! Você é como um malfeitor condenado". Ele sabia que o mundo tinha crucificado seu Salvador — crucificado o seu Deus. Ele chegou a uma proporção tal de pecado que perseguiu a perfeita inocência pelas ruas. Ele tinha zombado da benevolência infinita e a difamado. O mundo havia rejeitado a verdade eterna e preferido uma mentira, e ele tinha posto o Filho de Deus, que era o amor encarnado, para morrer na cruz. "Agora", diz Paulo, "conheço seu caráter, ó mundo! Eu o conheço! E não o tenho em estima mais do que o miserável é abominado por seus crimes, que é condenado à

forca e assim acaba com sua execrável vida". Isso levou Paulo, já que ele condenou o caráter do mundo, a desprezar totalmente seu julgamento. O mundo disse: "Este Paulo é um tolo. Seu evangelho é loucura, e ele próprio é um mero tagarela". "Sim", pensou Paulo, "você, em parte, está certo!". Nisso, nos unimos a ele. Do que vale o seu julgamento? Você não conheceu o Filho de Deus, pobre mundo cego! Temos certeza de que Ele era perfeito e ainda assim você o caçou e o levou à morte. Seu julgamento é digno de pena, ó mundo! Você está crucificado para nós. Bem, há um grande número de pessoas que mal poderiam suportar viver caso fossem mal interpretadas pelo mundo ou pelo que é chamado de "sociedade". Ó sim, devemos ser respeitáveis. Precisamos receber uma boa avaliação de todos os homens, ou estaremos prestes a desmaiar. Paulo tinha outra mentalidade. Ele não se importava com nada que o mundo pudesse dizer. Como poderia querer agradar a um mundo tão abominável que tinha matado o seu Senhor? Ele preferiria receber um conceito ruim por parte do mundo do que ter uma boa reputação diante deste. É melhor que o mundo que crucificou Jesus franza a testa do que sorria para nós. Certamente, vale mais a pena ter a reprovação dele do que a sua aprovação, se ele pode matar a Cristo. Então, Paulo desprezou totalmente o julgamento do mundo e foi crucificado para ele. Bem, dizem-nos para considerarmos muito a "opinião pública", "a crença popular", "o crescente sentimento da época", "o sentimento do período" e "o espírito da era". Gostaria que Paulo lesse alguns dos nossos periódicos religiosos. Entretanto, eu não poderia desejar a esse bom homem uma tarefa tão desagradável, pois ouso dizer que ele antes ansiaria pela prisão Mamertina [N.E.: De acordo com a tradição, foi o cárcere dos apóstolos Pedro e Paulo, em Roma.] do que fazer isso. Mas, ainda assim, eu gostaria de ver como ele ficaria depois de ter lido algumas dessas expressões sobre a necessidade de nos mantermos sintonizados com o sentimento do momento. "O quê?", ele diria, "o sentimento do mundo! Está crucificado para mim! De que importa a opinião dele?

Somos de Deus, Seus filhinhos, e o mundo inteiro jaz no maligno. Você acataria o que o mundo, que jaz no maligno, pensa sobre você ou sobre a verdade do seu Senhor? Você vai suavizar sua língua e suavizar o seu discurso para agradar o mundo que jaz no maligno?". Paulo ficaria indignado com tal proposição. Ele disse: "O mundo está crucificado para mim". Por isso é que ele considerou todos os prazeres do mundo como tamanha podridão, uma carcaça pregada numa cruz. Você pode imaginar Paulo sendo levado ao Coliseu em Roma? Tento imaginá-lo sentado em um daqueles bancos para assistir a um combate de gladiadores. Estão ali o imperador, todos os grandes nobres de Roma e os senadores. E há todos aqueles olhos cruéis olhando para baixo em direção aos homens que derramam o sangue um do outro. Você pode imaginar como Paulo teria se sentido caso tivesse sido forçado a ocupar um assento naquele espetáculo? Teria sido um martírio para ele. O apóstolo teria fechado os olhos e os ouvidos contra a visão que Roma considerava ser o melhor prazer do dia. Eles enchiam a cidade imperial. Eles lotavam o teatro todos os dias para ver pobres animais torturados, ou homens assassinarem um ao outro. Esse era o mundo da época de Paulo, e ele, com razão, o julgava como um criminoso crucificado. Se ele fosse obrigado a ver os prazeres populares da contemporaneidade, sobre os quais falarei um pouco, será que não ficaria tão enojado deles como teria ficado do entretenimento no anfiteatro em Roma?

Para Paulo, também, todas as honras da época devem ter sido crucificadas da mesma maneira. Suponha que Paulo tenha concentrado sua mente para pensar a respeito dos miseráveis que estavam reinando como imperadores nos dias dele! Uso a palavra deliberadamente, pois não falaria mal de dignitários, mas de verdade falo muito bem deles quando os chamo de miseráveis. Eles parecem ter sido monstros desumanos — "tiranos, cuja loucura caprichosa violava todas as leis da natureza e decência", a quem todo tipo de luxúria era um hábito diário, e quem até mesmo buscava novas concepções de sensualidade, chamando-as de novos prazeres. À medida que Paulo pensava nas iniquidades de Nápoles, e todas as grandes cidades para as quais os romanos iam quando estavam em seus feriados — Pompeia e outras semelhantes — ó, como ele as detestava! E não tenho dúvida de que, se o apóstolo viesse aqui agora, se soubesse com que frequência postos e títulos são capazes de afundar toda a verdadeira dignidade em dissipação vergonhosa e que flagrante degeneração é ser encontrado em posições de nobreza, ele poderia considerar, com razão, toda a pompa, dignidade e honra do mundo que existem como uma carcaça podre pendurada em uma árvore e apodrecendo ao sol. Ele diz: "O mundo está crucificado para mim — ele está pendurado no cadafalso para mim, tenho pouquíssima consideração por seus prazeres e sua pompa".

Paulo julgou todos os tesouros do mundo com desdém semelhante. Ele nunca passou mais tempo do que necessário para piscar o olho pensando de quanto dinheiro era merecedor. Tendo alimento e vestuário, ele estava contente. Às vezes, ele tinha pouquíssimo disso. Ocasionalmente agradece aos filipenses por suprirem as suas necessidades, mas jamais procurou acumular nada, nem viveu sequer com metade de um pensamento de engrandecer-se com ouro e prata. "Não", disse ele, "todas estas coisas, com o uso, se destroem", e assim tratou o mundo como algo crucificado para si. Bem, cristão, você pode dizer isto — que o mundo, em seu aspecto mercantil, bem como em seus vários vícios e suas frivolidades múltiplas, é algo crucificado para você? Agora, veja o que o mundo diz: "Ganhe dinheiro, jovem, ganhe dinheiro! Honestamente, se puder, mas, por todos os meios, ganhe dinheiro. Olhe ao redor, porque, se você não for esperto, não será bem-sucedido. Guarde para si suas opiniões e prefira ser taxado de lento a ser chamado tolo. Seu caráter se elevará com o crédito que você conseguirá na bolsa de valores". Bem, suponha que você obtenha o dinheiro, qual é o resultado? O resultado líquido, como muitas vezes descubro, é um parágrafo em um dos jornais para dizer que o testamento do Excelentíssimo Fulano de Tal foi confirmado no Tribunal de Sucessões sob o valor de tantos mil, então, segue-se uma grande disputa entre todos os seus parentes, que disputam por sua fatia. Essa é a consumação de uma vida de trabalho, cuidados e intrigas. Ele viveu para obter lucro e teve que deixá-lo. Esse é o fim dessa loucura. Às vezes penso no contraste entre o funeral de um homem pobre e o funeral de um homem rico. Quando o homem pobre morre, seus filhos e filhas choram por angústia verdadeira, pois a morte do pai traz tristeza e consternação para aquela casa. O homem pobre deve ser enterrado, mas isso só pode acontecer através do sacrifício conjunto de todos os seus filhos e filhas. Maria está no culto. Ela, talvez, contribui mais do que os outros para o funeral, pois ela não tem família própria. O filho mais velho e os irmãos mais jovens se unem para pagar um pouco, e as lágrimas que são derramadas naquela noite, quando eles chegam a casa vindos do túmulo são muito genuínas. *Realmente* sofrem e provam sua tristeza disputando uns com os outros o respeito que prestam ao seu pai. Agora, você verá o homem rico morrer. É claro que todos lamentam a triste perda, é a coisa apropriada. Carruagens vazias aumentam a procissão à sepultura por meio de elogios vazios. As carpideiras voltam e há a leitura deste bendito documento: o testamento. Quando ele é lido, a hora de chorar acaba em quase todos os casos. Poucos ficam agradados por seu conteúdo. Aquele a quem a fortuna favorece causa inveja a todo o restante. Pensamentos tristes e olhares carrancudos flutuam na superfície, não em respeito à partida do homem, mas sobre os *bens* que ele deixou e o modo como dispôs deles. Ó, é uma coisa triste pela qual viver: a obtenção de dinheiro e o acúmulo dele. Mas ainda assim a genialidade de se obter dinheiro corretamente pode ser consagrada à glória de Deus. Você pode usar a riqueza deste mundo a serviço do Mestre. Ganhar não é errado. Só é errado quando a ganância se torna o principal objetivo da vida e a inveja se torna avareza, que é idolatria. Para todo cristão, essa e todas as outras formas de mundanismo devem ser crucificadas, para que possamos dizer: "Para mim o viver é Cristo. Vivo para que eu possa honrá-lo e glorificá-lo".

Quando o apóstolo disse que o mundo estava crucificado para ele, quis dizer apenas isto: "Não estou escravizado por qualquer de suas dinâmicas. Não me importo com suas máximas. Não sou dominado por seu espírito. Não cortejo seus sorrisos. Não temo as suas ameaças. Ele não é meu mestre, nem eu seu escravo. O mundo inteiro não pode forçar Paulo a mentir, ou a pecar, mas o apóstolo dirá ao mundo a verdade, aconteça o que acontecer". Você se lembra das palavras de Palissy, o oleiro, quando o rei da França lhe disse que, se ele não mudasse de religião e deixasse de ser um huguenote [N. E.: Nome pelo qual eram conhecidos os protestantes franceses nos séculos 16 e 17.], receava que tivesse que entregá-lo aos seus inimigos. "Senhor", disse o oleiro, "lamento ouvi-lo dizer 'receio', pois todos os homens do mundo não poderiam fazer com que Palissy falasse assim. Não receio nada, e não *devo* fazer coisa alguma além do que é o certo". Ó, sim, o homem que teme a Deus e ama a cruz tem uma espinha dorsal moral que o capacita a ficar em pé e estalar os dedos para o mundo. "Criminoso morto!", diz ele, "Criminoso morto! Aquele que crucificou a Cristo! Você chama a si mesmo de Cosmos. Você ficaria feliz em ser cumprimentado por nomes agradáveis. Paulo não tem sua consideração, mas Paulo combina com você, pois ele pensa de você o mesmo que você pensa dele, e nada mais". Ouça-o enquanto ele declara: "O mundo está crucificado para mim, e eu, para o mundo". Viver para servir aos homens é uma coisa, viver para abençoá-los é outra, e isso faremos, Deus nos ajudando, fazendo sacrifícios para o bem deles. Mas temer os homens, pedir a permissão deles para pensar, pedir suas orientações quanto ao que falaremos, e como falaremos, isso é uma infâmia que não podemos aceitar. Pela graça de Deus, nós não nos degradamos, e nunca o faremos. "O mundo está crucificado para mim", diz o apóstolo, "pela cruz de Cristo".

3\. Em seguida, ele finaliza com a terceira crucificação, que é *EU ESTOU CRUCIFICADO PARA O MUNDO*. Logo veremos a evidência dessa crucificação se percebermos como Paulo foi desprezado pelo mundo. Anteriormente Saulo era um grande rabino, um homem profundamente versado na tradição hebraica, fariseu de fariseus, e muito admirado. Era também um erudito clássico e um pensador filosófico, um homem de grandes atribuições intelectuais e apto para assumir a liderança em círculos eruditos. Mas, quando começou a pregar Cristo crucificado, afirmavam: "Ih! Ele é um completo tolo! Não lhe dê ouvidos!" Ou então diziam: "Acabe com ele! Ele é um apóstata!". Eles o amaldiçoaram. Seu nome despertava ira em todos os judeus que o mencionavam e em todos os gregos inteligentes também. "Paulo? Ele é um ninguém!" Ele era considerado o máximo quando pensava como os demais homens. E agora é um ninguém que pensa como Deus.

E então, eles o expunham à vergonha pública ao suspeitar de todos os seus motivos e ao deturpar todas as suas ações. Não importava o que Paulo fizesse, eles estavam bastante convencidos de que ele era egoísta, que estava se esforçando para fazer uma coisa boa para si mesmo. Quando Paulo agiu de modo que foram forçados a admitir que ele estava certo, eles distorceram sua atitude de tal forma que a colocaram como errada. Houve alguns que negaram seu apostolado, e disseram que ele jamais havia sido enviado por Deus. E outros questionaram sua capacidade de pregar o evangelho. Então, de qualquer maneira, eles crucificavam o pobre Paulo.

Foram ainda mais longe. Eles o desprezaram e o rejeitaram. Seus velhos amigos o abandonaram. Alguns se afastaram; outros apontavam o dedo de escárnio para ele nas ruas. Seus perseguidores mostraram seu rancor contra ele, agora apedrejando-o ilegalmente e, outras vezes, com aparente legalidade, arrastando-o perante os magistrados. Paulo estava crucificado para eles. Quanto ao seu ensino, denunciaram-no como tagarela — um pregador de deuses estranhos. Ouso dizer que eles muitas vezes zombaram da cruz de Cristo, a qual Paulo pregava, como algo temporário, uma doutrina quase desconexa, e diziam: "Se apenas fecharem a boca de homens como Paulo, isso logo será esquecido". Parece que os ouço dizer atualmente a homens mais insignificantes: "Seu puritanismo antiquado está quase morto, em pouco tempo estará totalmente extinto!". Mas pregamos Cristo crucificado — a mesma antiga doutrina que os apóstolos pregavam, e por isso, pelo desprezo da sabedoria do mundo, estamos crucificados.

Bem, queridos amigos cristãos, se vocês se mantiverem na cruz de Cristo, devem esperar tê-la como sua porção. O mundo estará crucificado para vocês e vocês estarão crucificados para o mundo. Vocês serão desprezados. Velhos amigos se tornarão inimigos declarados. Eles começarão a odiá-los mais do que os amavam anteriormente. Em casa, seus inimigos serão os homens e as mulheres de sua própria família. Vocês dificilmente serão capazes de fazer algo direito. Quando vocês estavam juntos em suas festas, eram bons sujeitos; quando vocês bebiam e cantavam canções sensuais, eram bons companheiros, mas agora eles os taxam de tolos. Dizem a todos que vocês são hipócritas e caluniosamente denigrem seu caráter. Deixe que a antipatia deles seja um emblema de você seguir a Cristo e declare: "Agora, também, o mundo está crucificado para mim, e eu, para o mundo. O que quer que o mundo diga contra mim por causa de Cristo é o balbucio de um malfeitor condenado, e o que me importa isso? E, por outro lado, se sou rejeitado e desprezado, estou obtendo apenas o que sempre esperei — minha crucificação — da minha maneira pobre e humilde, à maneira do próprio Cristo, que foi desprezado e rejeitado pelos homens".

A moral e a lição de tudo isso é esta: seja qual for o resultado disso, ainda gloriem-se em Cristo. Vão adiante com isso, queridos amigos, para que, seja em honra ou desonra, em boa ou má fama, se Deus multiplicar ou não suas posses e os tornar ricos, ou diminuí-las e os tornar pobres, vocês ainda se gloriem na cruz de Cristo. Se vocês tiverem saúde, força e vigor para trabalhar para Ele, ou se tiverem que ficar deitados em um leito de enfermidade e suportar com paciência toda a vontade de seu Pai celestial, decidam que ainda assim se gloriarão na cruz de Cristo. Que esse seja o motivo de sua jactância ao longo de sua vida. Desçam os barrancos do Jordão e o atravessem, ainda se gloriando na cruz de Cristo, pois no Céu da glória descobrirão que a multidão dos remidos, comprados por sangue, celebram a cruz como o troféu de sua redenção.

Vocês confiam na cruz de Cristo? Estão descansando em Jesus? Se não, que o Senhor os ensine esse privilégio bendito. Não há alegria como essa. Não há força como essa. Não há vida como essa. Não há paz como essa. Na cruz encontramos o nosso Céu, pois nela contemplamos todas as coisas celestes e santas abundarem dentro do nosso coração. Se vocês nunca experimentaram, que o Senhor os conduza a isso agora mesmo, de modo que sejam perdoados, aceitos e abençoados para sempre. Que o Senhor conceda a todos vocês o privilégio de serem participantes dessa graça por amor de Cristo. Amém.

Este sermão foi pregado no Metropolitan Tabernacle, em Newington.

13

O CORDEIRO EM GLÓRIA

*Então, vi, no meio do trono e dos quatro
seres viventes e entre os anciãos, de pé, um Cordeiro
como tendo sido morto. Ele tinha sete chifres,
bem como sete olhos, que são os sete Espíritos de Deus
enviados por toda a terra. Veio, pois, e tomou
o livro da mão direita daquele que estava
sentado no trono* (Apocalipse 5:6,7).

O apóstolo João há muito tempo conhecia o Senhor Jesus como o Cordeiro. Essa fora a sua primeira visão sobre Ele, quando o Batista, apontando para Jesus, disse: "Eis o Cordeiro de Deus, que tira o pecado do mundo". João estava muito familiarizado com essa bendita personalidade, tendo muitas vezes reclinado sua cabeça sobre o peito do Senhor, sentindo que essa terna bondade do Salvador manifestava que Ele tinha a natureza gentil como a de um cordeiro. Esse apóstolo o havia visto quando foi trazido "como cordeiro ao matadouro", para que a ideia de que Jesus, o Cristo, era o Cordeiro de Deus fosse indelevelmente fixada em sua mente. João sabia que Jesus era o sacrifício designado por Deus, apresentado como Cordeiro de manhã e à noite, e como o Cordeiro Pascal, por cujo sangue Israel foi redimido da morte. Em seus últimos dias, o discípulo amado viu esse mesmo Cristo, sob a mesma figura de um cordeiro, como o grande revelador dos mistérios, o expositor da mente de Deus, o detentor do livro selado e aquele que abriu os selos que ligavam os propósitos misteriosos de Deus aos filhos dos homens. Oro para que possamos ter nesta Terra a visão clara e constante do Cordeiro que leva os pecados e, então, naquele mundo de glória, o contemplaremos entre o trono, os seres viventes e os anciãos.

O aparecimento desse Cordeiro no momento exato descrito por João foi extremamente apropriado. Nosso Senhor geralmente aparece quando toda esperança desaparece. Em relação ao lagar da ira, é Ele quem diz: "O lagar, eu o pisei sozinho, e dos povos nenhum homem se achava comigo". No exemplo diante de nós, o anjo forte tinha proclamado em alta voz: "Quem é digno de abrir o livro e de lhe desatar os selos?". E não houve resposta do Céu, da Terra, ou do inferno. Nenhum homem era capaz de abrir o livro, nem olhar para ele. Os decretos divinos devem permanecer selados em mistério para sempre a menos que o Mediador que uma vez foi morto o tome da mão de Deus e os abra para os filhos dos homens! Quando ninguém pôde fazê-lo, João chorou muito. Naquele momento triste, apareceu o Cordeiro. O velho Mestre Trapp diz: "Cristo é especialista em peso morto", e é mesmo; quando há fracasso absoluto em qualquer outro lugar, nele encontramos nosso auxílio. Se pudesse ter sido encontrado outro que levasse o pecado, o Pai teria entregado Seu unigênito à morte? Se outra pessoa fosse capaz de desvendar os desígnios secretos de Deus, ela não teria atendido ao desafio do anjo? Mas Aquele que veio para tirar o pecado do mundo agora aparece para romper os selos que atam os propósitos eternos. Ó Cordeiro de Deus, tu és capaz de fazer o que nenhum outro pode se aventurar a tentar; tu te apresentas quando ninguém mais pode ser encontrado. Lembre-se de que da próxima vez que você estiver em apuros, que quando ninguém puder confortá-lo e nenhum homem puder salvá-lo, você pode esperar que o Senhor, o Cordeiro de Deus, sempre compadecido, aparecerá em seu favor.

Antes de o Cordeiro aparecer, enquanto ainda ninguém era achado digno de olhar para o livro que estava na mão daquele que se senta no trono, João chorou copiosamente. O Cordeiro de Deus é visto melhor através de olhos que pranteiam. Alguns ministros desta era, que fazem pouco da doutrina do sacrifício substitutivo, teriam outra mentalidade se conhecessem mais contrição de coração e exercício da alma. Os olhos lavados pelo arrependimento são mais capazes de ver essas benditas verdades divinas resplandecerem de nosso Deus encarnado, Aquele que leva nossos pecados. Graça remidora e amor sacrificial são mais apreciados pelos que choram em Sião. Se lágrimas são boas para os olhos, o Senhor nos envia a sermos pranteadores e nos conduz a rodear de Boquim [N.E.: Jz. 2:1-5. Boquim quer dizer "pranteadores" em hebraico.] a Betel [N.E.: Gn. 28:17-19. Betel quer dizer "casa de Deus".].

Ouvi o antigo provérbio: "Não há como ir para o Céu, a não ser pela cruz pranteadora". E não parece haver nenhuma maneira sequer de *ver* o Céu e o Divino, exceto por olhos que pranteiam! Chorar faz os olhos enxergarem rapidamente se há alguma esperança. E enquanto chorar os ofusca em relação a todas as falsas confianças, torna-os sensíveis ao menor feixe de luz divina. "Eles o contemplaram e foram iluminados, e os seus rostos jamais sofreram vexame". Aqueles que projetaram questões eternas no coração a ponto de chorar por sua própria necessidade e a de seus semelhantes serão os primeiros a enxergar no Cordeiro de Deus a resposta para seus anseios.

No entanto, observem que, mesmo nesse caso, a instrumentalidade humana foi permitida, pois está escrito: "Um dos anciãos me disse: Não chores". João, o apóstolo, era maior do que um ancião. Na Igreja do Senhor, entre aqueles trazidos à existência pelo ventre materno, não colocamos ninguém acima de João, aquele que reclinava a cabeça sobre o peito de seu Mestre. E, contudo, um mero ancião da Igreja do Senhor repreende e instrui o apóstolo amado! Ele o anima com a notícia de que o Leão da tribo de Judá vencera para abrir o livro e os seus sete selos. O maior homem na Igreja pode estar debaixo de obrigações para com o menor — um pregador pode ser ensinado por um convertido — um ancião pode ser instruído por uma criança! Ó, que possamos estar sempre dispostos a aprender com qualquer um, por menor que seja! Certamente, seremos ensináveis se tivermos a ternura de coração que se mostra no choro. Isso tornará nossa alma como tábuas de cera sobre a qual o dedo da verdade divina possa facilmente inscrever Seu ensino. Que Deus nos conceda essa disposição de coração!

Que nos acheguemos aos textos com um espírito ensinável, e que o Senhor abra os nossos olhos para vermos e aprendermos com João! Não é pouca coisa que tenhamos o registro dessa visão. O Senhor não pretende que sejamos participantes dela? A visão é a de um Cordeiro que deve abrir o livro dos propósitos secretos de Deus e romper os seus selos. O ensinamento da passagem é que o Senhor Jesus, em Seu caráter sacrificial, é o objeto mais proeminente no mundo celestial. Assim, longe da substituição ser realizada e posta de lado como um recurso temporário, ela continua a ser o objeto de admiração e adoração universal! Aquele que se tornou um Cordeiro para que pudesse tirar o pecado do mundo não se envergonha de Sua humilhação, mas ainda a manifesta a miríades de adoradores, e é por essa mesma razão o próprio objeto de sua entusiasta adoração. Eles adoram o Cordeiro assim como adoram Aquele que está sentado no trono! E eles dizem: "Digno é o Cordeiro", porque Ele foi morto e redimiu o Seu povo pelo Seu sangue. Seu sacrifício expiatório é a grande razão para a mais profunda reverência e mais elevada adoração. Alguns se atrevem a dizer que apenas a *vida* de Jesus deveria ser pregada, e que nenhum destaque deveria ser dado à Sua morte. Não somos dessa religião. Não tenho vergonha de pregar Jesus Cristo na Sua morte, como o sacrifício pelo pecado; pelo contrário, posso corajosamente dizer: "Mas longe esteja de mim gloriar-me, senão na cruz de nosso Senhor Jesus Cristo". Não cremos que a doutrina da expiação deva ser deixada oculta como um artigo de fé de segunda categoria, mas cremos que ela é o primeiro e o mais importante ensinamento de inspiração, a maior fonte de consolo do cristão, o mais alto monte da glória de Deus! Da mesma maneira que o caráter sacrificial de nosso Senhor está nos Céus como o mais proeminente, assim deveríamos torná-lo o mais notório entre os homens. Jesus deve ser declarado como Aquele que carrega o pecado, e, então, os homens crerão e viverão. Que Deus Espírito Santo nos ajude em nossa tentativa esta manhã!

1. Jesus, no Céu, aparece em Seu caráter sacrificial. E eu gostaria que você observasse que ESSE CARÁTER É SALIENTADO POR OUTROS PONTOS EVIDENTES. Essa glória não é diminuída, mas ampliada por todo o restante do caráter de nosso Senhor — todos os atributos, realizações e ofícios de nosso Senhor concentram a sua glória em Seu caráter sacrificial, e todos se unem para torná-lo um tema para o amor que nos maravilha.

Lemos que Ele é o Leão da tribo de Judá, o que significa a dignidade de Seu ofício como Rei e a majestade de Sua pessoa como Senhor. O leão fica à vontade em combate, e "o SENHOR é homem de guerra; SENHOR é o seu nome". Jesus é corajoso como um leão; embora seja como um cordeiro pela ternura, não é, no entanto, em timidez. Ele é terrível como leão — "quem o despertará?". Se alguém entrar em conflito com Cristo, que tenha cuidado, pois, assim Ele é corajoso, também é cheio de força e completamente irresistível em poder. Ele tem coração e força de leão, e Jesus vem vencendo e para vencer. Isso é que o torna mais maravilhoso por se tornar um cordeiro —

Um homem humilde diante dos seus inimigos,
Um homem cansado e cheio de sofrimentos.

É maravilhoso que Ele se renda às indignidades da cruz, para ser escarnecido com uma coroa de espinhos pelos soldados e ser cuspido por súditos. Ó maravilha, maravilha, maravilha, que o Leão de Judá, o descendente da casa real de Davi, torne-se como um cordeiro levado para o matadouro!

Além disso, está claro que Ele é um campeão — "O Leão da tribo de Judá venceu". O que foi pedido foi mérito, não só no sentido de santidade, mas no sentido de valor. Podemos nos lembrar de uma lenda das Cruzadas: um castelo e uma propriedade considerável aguardavam a vinda do herdeiro legal — ele, e somente ele, poderia soar a trombeta pendurada no portão do castelo. Mas aquele que poderia produzir um estrondo seria aquele que tivesse matado muitíssimos pagãos na luta e voltasse para casa vitorioso de muitas lutas sangrentas. Então, nenhum homem na Terra ou no Céu tinha valor e glória suficiente para ser digno de tomar o misterioso rolo da mão do Eterno. Porém, nosso campeão era digno. Que batalhas Cristo havia lutado! Que proezas de valentia Ele realizara! Ele havia destruído o pecado; tinha encontrado face a face o príncipe das trevas e o vencera no deserto. Sim, Cristo vencera a morte e confrontara o leão em seu próprio covil. Ele havia entrado no calabouço do sepulcro e rompido suas grades. Portanto, Ele era digno, no sentido de valor, ao voltar do país distante para ser reconhecido como o glorioso Filho do Pai, herói do Céu — e assim para tomar o livro e abrir os selos. O brilho de Suas vitórias não diminui nossa satisfação nele como o Cordeiro; muito pelo contrário, pois o Senhor Jesus ganhou esses triunfos como Cordeiro pela mansidão, pelo sofrimento e sacrifício; Ele venceu Suas batalhas com mansidão e paciência jamais vistas. Quanto mais conquistador Jesus é, mais surpreendente é que Ele deveria vencer pela humilhação e morte. Ó amado, nunca tolere menosprezos a Cristo!

Pense nele cada vez mais, como fez a bendita Virgem, quando cantou: "A minha alma engrandece ao Senhor". Tenha grandes pensamentos sobre Ele; engrandeça seu Deus e Salvador e depois adicione aos seus pensamentos reverentes a reflexão de que Ele ainda se parece com um cordeiro que foi morto. Sua bravura e Suas qualidades de leão apenas manifestam de forma mais vívida o relacionamento terno, humilde e condescendente no qual Cristo mantém-se para nós como o Cordeiro de nossa redenção.

Nesta visão maravilhosa vemos Jesus como o íntimo de Deus. Foi Ele quem, sem hesitação, foi em direção ao trono e tomou o livro da mão direita do Soberano. Ele estava à vontade — não julgou como usurpação o ser igual a Deus. Jesus é o "Deus verdadeiro", a ser exaltado com igual honra com aquilo que é dado ao Senhor Deus Todo-Poderoso. Ele vai em direção ao trono, toma o livro, comunga com Jeová; Cristo aceita o desafio divino de amor e desvenda os propósitos misteriosos de Seu glorioso Pai. Para Ele não há perigo em chegar tão perto da glória infinita, pois essa glória é Sua própria. Bem, é Jesus que, portanto, estava em íntima comunhão com Deus, e que também estava em nosso lugar, e suportou por nós a pena do pecado. Jesus, que é maior do que o maior e mais elevado do que o mais elevado, tornou-se menor do que o menor, para que pudesse salvar completamente os que vêm a Deus por Seu intermédio. Aquele que é o Senhor de todos ficou sob toda a carga e peso do pecado. Prostrem-se e adorem o Cordeiro, pois, embora Ele tenha sido obediente até a morte, Ele é Deus sobre todos, bendito para sempre, o amado do Pai.

Observamos, além de tudo isso, que Cristo é o profeta de Deus. Era Ele quem tinha os sete olhos para ver todas as coisas e discernir todos os mistérios. Foi Ele quem abriu os sete selos e, assim, desvendou as partes do livro, uma após a outra — não para que pudessem ser meramente lidas, mas para que pudessem ser realmente *cumpridas*. E mesmo assim, Ele foi o nosso *Substituto*. Jesus explica tudo — o Cordeiro é o "abre-te, sésamo" de todos os segredos. Nada jamais foi segredo para Ele. Cristo previu Seus próprios sofrimentos. Eles não o surpreenderam —

Esta foi compaixão como um Deus,
Que, quando o Salvador aceitou
Que o preço do perdão era o sangue Seu,
Sua misericórdia jamais recusou

Desde então, Jesus sabe sobre a nossa indignidade, ou sobre a infidelidade de nosso coração. Ele sabe tudo sobre nós. O Senhor sabe o quanto lhe custamos e sabe como lhe retribuímos mal. Com todo esse conhecimento de Deus e de homem, Ele não se envergonha de nos chamar de irmãos e irmãs; nem rejeita essa verdade, tão simples, mas tão cheia de esperança para nós, que Ele é nosso sacrifício e nosso substituto. "Aquele que revela a vontade eterna do Altíssimo é o Cordeiro de Deus que tira o pecado do mundo".

Nosso Senhor sempre foi e agora é reconhecido como Senhor e Deus. Toda a Igreja o adora. Todas as multidões de anjos proclamam em alta voz louvores a Ele, e a Jesus toda criatura se prostra, coisas no Céu e na Terra e coisas que estão debaixo da terra. Quando o chamamos de Rei dos reis e Senhor dos senhores, mesmo com títulos tão nobres como esses, eles ficam muito abaixo de Sua glória e majestade! Se todos nós nos levantássemos com todos os milhões da raça humana, e a uma só voz déssemos um brado de louvor a Ele, alto como o som de muitas águas e como grandes trovões, ainda assim nossas maiores honras quase não alcançariam o degrau mais baixo de Seu todo-glorioso trono. No entanto, na glória de Sua divindade, Jesus não menospreza aparecer como o Cordeiro que foi morto; esse ainda é o Seu caráter preferido. Ouvi falar de um grande guerreiro que, no aniversário de sua mais famosa vitória, sempre vestia o casaco com que lutou a batalha, adornado, como estava, com marcas de tiro. Entendo sua escolha. Nosso Senhor, hoje e todos os dias, ainda veste a carne humana na qual derrotou nossos inimigos, e Ele aparece como se tivesse morrido apenas recentemente — já que pela morte Ele venceu Satanás. Sempre e para sempre, Jesus é o Cordeiro; mesmo como profeta e revelador de Deus, Ele continua sendo o Cordeiro. Quando vocês finalmente o virem, dirão como João disse: "Então, vi, no meio do trono e dos quatro seres viventes e entre os anciãos, de pé, um Cordeiro como tendo sido morto". Escrevam, então, a paixão do seu Senhor na tábua do seu coração, e que ninguém apague essa estimada lembrança! Pensem nele, principalmente e sobretudo, como o sacrifício pelo pecado; firmem a expiação em sua mente, e deixem-na tingir e colorir todos os seus pensamentos e crenças. Jesus, sangrando e morrendo em seu lugar, deve ser para você como o Sol no céu de sua vida.

2. Em segundo, observemos que, NESTE APSPECTO, JESUS É O CENTRO DE TUDO. "No meio do trono e dos quatro seres viventes e entre os anciãos, de pé, um Cordeiro como tendo sido morto"; o Cordeiro é o centro do círculo maravilhoso que forma a comunhão do Céu.

A contar de Cristo, como perspectiva, todas as coisas são vistas em seus lugares. Olhando para os planetas a partir da Terra, que é um deles, é difícil de compreender seus movimentos — progressivos, regressivos ou estáticos. Mas o anjo no sol vê todos os planetas marchando no devido tempo, e circulando em torno do centro do seu sistema. Estando onde quiser sobre esta Terra, e dentro da amplitude humana de opiniões, não é possível ver todas as coisas corretamente, nem as entender até chegar a Jesus — e então ver todas as coisas desde o centro. O homem que conhece o Deus encarnado, morto pelos pecados da humanidade, permanece no centro da verdade de Deus. Agora, ele vê Deus em Seu lugar, o homem no seu, anjos no deles, almas perdidas em seus lugares e os salvos em seus lugares! Conheçam aquele a quem se deve conhecer para ter a vida eterna, e estarão em posição de superioridade da qual podem julgar corretamente todas as coisas. Os resultados e relacionamentos adequados disso com aquilo, e daquilo com o seguinte, e assim por diante, só podem ser verificados por uma crença firme e plena em Jesus Cristo como o sacrifício expiatório —

Até que Deus em carne humana eu veja,
Meus pensamentos conforto não encontram.
A Santa, Justa e Sagrada Trindade,
À minha mente são terrores.
Mas, se o rosto de Emanuel aparece,
Minha esperança, minha alegria principiam —
Seu nome meus medos servis impede,
Sua graça meus pecados remove.

Em Cristo, vocês estão na posição certa para compreender o passado, o presente e o futuro. Os mistérios profundos da eternidade e até mesmo os segredos do Senhor estão todos com vocês se estiverem com Jesus! Pensem nisso e façam do Cordeiro seu pensamento central — a alma de sua alma, o coração da melhor vida do seu coração.

O Cordeiro, estando no meio, significa também que nele todos se encontram. Gostaria de falar com precaução, mas me atrevo a dizer que Cristo é a soma de toda a existência. Vocês buscam a divindade? Aqui está ela. Buscam a humanidade? Aqui a encontram. Desejam o espiritual? Aqui está na alma humana de Jesus. Desejam o material? Veem-no em Seu corpo humano. Nosso Senhor, por assim dizer, reuniu as extremidades de todas as coisas e as uniu em uma. Vocês não podem conceber o que Deus é, mas Cristo é Deus. Se vocês mergulharem no materialismo, que por muitos é considerado o entrave e a pedra de moinho da alma, entretanto, em Jesus se encontra o materialismo, refinado e elevado e trazido à união com a natureza divina. Em Jesus todas as linhas se encontram, e dele irradiam para todos os pontos do ser. Vocês gostariam de encontrar Deus? Vão a Cristo. Gostariam de ter comunhão com todos os crentes? Vão a Cristo. Desejam sentir ternura por tudo o que Deus fez? Vão a Cristo, pois, "dele, e por meio dele, e para ele são todas as coisas". Que Senhor é o nosso! Que ser glorioso é o Cordeiro, pois é somente como o Cordeiro que isso é verdadeiro! Se vocês o virem apenas como Deus, não haverá tal encontro com o homem; se o virem apenas como homem, então Ele estará longe do centro — mas contemplem-no como Deus, *e* homem, *e* o Cordeiro de Deus — e então verão nele o lugar de descanso para todas as coisas!

Estando no centro, todos olham para Cristo. Vocês podem pensar por um momento como o Senhor Deus olha para Seu Unigênito? Quando Jeová olha para Jesus, é com um prazer totalmente indescritível. Ele diz: "Este é o meu Filho amado, em quem me comprazo". Quando Deus pensa na paixão pela qual Jesus passou e a morte que Ele teve em Jerusalém, todo o infinito coração de Deus flui alta e fortemente em relação ao Seu Amado. Ele tem o descanso em Seu Filho como não tem em nenhum outro lugar; Seu contentamento está em Jesus. Na verdade, Ele tem tanto prazer em Cristo que, por Sua causa, Ele se agrada do Seu povo. Assim como os olhos do Pai estão sempre em Jesus, igualmente estão os olhos dos seres viventes e dos 24 anciãos que representam a Igreja em sua vida divina, e a Igreja em sua vida humana. Todos os que foram lavados no sangue de Jesus perpetuamente contemplam Suas belezas. O que há no Céu que se possa comparar com a pessoa adorável daquele através do qual eles foram redimidos dentre os homens? Todos os anjos olham dessa forma, também, esperando Suas excelsas ordens. Eles não são todos espíritos ministradores que o Senhor envia para ministrar ao Seu povo? Todas as forças da natureza estão à espera do chamado de Jesus. Todos os poderes da providência esperam a direção dele. Jesus é o centro de toda a atenção, o centro de toda observação ao longo das planícies do Céu. Isso, lembrem-se, é como "o Cordeiro". Principalmente, não como rei ou profeta, mas eminentemente como "o Cordeiro"; Jesus é o centro de toda a reverência, amor e pensamento, na pátria da glória lá em cima!

Mais uma vez, deixe-me falar sobre o Cordeiro no centro, a quem todos parecem cercar-se como guardas ao redor de um rei. É por causa do Cordeiro que o Pai age — Ele glorifica o Seu Filho. O Espírito Santo também glorifica a Cristo. Todos os propósitos divinos fluem desse modo. A principal obra de Deus é tornar Jesus o primogênito dentre muitos irmãos. Esse é o modelo com o qual o Criador trabalha para moldar os vasos da graça divina — Ele tornou Jesus o Alfa e Ômega — o início e o fim. Todas as coisas ordenadas pelo Pai agem para que Cristo seja o centro. E assim permanecem todos os remidos e todos os anjos esperam no Senhor, enquanto intensificam Sua glória e manifestam Seu louvor. Se os anjos pudessem pensar em algo que contribuísse para exaltar ainda mais a Jesus, seria seu maior prazer cruzar velozmente o espaço a fim de o fazer. Cristo habita como Rei em Seu pavilhão central e esta é a alegria das hostes: que o Rei esteja no meio delas.

Amados, é assim mesmo? Jesus é o centro de toda a família celestial? Ele não será o centro da vida da Igreja? Será que não pensaremos nele mais do que tudo — mais nele do que em Paulo, Apolo ou Cefas, ou qualquer grupo de líderes que nos dividiria? Cristo é o centro; não esta forma de doutrina, nem aquele modo de ordenança, mas apenas o Cordeiro. Não nos satisfaremos nele sempre e vigiaremos para ver como podemos engrandecer Seu glorioso nome? Ele não será também o centro de nosso ministério? O que pregaremos a não ser Cristo? Tire esse assunto de mim, e estarei acabado; nesses muitos anos, tenho pregado nada mais do que o Seu precioso nome, e, se essa prática for desonrada, toda a minha riqueza espiritual terá se dissipado — não terei pão para os famintos, nem água para os sedentos. Depois de todos esses anos, meu discurso tornou-se como a harpa de Anacreonte [N.E.: Poeta lírico grego que viveu antes de

Cristo.], que ressoa apenas amor. Ele queria cantar Atreu e Cadmon, mas sua harpa ressoava apenas amor. É assim com o meu ministério — com Cristo, e Cristo apenas, fico à vontade. Teologia progressiva? Nenhuma corda de minha alma vibrará ao seu toque! Nova divindade? Evolução? Pensamento moderno? Minha harpa fica silenciosa a esses dedos estranhos; mas a Cristo, e apenas para Ele, ela responde com toda a música de que é capaz. Amados, é assim com vocês? Ao ensinar seus filhos, em sua vida doméstica, em seus negócios com o mundo, Jesus é o centro de seu objetivo e trabalho? O amor dele enche o seu coração? Muito tempo atrás, na época de Napoleão, um soldado foi ferido por uma bala, e o médico o examinou profundamente para encontrá-la. O homem gritou: "Doutor, veja o que está fazendo! Um pouco mais profundo e tocará no Imperador". O Imperador estava no coração daquele soldado. Verdadeiramente, se procurarem profundamente em nossa vida, encontrarão Cristo! A rainha Mary disse que, quando ela morresse, encontrariam o nome de Calais talhado em seu coração, pois ela lamentava a perda do último território francês sob o domínio britânico. Não perdemos nossa Calais, mas ainda mantemos nosso tesouro, pois Cristo é nosso. Não temos nenhum outro nome gravado em nosso coração, senão o de Jesus. Verdadeiramente podemos dizer:

Feliz se com o meu último fôlego
Eu puder apenas Seu nome suspirar;
Pregá-lo a todos e na morte clamar:
"Vede! Eis o Cordeiro!"

3. Em terceiro, nosso Senhor é visto no Céu como o Cordeiro morto, e NESSE CARÁTER ELE EXIBE MARCAS PECULIARES. Nenhuma dessas marcas menospreza Sua glória como o sacrifício pelo pecado. Mas elas tratam de nos instruir.

Observem bem as palavras "de pé, um Cordeiro como tendo sido morto". "De pé". Aqui está a postura de vida; "Como tendo sido morto"; eis o memorial da morte. Nossa visão de Jesus deveria ser dupla. Deveríamos ver Sua morte e Sua vida — jamais receberemos o Cristo completo de qualquer outra forma. Se vocês apenas o virem na cruz, contemplarão o poder da Sua morte. Mas agora Ele não está na cruz; Ele ressuscitou, vive para sempre para interceder por nós, e precisamos conhecer o poder da Sua vida. Nós o vemos como um cordeiro — "como tendo sido morto". Contudo, o adoramos como aquele que "vive para todo o sempre". Carregue estas duas coisas com vocês como sendo uma: o Cristo morto, o Cristo vivo. Percebo que o sentimento e o ensino na Igreja oscilam entre esses dois, ao passo que deveriam sempre abranger ambos. A Igreja Católica Romana continuamente nos apresenta um Cristo bebê, carregado por Sua mãe; ou um Cristo morto na cruz. Por onde quer que vamos, essas imagens são lançadas sobre nós. Além do pecado de cultuar imagens, o que é anunciado não é o todo de nosso Senhor. Por outro lado, temos uma escola ao nosso redor que se esforça para esconder a cruz, e nos dão apenas o Cristo vivo, como Ele está. Para eles, Jesus é apenas um exemplo e mestre. Eles não o terão como o verdadeiro e adequado Substituto expiatório. MAS NÓS SIM. Nós adoramos o Crucificado que está sobre o trono de Deus. Cremos nele como aquele que sangra e intercede — nós o vemos morto e o contemplamos reinar. Ambos são a nossa alegria — nem um é mais do que o outro, mas cada um em seu próprio lugar. Assim, enquanto vocês olham para o Cordeiro, começam a cantar: "Tu és Aquele que vive e estavas morto, e estás vivo para todo o sempre". A marca do nosso Salvador é a vida através da morte, e a morte morta pela morte.

Observem, em seguida, outra combinação singular no Cordeiro. Ele é chamado de "cordeirinho"; pois o diminutivo é usado no grego. Entretanto, como é grandioso! Em Jesus, como Cordeiro, vemos grande ternura e familiaridade notável com o Seu povo. Ele não é objeto de temor; não há sobre Ele nada do tipo "Afaste-se porque sou muito santo para ser aproximarem". Um cordeiro é o mais acessível dos seres. No entanto, há, quanto ao cordeirinho, uma incrível majestade. Os anciãos mal o viram e se prostraram diante dele. Eles o adoraram e clamaram em alta voz: "Digno é o Cordeiro". Todas as criaturas o adoravam dizendo: "o louvor, e a honra, e a glória, e o domínio sejam ao Cordeiro". Ele é tão grandioso que o Céu dos céus não pode contê-lo; contudo, Ele se torna tão pequeno que habita em corações humildes! Jesus é tão glorioso que os serafins escondiam o rosto em Sua presença — entretanto, é tão condescendente para se tornar osso dos nossos ossos e carne da nossa carne! Que combinação maravilhosa de misericórdia e majestade, graça e glória! Jamais separem o que Deus uniu. Não falem de nosso Senhor Jesus Cristo como alguns — com uma familiaridade irreverente e falsa. Mas, ao mesmo tempo, não pensem nele como sendo algum grande Senhor, de quem devemos sentir um medo servil. Jesus é o seu parente mais próximo, um irmão nascido para a adversidade, e ainda assim Ele é o seu Deus e Senhor! Deixem que o amor e o temor mantenham a guarda de sua alma!

Além disso, olhemos para as marcas peculiares dele e vejamos que Ele tem sete chifres e sete olhos. Seu poder é igual à Sua vigilância. E eles são iguais a todas as emergências geradas pela abertura dos sete selos do Livro da Providência. Quando pragas irromperem, quem nos defenderá? Eis os sete chifres! Se o inesperado acontecer, quem nos admoestará? Eis os sete olhos!

De vez em quando alguma pessoa tola traz um panfleto recheado com horrores que vão acontecer dentro de um ano ou dois. Seu conteúdo é tão valioso quanto o *Livro dos Destinos* dos ciganos de Norwood, que vocês podem comprar por dois centavos. Mas ainda que tudo o que esses negociantes de profecias nos dizem fosse verdade, não temos medo, porque o Cordeiro tem sete chifres e suprirá todas as dificuldades por Seu próprio poder, tendo-as já previsto por

Sua própria sabedoria! O Cordeiro é a resposta para o enigma da providência. A providência é um enigma, mas Jesus explica tudo. Durante os primeiros séculos, a Igreja do Senhor foi entregue ao martírio; todos os tormentos e torturas possíveis foram aplicadas aos seguidores de Cristo — qual poderia ser a intenção de Deus em tudo isso? O que senão a glória do Cordeiro? E agora, hoje, o Senhor parece deixar Sua Igreja vagar por todos os tipos de erros — as falsas doutrinas são, em alguns círculos, terrivelmente centrais. Como pode isso? Não sei. Mas o Cordeiro sabe, pois Ele vê com sete olhos! Como Cordeiro — como nosso Salvador, Deus e homem — Ele entende tudo e tem as pistas de todos os labirintos em Suas mãos. Ele tem poder para solucionar todas as dificuldades e sabedoria para enxergar através de cada dificuldade. Devemos lançar fora o medo e nos rendermos totalmente à adoração!

O Cordeiro também age para a perfeição em natureza e em providência. Pois com Ele estão "os sete espíritos de Deus enviados por toda a terra". Isso se refere não apenas ao poder salvador do Espírito, que é enviado aos eleitos, mas àqueles poderes e forças que atuam sobre toda a Terra. O poder da gravidade, a energia da vida, a força mística da eletricidade e coisas semelhantes são todas formas do poder de Deus. Uma lei da natureza nada mais é que a nossa observação da maneira usual pela qual Deus age no mundo. Uma lei em si mesma não tem poder; a lei é apenas o curso normal da ação de Deus. Toda a onipotência da divindade habita no Cordeiro; Ele é o Senhor Deus Todo-Poderoso! Não podemos relegar a expiação a um plano secundário, porque o nosso sacrifício expiatório tem todos os sete espíritos de Deus. Ele é capaz de salvar totalmente os que vêm a Deus através dele. Acheguemo-nos a Deus por meio de Cristo. Ele tem poder para lidar com o futuro, seja ele qual for. Que protejamos nossa alma contra todos os perigos entregando-nos à guarda do Senhor.

Como eu gostaria de ter o poder de, nesta manhã, apresentá-los o Senhor evidentemente glorificado. Mas falho completamente. Minha conversa é como segurar uma vela para o Sol! Sou grato por meu Senhor não me assoprar — talvez minha vela possa mostrar a saída a algum prisioneiro, e uma vez que ele tiver passado por ela, contemplará o Sol em sua força. Glória a Jesus que Ele é tão grande, tão glorioso, e ainda assim o Cordeiro imolado pelos pecados, cujas feridas na verdade continuam a sangrar vida, cuja obra acabada é a perpétua fonte de toda a nossa segurança e nossa alegria.

4. Concluo com o meu quarto ponto, que é este: Jesus aparece eternamente como um Cordeiro e NESSE CARÁTER ELE É UNIVERSALMENTE ADORADO.

Antes de Ele abrir um dos selos, esse culto começou. Logo que Ele tomou o livro, os quatro seres viventes e os 24 anciãos se prostraram diante do Cordeiro e cantaram um cântico novo dizendo: "Digno és de tomar o livro". Enquanto o livro ainda está fechado, nós o adoramos; confiamos nele mesmo sem vê-lo. Antes de Cristo começar Sua obra como o Mediador manifesto, a Igreja o adora por Sua obra como um sacrifício. Jesus, nosso Senhor, é adorado não tanto pelos benefícios que Ele concederá, mas por ser o que é. Como o Cordeiro morto, Cristo é o objeto de reverência celestial. Muitos o reverenciarão, não duvido, quando Ele retornar em Sua segunda vinda, na glória do Pai. Todo joelho se dobrará diante dele, mesmo os apóstatas e infiéis quando o virem assumir Seu grande poder e reinar. Mas essa não é a adoração que o Senhor Jesus aceita, nem prova que o ofertante seja salvo! Ele deve ser adorado como um sacrifício e adorado em Seu caráter humilde como o "desprezado e rejeitado entre os homens". Você deve reverenciar a Jesus, enquanto os outros o ridicularizam; confiar em Seu sangue, enquanto os outros se desviam dele com desdém; e assim esteja com Ele em Sua humilhação. Aceite-o como seu Substituto; confie nele como tendo feito expiação por você, pois no Céu ainda o adoram como o Cordeiro.

Essa adoração começa com a Igreja do Senhor. Esta, em todas as suas fases, adora o Cordeiro. Se você vê a Igreja do Senhor como uma criação divina, a personificação do Espírito de Deus, então as criaturas viventes se prostram diante do Cordeiro. Nenhuma vida nascida de Deus é tão superior para se recusar a reverenciar o Cordeiro de Deus! Olhem para o lado humano da Igreja e verão os 24 anciãos se prostrando e o adorando, cada um com harpas e frascos. Bem, que todos os homens redimidos adorem o Mediador, pois nele nossa humanidade é grandemente exaltada! Alguma vez nossa natureza foi tão exaltada como agora que Cristo se tornou o Cabeça sobre todas as coisas para Sua Igreja? Agora, estamos mais perto de Deus, pois nenhuma criatura pode intervir entre o homem e Deus. Emanuel, Deus conosco, nos uniu em um. O homem está ao lado da divindade, com apenas Jesus no meio, não para dividir, mas para unir. O Senhor, em Cristo Jesus, nos fez ter domínio sobre todas as obras de Suas mãos; Ele colocou todas as coisas debaixo dos nossos pés — todas as ovelhas e bois — sim, as aves do céu, os peixes do mar e tudo o que passa pelas veredas dos mares. "Ó Senhor, Senhor nosso, quão magnífico em toda a terra é o teu nome!"

O Senhor é adorado pela Igreja em todas as formas de adoração. Ela o adora em oração, pois os frascos cheios de incenso são as orações dos santos; ela o adora com um cântico novo e com postura da mais humilde reverência.

Mas, amados, o Cordeiro não é adorado apenas pela Igreja — Ele é adorado pelos anjos. Que encontro maravilhoso de certas legiões de hostes do Senhor temos diante de nós neste capítulo! "Milhões de milhões, e milhares de milhares". Sua quantidade não pode ser mensurada pela aritmética humana! Com perfeita unanimidade, eles se unem em santa adoração, proclamando juntos em alta voz: "Digno é o Cordeiro que foi morto".

Não, não é apenas a Igreja e os anjos; mas toda a criação, leste, oeste, norte, sul, o maior, o menor — todos o adoram. Toda a vida, todo o espaço, todo o tempo, imensidão, eternidade — tudo isso se torna uma só boca para a canção, e toda a canção é: "Digno é o Cordeiro".

Bem, então, queridos amigos, se for assim, alguma vez permitiremos que alguém em nossa presença diminua a dignidade de Cristo, nosso sacrifício? ["Não"!] Um amigo diz enfaticamente "Não", e devemos dizer: "Não"! Com voz de trovão, dizemos "não" a todas as tentativas de reduzir as glórias supremas do Cordeiro! Não podemos deixar — nossa lealdade a Ele não permitirá isso! Além disso, nenhum homem espontaneamente perderá seu todo; elimine o Cordeiro e eliminará tudo. "Quem rouba minha bolsa, rouba lixo" — quem rouba meu Cristo, rouba a mim e mais do que mim mesmo: minhas esperanças que são minhas alegrias futuras! A vida desvanece quando Sua morte é rejeitada, Seu sangue desprezado. Nossa alma arde de indignação quando esta verdade vital de Deus é atacada:

Levantem-se, levantem-se para Jesus,
Vocês, soldados da cruz!
Ergam alto Seu estandarte real,
Ele não deve sofrer perda!

Onde quer que vocês estejam, qualquer que seja a denominação a qual vocês pertencem, não se associem àqueles que desprezam a expiação! Não entrem em complô com aqueles que, mesmo por um suspiro, menosprezariam o precioso sangue de Cristo! Não tolerem o que ataca o Cordeiro — mostrem-se indignados com a rude mentira! A ira do Cordeiro pode, seguramente, ser imitada por vocês neste caso: irem-se, mas não pequem.

Uma vez mais, se isso é assim, que o sacrifício glorioso de nosso Senhor Jesus é tão considerado no Céu, vocês não podem confiar nele aqui embaixo? Ó vocês que estão sobrecarregados com o pecado, eis a sua libertação: acheguem-se ao Cordeiro que carrega o pecado! Vocês que estão perplexos com dúvidas, eis o seu guia: o Cordeiro pode abrir os livros selados para vocês! Aqueles que perderam o seu consolo, retornem para o Cordeiro que foi morto por vocês e coloquem sua confiança nele novamente! Os que estão famintos do alimento celestial, venham ao Cordeiro, pois Ele os alimentará! O Cordeiro, o Cordeiro, o Cordeiro que sangra — seja esse o sinal no estandarte da Igreja do Senhor. Ponham esse estandarte à frente e marchem corajosamente à vitória, e então, ó Cordeiro de Deus que tira o pecado do mundo, dá-nos a paz! Amém.

Este sermão foi pregado no Metropolitan Tabernacle, em Newington, na manhã de domingo de 14 de julho de 1889.